企業級 區塊鏈

   技術開發實戰

打造自主可控聯盟區塊鏈，
開創金融科技發展新天地

近年來，以比特幣為代表的「數位加密貨幣」在全世界廣為流行，其價格經歷了數輪爆發式成長，對現有金融體系產生了一定的衝擊，同時帶來了新的機遇和挑戰。區塊鏈作為「數位加密貨幣」系統的底層支撐技術，展現出了巨大的潛在應用價值，將在金融、貿易、物流、徵信、物聯網、共享經濟等諸多領域引發技術革新浪潮。截至 2017 年底，全球已有 20 多個國家投資了區塊鏈技術，區塊鏈領域的風險投資超過了 20 億美元，區塊鏈相關專利數量也已超過 3000 個。

區塊鏈技術本質上是一種分散式帳簿資料庫，它利用塊鏈式資料結構來驗證與存儲資料，基於分散式共識演算法來生成和更新資料，並透過密碼學的方式保證資料傳輸和存取安全。從功能層面上來看，區塊鏈記錄不可篡改，無需協力廠商可信仲介，天然適合多個機構在區塊鏈網路中相互監督並即時對帳，透過智慧合約，大大提高了經濟活動與契約的自動化程度。按其組織形態，區塊鏈平台可分為公有鏈、聯盟鏈和私有鏈。公有鏈是非許可鏈，具有完全去中心化的特性，但仍有共識效率極低、缺乏許可權控制與隱私保護等問題，除了「數位加密貨幣」之外，很難應用於其他領域。聯盟鏈是許可鏈，需經過一定的許可權許可方能加入網路。私有鏈也屬於許可鏈，其許可權掌握在單一機構手中。從時間維度來看，區塊鏈技術自誕生以來發生了三次重要的技術演進。第一次發生在 2009 年，代表平台為比特幣，首次驗證了無中心機構的「數字貨幣」的可行性，但其交易頻率極低，僅為每秒幾筆交易。第二次發生在 2013 年，代表平台為乙太坊，首次在區塊鏈平台中增加了可程式設計特性，從而大大拓展了區塊鏈的應用範圍，但其交易頻率仍然不高，僅為每秒幾百筆。第三次發生在 2015 年，代表平台為 Hyperledger Fabric 和 Hyperchain，首次在區塊鏈平台中加入許可權控制和隱私保護，並將交易頻率提高到了每秒幾千筆甚至到上萬筆。

聯盟區塊鏈具有高效共識、智慧合約、多級加密、許可權控制、隱私保護等特性，輔以可視監控、動態配置等功能，主要面向企業級應用場景，是區塊鏈發展的最新形態，有極其廣泛的應用價值，其核心優勢主要有三點：（1）從監管角度看，聯盟區塊鏈可以藉由 CA 認證准入、制定監管規則合約等方式為監管提供便利；（2）商業機構及使用者對帳戶和部分交易資訊有隱私保護的需求，聯盟區塊鏈可以透過加密、分區等方式達到隱私保護；（3）從商業應用角度來看，交易輸送量和時延是企業最關心的交易性能指標，聯盟區塊鏈藉由共識演算法的創新使交易效率得到很大提升。但是，一些商業需求的場景對聯盟區塊鏈提出了更高的技術要求，例如：（1）高性能，如何在多個節點之間高效地達成共識，如何有效地提升智慧合約的執行效率；（2）高可用，應允許在不宕機的情況下加入新節點，並可在節點重啟之後快速恢復；（3）安全隱私，如何設計許可權控制機制使之符合國家標準，並能有效地保護隱私資料；（4）可程式設計，應提供圖靈完備的、安全的智慧合約引擎，可支援多語言的、複雜的智慧合約。然而，目前主流的開源區塊鏈平台（如乙太坊、Hyperledger Fabric 等）尚未達到上述技術要求。

在楊小虎研究員、蔡亮副教授的領導下，浙江大學超大規模資訊系統研究中心對聯盟區塊鏈的核心技術展開了多層次的研究工作。杭州趣鏈科技有限公司的核心骨幹均來自於浙江大學超大規模資訊系統研究中心，公司研發的 Hyperchain 聯盟區塊鏈平台在高性能、高可用、安全隱私和可程式設計技術方面取得突破，支援接入銀行核心系統的區塊鏈專案的落地和穩定運行。目前 Hyperchain 平台已在金融等眾多領域得到了實際應用。

本書對乙太坊、Hyperledger Fabric 和 Hyperchain 的技術特點及核心程式碼進行了詳細的分析，對各平台的應用開發技術進行了介紹。相信本書對區塊鏈技術的愛好者和區塊鏈產業的從業者會有很好的參考價值。

陳純

中國工程院院士，浙江大學電腦科學與技術學院教授，曾任浙江大學軟體學院院長和浙江大學電腦軟體研究所所長。

利用區塊鏈構建
新型多方業務協作平台

很榮幸受邀為本書撰序，也很高興看到這樣一本全面、系統、綜合介紹區塊鏈技術的圖書問世。

隨著一系列以比特幣為代表的「虛擬貨幣」大熱，區塊鏈這一底層支撐技術浮出水面，受到廣泛關注。相關從業人員逐漸發現，該技術的應用場景不僅是產生一種新型的「數位貨幣」，而是解決萬物互聯的產品交換問題，將會改變商品交易模式，進而影響和改變未來的經濟和金融形態。甚至認為它像 TCP/IP 協定一樣，將對網際網路的發展產生顛覆性的作用，在未來萬物互聯的世界裡，對人類社會產生重大影響，徹底改變社會生產方式和人們的生活方式。以 TCP/IP 為基礎的第一代網際網路只解決了資訊傳輸的效率問題，卻未解決信任問題。當涉及多方協作的業務場景時，除了要建設資訊系統、建立仲介機構以完成資訊傳輸和交換外，還需要額外採取一系列的措施來解決各方信任問題，這大大增加了各方溝通和協作的成本。區塊鏈技術藉由建立多節點參與共識的、難以篡改的分散式總帳，使得利益相關方可以從技術層面上共組一個網路、共記一套帳本，因而可以大大降低業務協作過程中的溝通和人力成本。

對新型多方業務協作系統而言，區塊鏈的價值主要體現在四個方面：（1）降低系統對接複雜性，跨系統資料交互與路由下沉到區塊鏈層，降低應用開發的難度和成本，並提高開發效率；（2）提高數位資產流動性，藉由資產上鏈，提高流動性，實現價值傳輸；（3）實現全流程監控，智慧合約記錄資訊和狀態的流轉，資料難以篡改，實現資訊的全流程可監控；（4）多方可信合作，使產業鏈可信合作成為可能，符合輕資產運行需求。

中國外匯交易中心多年致力於金融科技（FinTech）領域的前沿技術研究，在區塊鏈、人工智慧、分散式架構、微服務和軟體形式化等方面均有探索，對於區塊鏈和分散式帳本技術的研究，形成了符合中心技術規劃和技術發展路線的區塊鏈架構方案，並以國密演算法、共識協定、智慧合約等關鍵技術為突破口，明確了對通用區塊鏈技術的改進方案，取得了豐碩的研究成果。交易中心與浙江大學楊小虎研究員、蔡亮副教授的研究團隊在金融科技領域有多年的合作研究基礎，在區塊鏈方面從 2016 年開始與杭州趣鏈科技有限公司展開合作，現已形成一定的技術儲備。杭州趣鏈科技有限公司研發的 Hyperchain 平台具有性能優異、安全可靠、監控視覺化、支援合約無縫升級和資料存儲橫向擴展等特性，是非常具有競爭力的、自主可控的企業級區塊鏈底層平台，是基於區塊鏈搭建新一代價值傳輸和業務協作平台的理想選擇。

除了金融領域，區塊鏈技術在貿易、物流、徵信、物聯網、社會公益等領域也得到了越來越多的關注和應用，越來越多的專業人員開始從事區塊鏈平台研究和應用開發工作，但目前市面上介紹區塊鏈開發技術的圖書卻不多，可指導讀者動手實踐的書更是鳳毛麟角。本書基於浙江大學和杭州趣鏈科技有限公司多年的區塊鏈技術研發經驗，對知名的開源區塊鏈平台乙太坊、Hyperledger Fabric，以及自研的 Hyperchain 平台展開了深入剖析，在講解平台功能的過程中，穿插說明了區塊鏈的關鍵演算法和核心原理，並配有各個平台的開發指南和專案案例，深入淺出地介紹了目前主流的區塊鏈開發技術。相信本書可幫助讀者更深入地理解區塊鏈技術原理，並有效地提升區塊鏈技術開發能力。

許再越

中國外匯交易中心副總裁

前言

區塊鏈技術是金融科技領域乃至整個 IT 領域的重大技術創新。此技術本質上是以資料加密、時間戳記和分散式共識演算法等基礎技術為依託，達成鏈式儲存、智慧合約和隱私保護等高級功能的分散式帳本技術。這項技術利用區塊鏈網路節點之間的相互驗證、監督和資料備份，從技術層面上確保在鏈式帳本中所儲存的資料無法被惡意篡改，特別適用於多方業務協作情境中，為維護信用而導致的成本過高問題。

區塊鏈技術起源於比特幣，是 "數位加密貨幣" 的底層基礎技術。自 2009 年誕生以來，比特幣系統已在無中心維護機構的情況下穩定運作達 8 年之久，比特幣的單價也經過多次暴漲。隨著比特幣的流行，數以百計的 "數位加密貨幣" 快速湧現。近年來，人們發現 "數位加密貨幣" 背後的區塊鏈技術可能有潛力發揮更大的價值，將來可用於極為廣泛的業務情境。許多專家認為，區塊鏈技術可用於解決新一代網路去中心化的價值交換問題，即網路傳輸的信用問題。

用於 "數位加密貨幣" 的區塊鏈技術，只能達成交易轉帳等基礎功能，被認為是 1.0 版本的區塊鏈技術。要想將區塊鏈應用於 "數位加密貨幣" 之外的廣泛情境，必須對該技術加以改進。2014 年，乙太坊應運而生。此平台支援智慧合約，將業務邏輯的設計和控制權轉移到了平台用戶手中，允許編寫合約程式碼，滿足各種複雜的業務情境的需求。此平台是區塊鏈 2.0 的典型代表，廣受讚譽和追捧。

然而，乙太坊並不是一個完美的區塊鏈平台，仍有共識效率低下、隱私保護缺乏、大規模儲存困難和資訊難以監管等問題，無法應用於大規模的企業級資訊系統。針對這些問題，一些企業級的區塊鏈平台誕生了，其中的典型代表是 IBM 支援的 Hyperledger Fabric 和趣鏈科技的 Hyperchain。透過高效共識、多級加密、許可權控制、可視監控、動態設定等技術，企業級區塊鏈平台為區塊鏈技術打開了更為廣泛的應用空間。

本書是一本介紹區塊鏈核心原理和應用技術的專業書籍，與目前市場上的絕大部分區塊鏈書籍不同，不會天馬行空地設想各種短期無法落實的應用情境，而是著重於介紹紮實的技術和實戰，讀者從本書的內容即可使用當下最受歡迎的區塊鏈平台，參考本書實例即可快速開發自己的第一個區塊鏈應用，實戰至上。

本書結構

本書共分為四個部分。

第一部分介紹區塊鏈的基礎知識，使讀者快速對區塊鏈技術有整體認識。本部分包含了第 1 章的內容，對區塊鏈技術的發展情況進行全面分析，介紹其概念、歷史、技術流派、關鍵技術和典型應用情境，藉由對主流平台進行比較分析，說明目前區塊鏈產業生態圖譜。

第二部分對知名開源區塊鏈平台乙太坊和 Hyperledger 進行詳細解讀，並介紹如何在這兩個平台進行區塊鏈應用開發。本部分包含了 4 章的內容。

☑ 第 2 章對乙太坊的發展歷史、基本概念、用戶端、帳戶管理及乙太坊網路等基礎知識進行了介紹，並剖析乙太坊共識機制、虛擬機器、資料儲存和加密演算法等乙太坊關鍵模組的核心原理，詳細介紹乙太坊智慧合約的編寫、部署、測試與執行，最後對乙太坊發展過程中的重大事件和目前存在的主要問題進行分析探討。

☑ 第 3 章首先介紹如何架設乙太坊的開發環境，包括 Go 語言環境、Node.js 和 npm 的設定、Solc 編譯器的安裝，以及如何使用乙太坊 geth 用戶端建置私有鏈；接著講解乙太坊智慧合約開發的整合式開發環境，包括 Mix IDE 和線上瀏覽器編譯器；然後講述 JSON RPC 和 JavaScript API 兩種乙太坊程式設計介面，利用這兩種介面可以和乙太坊底層互動、呼叫合約方法；隨後講述目前主流的乙太坊開發框架與流程，包括 Metero、Truffle 和商業化開發中的分層可擴展開發流程；最後提出第一個較為完整的乙太坊應用開發實例。

☑ 第 4 章對 Hyperledger Fabric 進行了深入解讀，有助於讀者深入理解 Fabric 的底層實作原理。首先，介紹 Hyperledger 及其子專案的發展現狀及管理模式，重點介紹 Hyperledger Fabric。之後，對 Hyperledger Fabric 架構進行深入分析，從成員服務、區塊鏈服務及合約程式碼服務三方面，探討 Hyperledger Fabric 的架構組成與特點，說明 Fabric 架構設計和模組元件。然後，介紹 Chaincode 程式碼結構、呼叫方式和執行流程。最後，詳述交易背書流程。

☑ 第 5 章主要介紹如何在 Hyperledger Fabric 平台上開發區塊鏈應用，首先講述 Hyperledger Fabric 的開發執行環境的建置過程，然後說明 Chaincode 開發和部署流程，最後介紹 CLI 應用介面和 SDK 介面，並藉由實例說明如何基於這兩種介面開發 Hyperledger Fabric 的區塊鏈應用。

第三部分以自主可控聯盟區塊鏈 Hyperchain 為例，分析企業級區塊鏈平台的核心技術，並介紹了 Hyperchain 的企業級區塊鏈應用開發技術。本部分包含了 2 章的內容。

☑ 第 6 章以企業級區塊鏈平台 Hyperchain 為例，介紹了構成企業級區塊鏈平台核心組件的實現原理。企業級區塊鏈與公有鏈、私有鏈不同，它直接面對企業級應用的需求，對區塊鏈系統的安全性、靈活性及效能的要求都更加嚴格。Hyperchain 企業級區塊鏈平台在優化傳統 PBFT 的基礎上設計，實現了靈活、高效、穩定的共識演算法 RBFT，在智慧合約的支援上選擇支援活躍於開源領域的 Solidity 語言，對虛擬機器的執行進行了系統層面的優化，並對交易、交易鏈路、應用開發包等多層面進行加密處理，加強企業級區塊鏈的安全等級。此外，Hyperchain 還完成了支援系統監控、合約編寫、合約編譯等多功能的企業級區塊鏈管控平台。

☑ 第 7 章主要介紹 Hyperchain 區塊鏈上應用開發的相關內容。首先，從交易呼叫、合約管理及區塊查詢等方面，說明 Hyperchain 平台對外提供的主要介面；其次，從 Hyperchain 集群的設定、部署和運行等方面解說如何建置一個可運行的企業級區塊鏈系統 Hyperchain；最後以模擬銀行為例，講述如何在 Hyperchain 平台上進行智慧合約應用的開發。

第四部分介紹多個區塊鏈實際應用專案案例，並詳細分析其開發過程和關鍵程式碼。本部分包含了 2 章的內容。

☑ 第 8 章介紹了兩個乙太坊的實際案例，案例的介紹均包括專案簡介、系統功能分析、系統整體設計、智慧合約設計、系統實作和部署等部分，並提供這些案例完整的原始程式碼下載連結。藉著前面章節所學習的乙太坊基礎知識和開發技術，讀者可對照本章的內容，一步一步地動手實作，在實戰過程中更能理解相關概念和技術，為基於乙太坊建構區塊鏈的應用項目打好基礎。

☑ 第 9 章介紹了兩個 Hyperchain 的企業級區塊鏈應用專案案例，案例的介紹均包括專案簡介、系統功能分析、系統整體設計、智慧合約設計、系統實現和部署等部分。可以看到，利用 Hyperchain 能建構功能完備、技術領先、符合企業級要求的區塊鏈應用。讀者可對照本章內容，藉由 Hyperchain 提供的完善開發介面，對區塊鏈應用開發進行深入的學習和實踐。

範例程式碼與勘誤

本書第 8 章和第 9 章中的所有專案案例程式碼已上傳至 GitHub 供開發者下載：https://github.com/Blockchain-book，後續若增加新的項目案例，也會同步更新。

開發者可以使用 Git 版本控制 clone 項目到本機或直接下載程式碼，目前預設的檢出分支為 master 分支。如果對某專案有疑問或意見，可以在專案中提交 Issue。如果想要接收某項目的更新郵件提醒，請按 Watch；如果要持續關注某項目，請按 Star；如果要複製程式碼到自己的帳戶，請按 Fork。

開發者平台及更多技術支援

為了進一步降低區塊鏈技術使用門檻，讓更多的區塊鏈開發者、愛好者及正在嘗試接入區塊鏈技術的企業能夠迅速地開發區塊鏈應用，趣鏈科技於 2017 年 9 月 14 日正式上線了基於聯盟鏈的 "開發者平台"。利用此平台，用戶可以更方便地建立、發佈和使用多中心化的應用程式。透過平台提供的線上智慧合約編輯器，用戶可便捷、準確地編寫智慧合約程式；透過平台提供的區塊鏈瀏覽器，用戶可方便地取得鏈上區塊資訊、區塊鏈節點狀態、節點維護方資訊等。歡迎廣大區塊鏈相關從業人員前往體驗，開發者平台網址為：https://dev.hyperchain.cn/。

如需獲得其他關於區塊鏈技術的最新技術動態，以及趣鏈科技的技術支援，可掃描如下 QR 碼關注微信公眾號。

致謝

作為區塊鏈技術人員，能夠編寫一本技術性和實踐性非常強的區塊鏈書籍，我們感到非常榮幸。在此向所有為我們提供指導、支持和鼓勵的朋友表示衷心的感謝。

感謝浙江大學電腦科學與技術學院和軟體學院，為我們提供各項優良與便利的條件，感謝陳純院士、楊小虎研究員一直以來的關懷和支援，使得本書得以順利完稿。

感謝杭州趣鏈科技有限公司全體人員的大力支持，特別感謝李偉博士、邱煒偉博士後、尹可挺博士為本書成稿所給予的鼎力支援，感謝汪小益、黃方蕾、戎佳磊、陳宇峰、吳發翔、吳琛、胡為、宋家錦、郭威、李超等對書稿材料彙編所做出的突出貢獻，感謝劉耀儆、胡麥芳、卓海振、鐘蔚蔚、孫琪、趙科、黃志勝等對書稿校閱所付出的時間和汗水。

感謝萬達網路科技集團先進技術研究中心副總經理季宙棟、區塊鏈資深研究員張夢航對本書第 4 章和第 5 章內容的有益補充。

感謝人民郵電出版社圖靈公司的編輯們，是他們不辭辛苦、仔細嚴謹的審閱和校對工作，為本書的順利出版提供了有力保障。

蔡亮　李啟雷　梁秀波

目錄

區塊鏈基礎入門

乙太坊深入解讀

乙太坊應用開發基礎

Hyperledger Fabric 深入解讀

Hyperledger Fabric 應用開發基礎

企業級區塊鏈平台核心原理剖析

7
CHAPTER

Hyperchain 應用開發基礎

乙太坊應用實戰案例詳解

企業級區塊鏈應用實戰詳解

CHAPTER **9**

01

區塊鏈基礎入門

　　區塊鏈技術最初源自於中本哲史（Satoshi Nakamoto，又譯中本聰）2008 年提出的比特幣（Bitcoin），其去中心化、開放性、資訊不可篡改等特性很可能會對金融、服務等一系列行業帶來顛覆性的影響。2016 年 1 月，中國人民銀行在北京召開「數位貨幣」研討會，探討採用區塊鏈技術發行「虛擬數位貨幣」的可行性 [1]，這一訊息迅速在各大主流媒體和社群傳播和炒作，於是「區塊鏈」這個帶著些神秘色彩的名詞突然間成為熱議的話題，接踵而來的是區塊鏈技術迅速升溫，越來越多的區塊鏈新創公司和相關研究機構小組相繼成立，這帶動了區塊鏈技術高速發展，使其成為近年來最具革命性的新興技術之一，甚至被認為是繼大型主機、個人電腦、網際網路、行動 / 社群網路之後的第五次顛覆式創新，同時還被譽為人類信用進化史上繼血親信用、貴金屬信用、紙幣信用之後的第四個信用里程碑 [2]。

　　本章將對區塊鏈技術進行全面剖析，從區塊鏈的基礎知識、發展歷程、關鍵技術、產業現狀、情境模式和主流平台等方面進行全景分析，使讀者對區塊鏈技術有一個整體而直接的認識，為區塊鏈技術的進階與實戰打好基礎。

1.1　區塊鏈基礎知識

學習一項新技術，必始於瞭解其基本概念。本節將從比特幣講起，引出區塊鏈技術，然後介紹區塊鏈技術入門所必備的基礎知識，例如區塊鏈的定義、相關基本概念和區塊鏈的分類等。

1.1.1　從比特幣到區塊鏈

談到區塊鏈技術，人們往往會先聯想到比特幣，因為區塊鏈技術最初是以比特幣的底層框架技術問世。因此，我們在探究區塊鏈技術之前，先來簡單認識區塊鏈的起源 —— 比特幣。

早在 20 世紀 80 年代，人們就已經開始探索「數位貨幣」[3]。但是直到比特幣出現，「數位加密貨幣」的想法才得以實現 [4]，「數位貨幣」及其衍生應用才開始迅猛發展。比特幣是第一個區塊鏈應用，也是迄今為止規模最大、應用範圍最廣的區塊鏈應用。2008 年 11 月，一個化名為中本哲史的人在一篇「比特幣：一種點對點的電子現金系統」論文中，描述了一種如何建立一套全新、去中心化的點對點交易系統的方法 [5]，並將他在論文中提出的理念付諸實踐，著手開發比特幣的發行、交易和帳戶管理系統。2009 年 1 月 3 日，比特幣系統正式開始運作，比特幣的第一個區塊（也稱「創世區塊」）誕生。不久後的 2009 年 1 月 12 日，中本哲史用比特幣系統發送了 10 個比特幣給密碼學家哈爾・芬尼（Hal Finney），這是比特幣系統自上線以來完成的第一筆交易。儘管充滿了爭議，但從技術角度來說，比特幣是「數位貨幣」歷史上一次了不起的創新。自 2009 年上線以來，它在沒有任何中心機構運維參與的情況下，在全世界運作了 8 年多的時間，最大支援過單筆 1.5 億美元的交易。而根據 blockchain.info 統計，截至 2017 年 2 月 22 日，平均每天有總值約 2.3 億元的 28 萬筆交易寫入比特幣區塊鏈帳本中，截至 2017 年 7 月，比特幣系統已累計生成超過 47 萬個區塊。專家預測，到 2019 年將會有 500 萬比特幣用戶，這個不斷增長的群體可以在線上商城中購買比特幣，並把這些比特幣放入他們的「數位錢包」，用來購買商品和服務 [6]。

與傳統貨幣和在比特幣誕生之前的「數位貨幣」相比，比特幣最大的不同是不依賴於任何中心化機構，而是僅僅依賴於其系統中完全透明的數學原理：加密和共識演算法。這就是技術創新所帶來的美好，人們不再需要為了信任某個機構而進行各種保護措施。這是比特幣和區塊鏈技術受到諸多關注和炒作的主要原因。

比特幣作為一種基於區塊鏈技術創造出的「虛擬數位貨幣」，用意在解決先前「數位貨幣」所存在的以下幾個問題 [7]：

☑ 發行機構控制貨幣的發行及相關政策，可以決定一切；

☑ 以前的「數位貨幣」都無法做到匿名化交易；

☑ 貨幣自身的價值無法得到保證；

☑ 所持貨幣對於持幣人來說不具備完全的安全性。

當前的銀行系統作為貨幣的第三方機構，確實可以有代價地解決上面的幾個問題，但是如果把交易範圍擴大到全球範圍，又有哪一家銀行能確保自己在全球都是可以信任的呢？於是，就有人提出是否可以設計出一套分散式的資料庫系統，它在全球範圍內都可連線，並完全中立、公正、安全。許多研究者努力探索，並提出了一些解決方案，但由於種種原因未能真正被社會接納，而比特幣完成了這樣的分散式帳本技術。

從 2014 年開始，人們發現比特幣的底層架構技術區塊鏈有巨大的潛在應用價值，這正式引發了分散式帳本（Distributed Ledger）技術的革新浪潮。隨著探索者們的不斷創新，區塊鏈技術已經脫胎於比特幣，在金融、貿易、物流、徵信、物聯網、共用經濟等諸多領域嶄露頭角。

1.1.2　區塊鏈定義

區塊鏈技術本質上是一個去中心化的資料庫，它是比特幣的核心技術與基礎架構，是分散式資料儲存、點對點傳輸、共識機制、加密演算法等電腦技術的新型應用模式 [8]。狹義來講，區塊鏈是一種按照時間順序將資料區塊以順序相連的方式組合成的一種鏈式資料結構，並以密碼學方式保障的不可篡改、不可偽造分散式帳本。廣義來講，區塊鏈技術是利用塊鏈式資料結構來驗證與儲存資料、利用分散式節點共識演算法來生成和更新資料、利用密碼學方式確保資料傳輸和存取的安全、利用由自動化腳本程式碼組成的智慧合約，進行程式設計和運算次資料的一種全新分散式基礎架構與計算範式 [9]。

區塊鏈上儲存的資料需由全網節點共同維護，可以在缺乏信任的節點之間有效傳遞價值。相比現有的資料庫技術，區塊鏈具有以下技術特徵。

① 塊鏈式資料結構

區塊鏈利用塊鏈式資料結構來驗證和儲存資料，從上文對區塊鏈基本概念的介紹可得知，每個區塊打包記錄了一段時間內發生的交易，這是對當前帳本的一次共識，並且記錄上一個區塊的雜湊值、建立關聯，形成區塊鏈式的資料結構。

② 分散式共識演算法

區塊鏈系統利用分散式共識演算法來生成和更新資料，由技術層面杜絕了非法篡改資料的可能性，取代了傳統應用中確保信任和交易安全的第三方仲介機構，降低了為維護信用而造成的時間成本、人力成本和資源耗用。

③ 密碼學方式

區塊鏈系統利用密碼學的方式保證資料傳輸和存取的安全。儲存在區塊鏈上的交易資訊是公開的，但帳戶的身份資訊是高度加密的。區塊鏈系統集合了對稱加密、非對稱加密及雜湊演算法的優點，並使用數位簽章技術來保證交易的安全。

區塊鏈系統以上的技術特徵決定了其應用具有如下功能特徵。

① 多中心

不同於傳統應用的中心化資料管理，區塊鏈網路中有多個機構進行相互監督並即時對帳，進而避免了單一記帳人造假的可能性，提高了資料的安全性。

② 自動化

區塊鏈系統中的智慧合約是可以自動化執行一些預先定義好的規則和條款的電腦程式碼，它大幅提高了經濟活動與契約的自動化程度。

③ 可信任

儲存在區塊鏈上的交易記錄和其他資料，是不可篡改並且可溯源，所以能夠妥善解決各方不信任的問題，無需第三方仲介。

1.1.3 區塊鏈相關概念

區塊鏈以密碼學的方式，維護一份不可篡改、不可偽造的分散式帳本，並利用協商一致的規範和協定（共識機制），解決了去中心化記帳系統的一致性問題 [10]，主要包括以下三個概念。

- ☑ **交易（Transaction）**：區塊鏈上每一次導致區塊狀態變化的作業都稱為交易，每一次交易對應唯一的交易雜湊值，一段時間後便會對交易進行打包。

- ☑ **區塊（Block）**：打包記錄一段時間內發生的交易和狀態結果，成為對當前帳本的一次共識。每個區塊以一個相對平穩的時間間隔加入至鏈中，在企業級區塊鏈平台中，共識時間可以動態設定。

- ☑ **鏈（Chain）**：區塊按照時間順序串聯起來，每個區塊記錄上一個區塊的雜湊值關聯，是整個狀態改變的日誌記錄。

圖 1.1 的區塊鏈主要結構可以幫助大家理解這些概念。

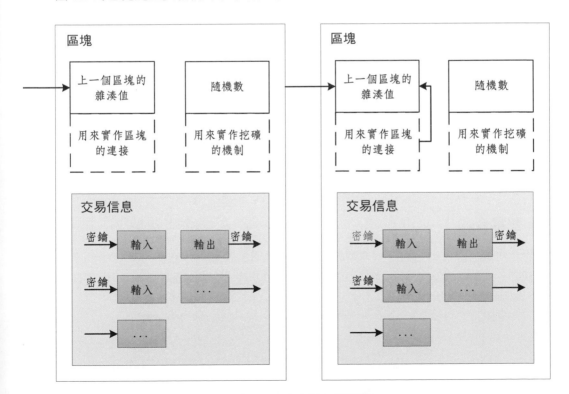

圖 1.1　區塊鏈主要結構

區塊鏈技術體系並非藉由一個權威的中心化機構來保證交易的可信和安全，而是靠加密和分散式共識機制來解決信任和安全問題，其主要技術創新有以下 4 點。

① 分散式帳本

交易是由分散式系統中的多個節點共同記錄的。每個節點都記錄完整的交易記錄，因此它們都可以參與監督交易合法性並驗證交易的有效性。不同於傳統的中心化技術方案，區塊鏈中沒有任何一個節點具備單獨記錄交易的權限，避免了因單一記帳人或節點被控制而造假的可能性。另一方面，由於全網節點參與記錄，理論上，除非所有的節點都被破壞，否則交易記錄就不會遺失，進而保證資料的安全性。

② 加密技術和授權技術

區塊鏈技術妥善集合了當前對稱加密、非對稱加密和雜湊演算法的許多優點，並使用了數位簽章技術來保證交易的安全性，其中最具代表性的是使用橢圓曲線加密演算法生成使用者的公私密金鑰對，並使用橢圓曲線數位簽章演算法來保證交易安全。打包在區塊上的交易資訊對於參與共識的所有節點是公開的，但是帳戶的身份資訊是經過嚴格加密的。

③ 共識機制

共識機制是區塊鏈系統中各個節點達成一致的策略和方法。區塊鏈的共識機制替代了傳統應用中保證信任和交易安全的第三方中心機構，能夠降低由於各方不信任而產生的第三方信用成本、時間成本和資本耗用。常用的共識機制主要有 PoW、PoS、DPoS、Paxos、PBFT 等，共識機制既是資料寫入的方式，也是防止篡改的手段。

④ 智慧合約

智慧合約是可以自動化執行預先定義規則的一段電腦程式碼，它本身就是一個系統參與者。它能夠實作價值的儲存、傳遞、控制和管理，為區塊鏈的應用提供了創新性的解決方案 [11] [12]。

1.1.4 區塊鏈分類

按照節點參與方式的不同,區塊鏈技術可以分為:公有鏈(Public Blockchain)、聯盟鏈(Consortium Blockchain)和私有鏈(Private Blockchain)。按照許可權的不同,區塊鏈技術可以分為:許可鏈(Permissioned Blockchain)和非許可鏈(Permissionless Blockchain)。前述的三大類區塊鏈技術中,聯盟鏈和私有鏈屬於許可鏈,公有鏈屬於非許可鏈。

① 公有鏈

公有鏈,顧名思義,就是公開的區塊鏈。公有鏈是全公開的,所有人都可以成為網路中的一個節點,不需要任何人給予許可權或授權。在公有鏈中,每個節點都可以自由加入或者退出網路,參與鏈上資料的讀寫、執行交易,還可以參與網路中共識達成的過程,即決定哪個區塊可以添加到主鏈上並記錄當前的網路狀態 [13]。公有鏈是完全意義上的去中心化區塊鏈,它借助密碼學中的加密演算法保證鏈上交易的安全性。在採取共識演算法達成共識時,公有鏈主要採取工作量證明(PoW,Proof of Work)機制或權益證明(PoS,Proof of Stake)機制等共識演算法,將經濟獎勵和加密數字驗證結合起來,以達到去中心化和全網達成共識的目的。在這些演算法共識形成的過程中,每個節點都可以為共識過程做出貢獻,也是我們俗稱的「挖礦」,來取得與貢獻成正比的經濟獎勵,也就是系統中發行的數位貨幣。

公有鏈通常也被稱為公共鏈,它屬於一種非許可鏈,不需要許可就可以自由參加或退出。當前最典型的代表應用有比特幣、乙太坊(Ethereum)等。因其完全去中心化和面向大眾的特性,公有鏈通常適用於「虛擬加密貨幣」和面向大眾的一些金融服務以及電子商務等。

② 聯盟鏈

聯盟鏈不是完全去中心化的,而是一種多中心化或者部分去中心化的區塊鏈。在區塊鏈系統運作時,它的共識過程可能會受某些指定節點的控制。例如,在一個有15個金融機構接入的區塊鏈系統中,每個機構都作為鏈上的一個節點,每確認一筆交易,都需要至少對10個節點進行確認(2/3確認),這筆交易或者這個區塊才能被認可。聯盟鏈帳本上的資料與公有鏈的完全公開是不同的,只有聯盟成員節點才可以存取,並且鏈上的讀寫許可權、參與記帳規則等作業也需要由聯盟成員節點共同決定。由於聯盟鏈情境中的參與者組成一個聯盟,參與共識的節點比公有鏈少得多，並且一般是針對某個商業情境，所以共識協定一般不採用與工作量證明類似的挖礦機制，同時也不一定需要貨幣作為激勵機制，而是採用 PBFT、RAFT 這類適用於多中心化且效率較高的共識演算法。同時，聯盟鏈對交易的時間、狀態、每秒交易數等與公有鏈大有差別，所以它比公有鏈有更高的安全和效能要求。

聯盟鏈屬於一種許可鏈，意味著不是任何人都能自由加入網路中，而是需要一定的許可權，才可以加入成為一個新的節點。當前聯盟鏈典型的代表有 Linux 基金會支援的超級帳本（Hyperledger）專案、R3 區塊鏈聯盟開發的 Corda，以及趣鏈科技推出的 Hyperchain 平台等。

③ 私有鏈

私有鏈，是指整個區塊鏈上的所有寫入許可權僅掌握在一個組織手裡，而讀取許可權可以根據情況對外開放或者任意進行限制 [14]。所以，私有鏈的應用情境一般是單一的企業內部總公司對分公司的管理方面，如資料庫管理和審計等。相較於公有鏈和聯盟鏈，私有鏈的價值主要在於提供一個安全、可追溯、不可篡改的平台，並且可以同時防止來自內部和外部的安全攻擊。目前對於私有鏈確實存在著一些爭議，有人認為私有鏈的意義不大，因為它需要依賴第三方的區塊鏈平台機構，所有的許可權都被控制在一個節點中，已經違背了區塊鏈技術的初衷，不能算是一種區塊鏈技術，而是已經存在的分散式帳本技術。但是也有人認為私有鏈擁有很大的潛在價值，因為它可以給當前存在的許多問題提供一個妥善的解決方案，如企業內部規章制度的遵守、金融機構的反洗錢行為，以及政府部門的預算和執行等。

與聯盟鏈一樣，私有鏈也屬於一種許可鏈，不過它的許可權掌握在單一節點中，在有些情境中，私有鏈還被稱為專有鏈。目前私有鏈的應用不多，開創者都在努力探索中。目前已經存在的應用主要有英國幣科學公司（Coin Sciences Ltd.）推出的多鏈（Multichain）平台，這個平台的宗旨是希望能幫助各企業快速部署私鏈環境，提供良好的隱私保護和許可權控制。

自誕生至今，區塊鏈技術經歷三次重大的技術演進，其典型代表平台為 2009 年的比特幣、2013 年的乙太坊和 2015 年的 Fabric 和 Hyperchain，其組織形態從資源消耗嚴重、交易效能低下、缺乏靈活控制機制的公有區塊鏈，向高效共識、智慧可程式設計、可保護隱私的聯盟區塊鏈轉變。當前，Hyperchian 平台的 TPS（每秒交易處理量）量級已達到千甚至萬，可以滿足大部分商業情境的需要。將來，隨著技術進一步發展，基於聯盟鏈的區塊鏈商業應用將成為區塊鏈應用的主要形態。

1.2 區塊鏈發展歷程

比特幣所實現的基於零信任基礎、真正去中心化的分散式系統，其實是解決一個 30 多年前由 Leslie Lamport 等人提出的拜占庭將軍問題。區塊鏈技術從誕生至今，其發展歷程大致可以分為 4 個階段：技術起源、區塊鏈 1.0、區塊鏈 2.0 和區塊鏈 3.0，如圖 1.2 所示。

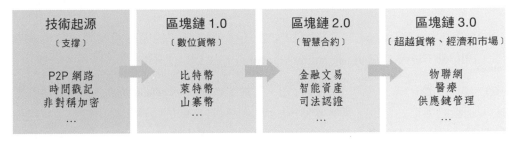

圖 1.2　區塊鏈發展歷程

1.2.1　技術起源

區塊鏈技術源於中本哲史創造的比特幣。比特幣是中本哲史站在巨人的肩膀上，基於前人的各種相關技術和演算法，結合自己獨特的創造性思維而設計。下面簡要介紹區塊鏈相關基礎技術的發展歷史 [15]。

1982 年，Leslie Lamport 等人提出拜占庭將軍問題（Byzantine Generals Problem）[16]，這是一個非常著名的、分散式運算領域的問題，旨在設法建立具有容錯性的分散式系統，即在一個存在故障節點和錯誤資訊的分散式系統中保證正常節點達到共識，保持資訊傳遞的一致性。

1985 年，Neal Koblitz 和 Victor Miller 兩人提出橢圓曲線密碼學（Elliptic Curve Cryptography，ECC）[17-18]，第一次將橢圓曲線用於密碼學中，建立公開金鑰加密演算法。相較於之前的 RSA 演算法，採用 ECC 的好處在於可用較短的金鑰達到與 RSA 相同的安全強度。

1990 年，David Chaum 根據之前提出的密碼學網路支付系統理念，實作了一個不可追蹤密碼學網路支付系統，稱為 eCash[19]。不過，這是一個中心化的系統，但區塊鏈技術在隱私安全上參考了許多設計。

1990 年，Leslie Lamport 針對自己在 1982 年提出的拜占庭將軍問題，提供了一個解決方案——Paxos 演算法 [20]，Paxos 共識演算法能在分散式系統中達成高容錯性的全網一致性。

1991 年，Stuart Haber 與 W. Scott Stornetta 提出了時間戳記技術來確保電子檔安全 [21]，中本哲史在比特幣中也採用了這一技術，對帳本中的交易進行追本溯源。

1992 年，Scott Vanstone 等人基於 ECC 提出了效能更好的橢圓曲線數位簽章演算法（Elliptic Curve Digital Signature Algorithm，ECDSA）[22]。

1997 年，Adam Back 發明了 Hashcash，一種工作量證明演算法 [23]，此演算法仰賴成本函數的不可逆特性，具有容易被驗證但很難被破解的特性，最早被應用於阻擋垃圾郵件。其演算法設計理念被中本哲史改進之後，Hashcash 成為比特幣區塊鏈節點達成共識的核心技術之一，是比特幣的基石。

1998 年，Wei Dai 發表了匿名的分散式電子現金系統 B-money[24]，引入了工作量證明機制，強調點對點交易和不可篡改特性。不過在 B-money 中，並未採用 Adam Back 提出的 Hashcash 演算法。Wei Dai 的許多設計也被比特幣區塊鏈所採用。

2005 年，Hal Finney 提出可重複使用的工作量證明機制（Reusable Proofs of Work，RPOW）[25]，結合 B-money 與 Adam Back 提出的 Hashcash 演算法來創造密碼學「貨幣」。

2008 年，中本哲史在一個密秘的密碼學討論群組發表了一篇關於比特幣的論文，發明了比特幣 [5]。

從上述技術發展歷史來看，區塊鏈技術並非橫空出世，而是在一定背景和技術發展下的必然產物。關於區塊鏈的核心技術，後續章節會進行系統性的詳細介紹。

1.2.2　區塊鏈 1.0：「數位貨幣」

在區塊鏈 1.0 階段，區塊鏈技術的應用範圍主要集中在「數位貨幣」領域。在 2009 年比特幣上線之後，由於比特幣區塊鏈解決了「雙花問題」和「拜占庭將軍問題」，清開了「數位貨幣」流通的主要障礙，因而獲得了大量追捧，狗狗幣、萊特幣之類的「山寨」「數位貨幣」也開始大量湧現。這些「數位貨幣」在技術上與比特幣十分類似，其架構一般都可分為三層：區塊鏈層、協定層和貨幣層。區塊鏈層是這些「數位貨幣」系統的底層技術，也是最核心部分，系統的共識過程、訊息傳遞等核心功能都是在區塊鏈層達成的。協定層則主要為系統提供一些軟體服務、制定規則，等等。最後的貨幣層則主要是作為價值表示，用來在用戶之間傳遞價值，相當於一種貨幣單位。

在區塊鏈 1.0 階段，區塊鏈技術建構了許多去中心化數位支付系統，妥善解決了貨幣和支付手段的去中心化問題，對傳統的金融體系有著一定的衝擊。

1.2.3　區塊鏈 2.0：智慧合約

在比特幣和其他山寨幣的資源消耗嚴重、無法處理複雜邏輯等弊端逐漸暴露後，業界逐漸將關注點轉移到了比特幣底層技術區塊鏈上，產生了運行在區塊鏈上的模組化、可重用、自動執行腳本，即智慧合約。這大幅拓展了區塊鏈的應用範圍，區塊鏈由此進入 2.0 階段。業界慢慢地認識到區塊鏈技術潛藏的巨大價值。區塊鏈技術開始脫離「數位貨幣」領域的創新，其應用範圍延伸到金融交易、證券清算結算、身份認證等商業領域。此時出現了許多新的應用情境，如金融交易、智慧資產、檔案登記、司法認證，等等。

乙太坊是這一階段的代表性平台，它是一個區塊鏈基礎開發平台，提供了圖靈完備的智慧合約系統。透過乙太坊，使用者可以自己編寫智慧合約，建構去中心化的 DAPP。由於乙太坊智慧合約圖靈完備的性質，開發者可以設計任何去中心化應用，例如投票、功能變數名稱、金融交易、眾籌、智慧財產等等。目前在乙太坊平台上，運行了許多去中心化應用，按照其白皮書說明，可以分為三種應用。第一種是金融應用，包括「數位貨幣」、金融衍生品、對沖合約、儲蓄錢包、遺囑這些涉及金融交易和價值傳遞的應用。第二種是半金融應用，這涉及金錢的參與，但其中也有一大部分與金錢無關。第三種則是非金融應用，如線上投票和去中心化自治組織這類不涉及金錢的應用。

在區塊鏈 2.0 階段，以智慧合約為主導，越來越多的金融機構、初創業者和研究團體加入了區塊鏈技術的探索佇列，帶動了區塊鏈技術的迅速發展。

1.2.4　區塊鏈 3.0：超越貨幣、經濟和市場

隨著區塊鏈技術的不斷發展，區塊鏈技術的低成本信用創造、分散式架構和公開透明等特性的價值，逐漸受到社會關注，在物聯網、醫療、供應鏈管理、社會公益等各行各業中不斷有新應用出現。區塊鏈技術的發展進入到了區塊鏈 3.0 階段 [11]。在這一階段，區塊鏈的潛在作用並不僅僅表現在貨幣、經濟和市場方面，更延伸到了政治、人道主義、社交和科學領域，區塊鏈技術方面的能力已經可以讓特殊的團體來處理現實中的問題。而隨著區塊鏈的繼續發展，我們可以大膽設想，區塊鏈技術或許將廣泛而深刻地改變人們的生活方式，並重構整個社會，重鑄信用價值。或許將來當區塊鏈技術發展到一定程度時，整個社會中的每一個人都可作為一個節點，連接到一個全球性的去中心化網路中，整個社會進入區塊鏈時代，然後透過區塊鏈技術來分配社會資源，或許區塊鏈將成為一個促進社會經濟發展的理想框架。

1.3　區塊鏈關鍵技術

從以上區塊鏈基礎知識和發展歷程的介紹，相信讀者已經對區塊鏈有了一個較為直觀的認識，本節將更進一步，深入介紹區塊鏈的系統架構和關鍵技術。

1.3.1　基礎模型

圖 1.3 所示是區塊鏈的基本架構，該圖的繪製參考了《區塊鏈技術發展現狀與展望》[2] 和工信部《中國區塊鏈技術和應用發展白皮書（2016）》[9] 中的區塊鏈架構圖。區塊鏈基本架構可以分為資料層、網路層、共識層、激勵層、合約層和應用層：

☑ 資料層封裝了區塊鏈的鏈式結構、區塊資料及非對稱加密等區塊鏈核心技術；

☑ 網路層提供點對點的資料通訊傳播及驗證機制；

☑ 共識層主要是網路節點間達成共識的各種共識演算法；

☑ 激勵層將經濟因素引入至區塊鏈技術體系中，主要包括經濟因素的發行機制和分配機制；

☑ 合約層展示了區塊鏈系統的可程式設計性，封裝了各類腳本、智慧合約和演算法；

☑ 應用層則封裝了區塊鏈技術的應用情境和案例。

在該架構中，基於時間戳記的鏈式結構、分散式節點間的共識機制和可程式設計的智慧合約，是區塊鏈技術最具代表性的創新點。一般可以在合約層編寫智慧合約或者進行腳本程式設計，來建構基於區塊鏈的去中心化應用。以下將對本架構中每一層所涉及的技術深入介紹。

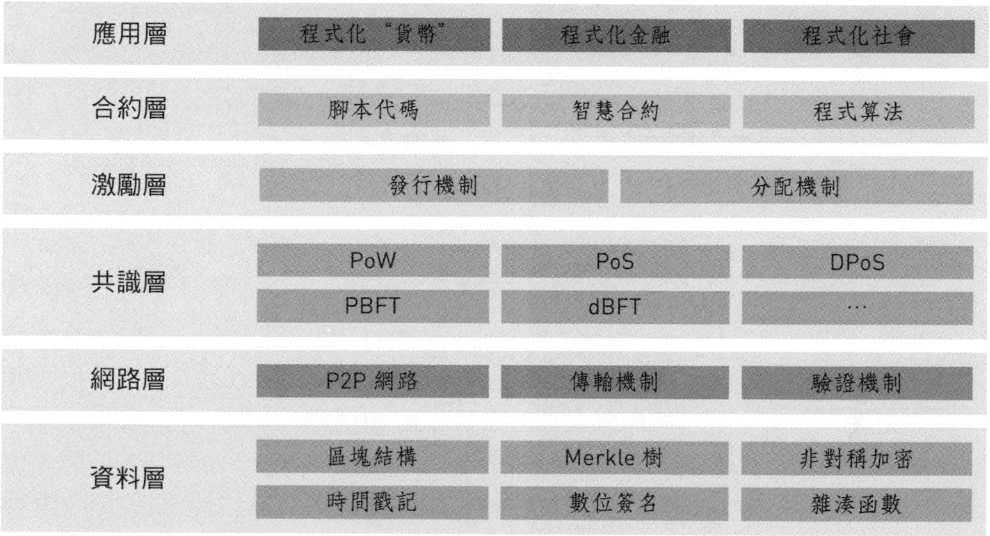

應用層	程式化 "貨幣"	程式化金融	程式化社會
合約層	腳本代碼	智慧合約	程式算法
激勵層	發行機制		分配機制
共識層	PoW / PBFT	PoS / dBFT	DPoS / …
網路層	P2P 網路	傳輸機制	驗證機制
資料層	區塊結構 / 時間戳記	Merkle 樹 / 數位簽名	非對稱加密 / 雜湊函數

圖 1.3　區塊鏈基本架構

1.3.2　資料層

資料層是區塊鏈的核心部分，區塊鏈本質上是一種資料庫技術和分散式共用帳本，是由包含交易資訊的區塊從後向前依序連接起來的一種資料結構。這一層涉及的技術主要包括：區塊結構、Merkle 樹、非對稱加密、時間戳記、數位簽章和雜湊函數。時間戳記和雜湊函數相對比較簡單，在此著重介紹區塊結構、Merkle 樹、非對稱加密和數位簽章。

① 區塊結構

每個區塊一般都由區塊頭和區塊體兩部分組成。如圖 1.4 所示，區塊頭部分包含了父區塊雜湊值、時間戳記、Merkle 根等資訊，而區塊體部分則包含著此區塊中所有的交易資訊。除此之外，每一個區塊還對應著兩個值來識別區塊：區塊頭雜湊值和區塊高度。

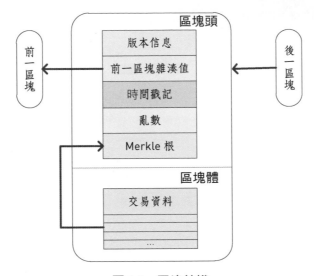

圖 1.4　區塊結構

每一個區塊都會有一個區塊頭雜湊值，這是利用 SHA256 演算法，對區塊頭進行二次雜湊計算而得到的 32byte 數位指紋。例如，比特幣的第一個區塊的頭雜湊值為 000000000019d6689c085ae165831e934ff763ae46a2a6c172b3f1b60a8ce26f。區塊頭雜湊值標示區塊鏈上的唯一區塊，並且任何節點只要對區塊頭進行簡單的雜湊計算，都可以得到此區塊頭的雜湊值。區塊頭雜湊也包含在區塊的整體資料結構中，但是區塊頭的資料和區塊體的資料未必會一起儲存，為了檢索效率，實作中可以將二者分開儲存。

除了利用區塊頭雜湊值來識別區塊，還可以利用區塊高度來對區塊進行識別。例如高度為 0 和前述 000000000019d6689c085ae165831e934ff763ae46a2a6c172b3f1b60a8ce26f 所索引的區塊都是第一個區塊。但是與頭雜湊值不同的是，區塊高度並不能標示唯一區塊。由於區塊鏈具有分叉的情況，所以可能存在 2 個或以上區塊的區塊高度是一樣的。

談完了頭雜湊值和區塊高度，下面介紹區塊頭的構造。以比特幣為例，區塊頭是 80byte，其詳細結構如表 1.1 所示 [7]。

▼ 表 1.1　區塊頭詳細結構

字段	大小（byte）	描述
版本	4	版本號，用於跟蹤軟體 / 協定的更新
前一區塊雜湊值	32	引用區塊鏈中前一區塊的雜湊值
Merkle 根	32	該區塊中交易的 Merkle 樹根的雜湊值
時間戳記	4	該區塊產生的近似時間（精確到秒的 Unix 時間戳記）
亂數	4	用於工作量證明演算法的計數器

區塊頭由三組中繼資料組成，一組是引用父區塊的雜湊值資料，用於同前一區塊進行相連。第二組即難度值、時間戳記和亂數，這些都與挖礦競爭相關。第三組是 Merkle 根，是區塊體中 Merkle 樹的根節點。

② Merkle 樹

前文介紹了區塊頭雜湊值、區塊高度和區塊頭的結構，接著來看看區塊體。區塊體儲存著交易資訊，在區塊中它們是以一棵 Merkle 樹的資料結構進行儲存，而 Merkle 樹是一種用來有效總結區塊中所有交易的資料結構。Merkle 樹是一棵雜湊二叉樹，樹的每個葉節點都是 一筆交易的雜湊值。同樣以比特幣為例，在比特幣網路中，Merkle 樹被用來歸納一個區塊中的所有交易，同時生成整個交易集合的數位指紋，即 Merkle 樹根，且提供了一種校驗區塊是否存在某交易的高效途徑。生成一棵 Merkle 樹需要遞迴地對每兩個雜湊節點進行雜湊得到一個新的雜湊值，並將新的雜湊值存入 Merkle 樹中，直到兩兩結合最終只有一個雜湊值時，這個雜湊值就是這一區塊所有交易的 Merkle 根，儲存到前述的區塊頭結構中。

以下藉由一個實例來對 Merkle 樹進行進一步的介紹。圖 1.5 是一棵只有 4 筆交易的 Merkle 樹，即交易 A、B、C 和 D。

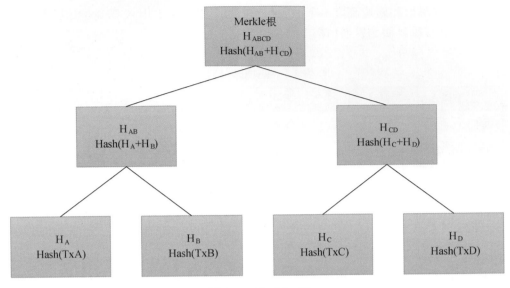

圖 1.5　Merkle 樹

第一步，需要使用兩次 SHA256 演算法對每筆交易資料進行雜湊運算，得到每筆交易的雜湊值，這裡可以得到 H_A、H_B、H_C、H_D 這 4 個雜湊值，也就是這棵 Merkle 樹的葉節點。例如：

$$H_A = SHA256（SHA256（交易 A））$$

第二步，對兩個葉節點 H_A、H_B 的雜湊值同樣使用兩次 SHA256 進行組合雜湊運算，將會得到一個新的雜湊值 H_{AB}，對 H_C、H_D 進行同樣的作業將獲得另一個雜湊值 H_{CD}。例如：

$$H_{AB} = SHA256（SHA256（H_A + H_B））$$

第三步，對現有的兩個雜湊值 H_{AB}、H_{CD} 進行第二步中的組合運算，最後將得到一個新的雜湊值 H_{ABCD}，此時我們已經沒有了其他同高度節點，所以最後的 H_{ABCD} 就是這一棵 Merkle 樹的 Merkle 根。之後將這個節點的 32byte 雜湊值寫入至區塊頭部 Merkle 根欄位中。Merkle 樹的整個形成過程結束。

$$H_{ABCD} = SHA256（SHA256（H_{AB} + H_{CD}））$$

因為 Merkle 樹是一棵二叉樹，所以它需要偶數個葉節點，也就是偶數筆交易。但是在許多情況下，某個區塊的交易數目會出現奇數筆。對於這種情況，Merkle 樹的解決方案是將最後一筆交易進行一次複製，構成偶數個葉節點，這種偶數個葉節點的二叉樹也稱為平衡樹。

圖 1.6 展示的是一棵更大的 Merkle 樹，由 16 個交易構成。從圖中可見，不管一個區塊中有一筆交易還是十萬筆交易，最終都能歸納成一個 32byte 的雜湊值作為 Merkle 樹的根節點。

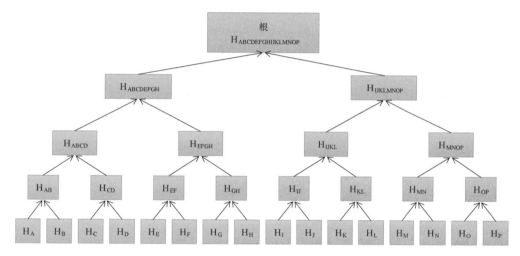

圖 1.6　多節點的 Merkle 樹

當需要證明交易清單中的某筆交易存在時，一個節點只需計算 $\log_2 N$ 個 32byte 的雜湊值，就可以形成一條從 Merkle 樹根到特定交易的路徑，Merkle 樹的效率如表 1.2 所示 [7]。

▼ 表 1.2　Merkle 樹效率

交易數量（筆）	區塊的近似大小（千 byte）	路徑大小（雜湊數量）	路徑大小（byte）
16	4	4	128
512	128	9	288
2048	512	11	352
65535	16384	16	512

③ 非對稱加密與數位簽章

非對稱加密是區塊鏈技術中用於安全性需求和所有權認證時採用的加密技術，常見的非對稱加密演算法有 RSA、Elgamal、背包演算法、Rabin、D-H、ECC（橢圓曲線加密演算法）和 ECDSA（橢圓曲線數位簽章演算法），等等 [9-26]。與對稱加密演算法不同的是，非對稱加密演算法需要兩個金鑰：公開金鑰（public key）和私有金鑰（private key）。基於非對稱加密演算法可使通訊雙方在不安全的媒體上交換資訊，安全地達成資訊的一致。公開金鑰是對外公開的，而私有金鑰是保密的，其他人不能透過公開金鑰推算出對應的私密金鑰。每一個公開金鑰都有其相對應的私有金鑰，如果我們使用公開金鑰對資訊進行加密，那麼則必須有對應的私有金鑰才能對加密後的資訊進行解密；如果是用私有金鑰加密資訊，則只有對應的公開金鑰才可以進行解密。在區塊鏈中，非對稱加密主要用於資訊加密、數位簽章等情境。

在資訊加密情境中，如圖 1.7 所示，資訊發送者 A 需要發送一個資訊給資訊接收者 B，需要先使用 B 的公開金鑰對資訊進行加密，B 收到後，使用自己的私密金鑰就可以對這一資訊進行解密，而其他人沒有私密金鑰，是沒辦法對這個加密資訊進行解密的。

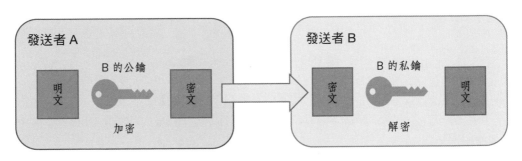

圖 1.7　信息加密

而在數位簽章情境中，如圖 1.8 所示，發送者 A 先用雜湊函數對原文生成一個摘要（Digest），然後使用私密金鑰對摘要進行加密，生成數位簽章（Signature），再將數位簽章與原文一起發送給接收者 B；B 收到資訊後使用 A 的公開金鑰對數位簽章進行解密得到摘要，由此確保資訊是 A 發出的，然後再對收到的原文使用雜湊函數產生摘要，並與解密得到的摘要進行對比，如果相同，則說明收到的資訊在傳輸過程中沒有被修改過。

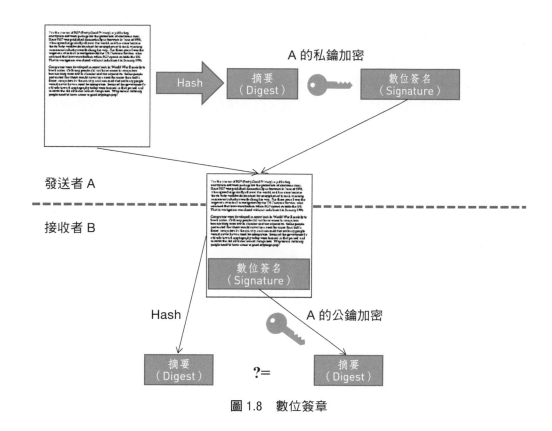

圖 1.8　數位簽章

1.3.3　網路層

網路層是區塊鏈平台資訊傳輸的基礎，藉由 P2P 的網路組成、特定的資訊傳播協定和資料驗證機制，使得區塊鏈網路中的每個節點都可以平等參與共識與記帳。下面將詳細介紹區塊鏈平台網路層中的 P2P 網路架構、資訊傳輸機制和資料驗證機制。

① P2P 網路架構

區塊鏈網路架構一般採用網際網路 P2P（peer-to-peer）架構，在 P2P 網路中，每台電腦每個節點都是對等的，共同為全網提供服務。而且，沒有任何中心化的伺服端，每台主機都可以作為伺服端回應請求，也可以作為用戶端使用其他節點所提供的服務。P2P 通訊不需要從其他實體或 CA 取得位址驗證，因此有效地消除了竄改的可能性和第三方欺騙 [27]。所以 P2P 網路是去中心化和開放的，這也正符合區塊鏈技術的理念。

在區塊鏈網路中，所有的節點地位均等且以扁平式拓撲結構相互連通和互動，每個節點都需要承擔網路路由、驗證區塊資料、傳播區塊資料等功能。在比特幣網路中有兩類節點，一類是全節點，它保存著區塊鏈上所有的完整資料資訊，並需要即時地參與區塊鏈資料的校驗和記錄來更新區塊鏈主鏈。另一類是輕節點，它只保存區塊鏈中的部分資訊，透過簡易支付驗證（SPV）方式向其他相鄰的節點請求資料，以便完成資料的驗證 [2]。

② 傳輸機制

在新的區塊資料生成後，生成該資料的節點會將其廣播到全網的其他節點以供驗證。目前的區塊鏈底層平台一般都會根據自身的實際應用需求，在比特幣傳輸機制的基礎上重新設計或者改進出新的傳輸機制，如乙太坊區塊鏈集合了所謂的「幽靈協定」，以解決因區塊資料確認速度快而導致的高區塊作廢率和隨之而來的安全性風險 [28]。這裡我們以中本哲史設計的比特幣系統為例，列出其傳輸協定的步驟如下 [5]：

（1）比特幣交易節點將新生成的交易資料，向全網所有節點進行廣播；

（2）每個節點都將收集到的交易資料儲存到一個區塊中；

（3）每個節點根據自身運算力，在區塊中找到一個具有足夠難度的工作量證明；

（4）當節點找到區塊的工作量證明後，就向全網所有節點廣播此區塊；

（5）只有包含在區塊中的所有交易都有效且先前不存在，其他節點才認同該區塊的有效性；

（6）其他節點接收該資料區塊，並在該區塊的末尾製造新的區塊以延長鏈，而將被接收的區塊的隨機雜湊值，視為新區塊的前序區塊雜湊值。

如果交易的相關節點是一個未與其他節點相連接的新節點，比特幣系統通常會將一組長期穩定運行的「種子節點」推薦給新節點以建立連接，或者推薦至少一個節點連接新節點。此外，進行廣播的交易資料並不需要全部節點都接收到，只要有足夠多的節點做出回應，交易資料便可整合到區塊鏈帳本中。而未接收到完整交易資料的節點，可以向臨近節點請求下載缺失的交易資料 [7]。

③ 驗證機制

在區塊鏈網路中，所有的節點都會時刻監聽網路中廣播的交易資料及新產生的區塊。在接收到相鄰節點發來的資料後，會首先驗證該資料的有效性，若資料有效則按接收順序，為新資料建立儲存池來暫存這些資料，並且繼續向臨近節點轉發；若資料無效則立即廢棄該資料，確保無效資料不會在區塊鏈網路中繼續傳播。驗證有效性的方法是根據預先定義的標準，從資料結構、語法規範性、輸入輸出和數位簽章等各方面進行校驗。對於新區塊的校驗也是如此，某節點產生出新區塊後，其他節點按照既定的標準對新區塊的工作量證明、時間戳記等方面進行校驗，若確認有效，則將該區塊連結到主區塊鏈上，並開始爭取下一個區塊的記帳權。

1.3.4　共識層

Leslie Lamport 於 1982 年提出著名的拜占庭將軍問題，引發了無數研究者探索解決方案。如何在分散式系統中高效地達成共識是分散式運算領域的一個重要研究課題。區塊鏈的共識層的作用就是在不同的應用情境下藉由使用不同的共識演算法，在決策權高度分散的去中心化系統中，使得各個節點高效地達成共識。

最初，比特幣區塊鏈選用了一種依賴節點運算力的工作量證明共識（Proof of Work，PoW）機制來確保比特幣網路分散式記帳的一致性。之後隨著區塊鏈技術的不斷演進和改進，研究者陸續提出了一些不過度依賴運算力而能達到全網一致的演算法，比如權益證明共識（Proof of Stake，PoS）機制、委任股份證明共識（Delegated Proof of Stake，DPoS）機制、實用拜占庭容錯（Practical Byzantine Fault Tolerance，PBFT）演算法，等等。下面我們對這幾種共識演算法進行簡單介紹 [29]。

① PoW（工作量證明機制）

PoW 機制誕生於 1997 年 Adam Back 設計的 Hashcash 系統，它最初被創造出來用於預防郵件系統中漫天遍地的垃圾郵件 [11]。2009 年，中本哲史將 PoW 機制運用於比特幣區塊鏈網路中，作為達成全網一致性的共識機制。從嚴格意義上講，比特幣中所採用的是一種可重複使用的 Hashcash 工作證明，使得生成工作證明量可以是一個概率意義上的隨機過程 [29]。在該機制中，網路上的每一個節點都使用 SHA256 雜湊演算法，運算一個不斷變化的區塊頭的雜湊值。共識要求算出的值必須等於或者小於某個給定的值 [30]。

在分散式網路中，所有的參與者都需要使用不同的亂數來持續計算該雜湊值，直到達到目標為止。當一個節點得出了確切的值，其他所有的節點必須相互確認該值的正確性。此後，新區塊中的交易將被驗證以防欺詐。然後，用於計算的交易資訊集合會被確認為認證結果，用區塊鏈中的新區塊表示。在比特幣中，運算雜湊值的節點被稱作「礦工」，而 PoW 的過程被稱為「挖礦」。由於認證的計算是一個耗時的過程，所以也提出了相應的激勵機制（例如向礦工授予一小部分比特幣）。

總而言之，工作量證明就是對於工作量的證明，每個區塊加入到鏈上，必須得到網路參與者的同意驗證，礦工對它完成了相對應的工作量。PoW 的優點是完全的去中心化和分散式帳簿。缺點也很明顯，即消耗資源：挖礦行為造成了大量的資源浪費，同時 PoW 達成共識的週期也比較長，比特幣網路會自動調整目標值來確保區塊生成過程大約需要 10 分鐘，因此它不太適合商業運用。

② PoS（股權證明機制）

PoS 的想法源於尼克‧薩博（Nick Szabo），是 PoW 的一種節能替代選擇，它不需要使用者在不受限制的空間中找到一個亂數，而是要求人們證明貨幣數量的所有權，因為其相信擁有貨幣數量多的人，比較不可能攻擊網路。以帳戶餘額做選擇並不公平，因為單一最富有的人勢必在網路中占主導地位，所以提出了許多解決方案，結合股權來決定誰來建立下一個區塊。其中，Blackcoin 使用隨機選擇來預測下一個建立者，而 Peercoin 則傾向於基於幣齡來選擇。Peercoin 首次開創性地實作了真正的股權證明，它採用工作量證明機制發行新幣，採用股權證明機制維護網路安全，這也是「虛擬貨幣」歷史上的一次創舉。

與比特幣網路要求證明人執行一定量的工作不同，此機制只需要證明人提供一定數量「數位貨幣」的所有權即可。在股權證明機制中，每當建立一個區塊時，礦工需要建立一個稱為「幣權」的交易，這個交易會按照一定的比例預先將一些幣發給礦工。然後股權證明機制根據每個節點持有貨幣的比例和時間，依據演算法等比例地降低節點的挖礦難度，以加快節點尋找亂數的速度，縮短達成共識所需的時間 [31]。

與 PoW 相比，PoS 可以節省更多的能源，更有效率。但是，由於挖礦成本接近於零，因此可能會遭受攻擊。且 PoS 在本質上仍然需要網路中的節點進行挖礦運算，所以它同樣難以應用於商業領域。

③ DPoS（股份授權證明機制）

DPoS 由比特股（Bitshares）專案組發明[32]。股權擁有者選舉他們的代表來進行區塊的生成和驗證。DPoS 類似現代企業董事會制度，比特股系統將貨幣持有者稱為股東，由股東投票選出 101 名代表，然後由這些代表負責生成和驗證區塊。持幣者若想成為一名代表，需先用自己的公開金鑰去區塊鏈註冊，獲得一個長度為 32 位元的特有身份識別碼，股東可以對這個識別碼以交易的形式進行投票，得票數前 101 位被選為代表。代表們輪流產生區塊，收益（交易手續費）平分。如果其中有代表不誠實生產區塊，很容易被其他代表和股東發現，他將立即被踢出「董事會」，空缺位置由票數排名 102 的代表自動填補。

DPoS 的優點在於大幅減少了參與區塊驗證和記帳的節點數量，進而縮短了共識驗證所需要的時間，大幅提高了交易效率。從某種角度來說，DPoS 可以看作是多中心系統，兼具去中心化和中心化優勢。

④ PBFT（實用拜占庭容錯演算法）

這個演算法最初出現在 MIT 的 Miguel 和 Barbara Liskov 學術論文中[33]，初衷是為一個低延遲儲存系統所設計，降低演算法的複雜度，此演算法可以應用於傳輸量不大但需要處理大量事件的數位資產平台。它允許每個節點發佈公開金鑰，任何通過節點的訊息都由節點簽名，以驗證其格式。驗證過程分為三個階段：預備、準備、落實。如果已經收到超過 1/3 不同節點的批准，服務作業就有效。使用 PBFT，區塊鏈網路 N 個節點中可以包含 f 個拜占庭惡意節點，其中 $f = (N-1)/3$。換句話說，PBFT 確保至少 $2f+1$ 個節點在將資訊添加到分散式共用帳簿之前達到共識。目前，HyperLedger 聯盟、ChinaLedger 聯盟等諸多區塊鏈聯盟，都在研究和驗證這個演算法的實際部署和應用。

1.3.5 激勵層

激勵層作為將經濟因素引入區塊鏈技術的一個層次，其存在的必要性取決於建立在區塊鏈技術上的具體應用需求。這裡以比特幣系統為例，對其激勵層進行介紹。

在比特幣系統中，大量的節點運算力資源藉由共識過程得以彙聚，實作區塊鏈帳本的資料驗證和記帳工作，因而本質上是一種共識節點間的任務眾包過程[2]。在去中心化系統中，共識節點本身是自利的，其參與資料驗證和記帳工作的根本目的是最大化自身收益。所以，必須設計合理的激勵機制，使得共識節點最大化自身收益的個體行為與區塊鏈系統的安全性和有效性相契合，使大規模的節點對區塊鏈歷史形成穩定的共識。

比特幣採用 PoW 共識機制，在該共識中其經濟激勵由兩部分組成：一是新發行的比特幣；二是交易流通過程中的手續費。兩者組合在一起，獎勵給 PoW 共識過程中成功計算出符合要求的亂數並生成新區塊的節點。因此，只有當各節點達成共識，共同合作來建構和維護區塊鏈歷史記錄及其系統的有效性，當作獎勵的比特幣才會有價值。

① 發行機制

在比特幣系統中，新區塊產生發行比特幣的數量是隨著時間依階梯型遞減。從創世區塊起，每個新區塊將發行 50 個比特幣獎勵給該區塊的記帳者，此後每隔約 4 年（21 萬個區塊），每個新區塊發行的比特幣數量減少一半，以此類推，一直到比特幣的數量穩定在上限 2100 萬為止 [7]。前文提過，給記帳者的另一部分獎勵是比特幣交易過程中產生的手續費，目前預設的手續費是 1/10000 個比特幣。兩部分費用會被封裝在新區塊的第一個交易（稱為 Coinbase 交易）中。

雖然現在每個新區塊的總手續費與新發行的比特幣相比要少得多，但隨著時間推移，未來比特幣的發行數量會越來越少，甚至停止發行，屆時手續費便會成為共識節點記帳的主要動力。此外，手續費還具有保障安全性的作用，防止大量極小額交易對比特幣系統發起「粉塵攻擊」。

② 分配機制

隨著比特幣挖礦生態圈的成熟，「礦池」應運而生。大量的小運算力節點加入礦池、聯合起來，合作彙集運算力，提高獲得記帳權的機率，並分享生成新區塊得到的新發行比特幣和交易手續費獎勵。據 Bitcoinminning.com 統計，目前已經存在 13 種不同的分配機制 [34]。

現今主流礦池通常採用 PPLNS（Pay Per Last N Shares）、PPS（Pay Per Share）和 PROP（PRO Portionately）等機制。在礦池中，根據各個節點貢獻的運算力，按比例劃分為不同的股份。PPLNS 機制在產生新的區塊後，各合作節點根據其在最後 N 個股份內貢獻的實際股份比例來分配獎勵；PPS 則直接根據股份比例為各節點估算和支付一個固定的理論收益，採用此方式的礦池將會適度收取手續費來彌補為各個節點承擔的收益不確定性風險；PROP 機制則根據節點貢獻的股份按比例地分配獎勵 [2]。

1.3.6　合約層

合約層封裝了各類腳本、演算法和智慧合約，是區塊鏈可程式設計性的體現。比特幣本身就具有簡單腳本的編寫功能，而乙太坊極大地強化了程式設計語言協定，理論上可以編寫實現任何功能的應用 [28]。如果把比特幣看成是全球帳本的話，乙太坊可以看作一台「全球電腦」，任何人都可以上傳和執行任意的應用程式，並且程式的有效執行能得到保證。如果說資料、網路和共識三個層次作為區塊鏈底層「虛擬機器」，分別承擔資料表示、資料傳播和資料驗證功能，那麼合約層則是建立在區塊鏈虛擬機器之上的商業邏輯和演算法，是實作區塊鏈系統靈活程式設計和運算元據的基礎。包括比特幣在內的「數位加密貨幣」大多採用非圖靈完備的簡單腳本程式碼，用程式控制交易過程，這也是智慧合約的雛形。隨著技術的發展，目前已經出現乙太坊等圖靈完備、可實作更複雜更靈活智慧合約的指令碼語言，使得區塊鏈能夠支援宏觀金融和社會系統的諸多應用。

智慧合約的概念可以追溯到 1995 年，是由學者尼克·薩博提出 [35] 並進行如下定義：「智慧合約是以數位形式定義的承諾，包括合約參與方可以在上面執行這些承諾的協定。」其設計初衷是希望透過將智慧合約內建到實體，創造各種靈活可控的智慧資產。但由於計算手段的落後和應用情境的缺失，智慧合約在當時並未受到研究者的廣泛關注 [2]。

區塊鏈技術的出現，對智慧合約進行了新的定義，並使其可行。智慧合約作為區塊鏈技術的關鍵特性之一，是運行在區塊鏈上的模組化、可重用、自動執行的腳本，能夠達成資料處理、價值轉移、資產管理等一系列功能。合約部署時被虛擬機器編譯成作業碼儲存在區塊鏈上，對應地會有一個儲存位址。當預定的條件發生時，就會發送一筆交易（transaction）到該合約位址，全網節點都會執行合約腳本編譯生成的作業碼，最後將執行結果寫入區塊鏈 [28,36-37]。

身為一種嵌入式程式化合約，智慧合約可以內建在任何區塊鏈資料、交易或資產中，形成可由程式自行控制的系統、市場或資產。智慧合約不僅為金融行業提供了創新性的解決方案，同時也能在社會系統中為資訊、資產、合約、監管等事務管理發揮重要作用。

基於區塊鏈技術的智慧合約不僅可以發揮智慧合約在成本效率方面的優勢，還可以避免惡意行為干擾合約正常執行。智慧合約可以應用到任何一種資料驅動的業務邏輯中，乙太坊首先看到了區塊鏈和智慧合約的契合，發佈了白皮書《乙太坊：下一代智慧合約和去中心化應用平台》[28]，建構了內建圖靈完備程式設計語言的公有區塊鏈，使任何人都能建立合約和去中心化應用。

智慧合約與區塊鏈的結合，豐富了區塊鏈本身的價值內涵，其特性有以下 3 點 [38-39]：

- ☑ 用程式邏輯中的豐富合約規則表達能力，實作了不信任方之間的公平交換，避免了惡意方中斷協定等可能性；

- ☑ 最小化交易方之間的互動，避免了計畫外的監控和跟蹤的可能性；

- ☑ 豐富了交易與外界狀態的互動，如可信資料來源提供的股票資訊、天氣預報等。

1.4 區塊鏈產業現狀

新技術的發展離不開市場和產業的推動，對於區塊鏈技術的學習，僅僅瞭解其技術原理是不夠的，還需知曉當前相關產業的發展情況。本節將從區塊鏈技術的發展態勢、政府對區塊鏈技術的發展規劃，以及區塊鏈產業生態圖譜這 3 個維度，分析區塊鏈產業的發展現狀。

1.4.1 區塊鏈發展態勢

據統計，截止到 2017 年底，全球已有 20 多個國家開始投資發展區塊鏈技術，並且有將近 80% 的銀行表示會啟動區塊鏈項目，有 90 多個中央銀行加入了區塊鏈討論，以及 90 多個公司加入區塊鏈聯盟，與區塊鏈技術相關的風險投資累計超過了 20 億美元，並且產生 3000 多個區塊鏈相關專利 [40]。

在「數位貨幣」方面，截至 2017 年 6 月 28 日，共有 928 個「數位加密貨幣」，其中 722 個有市值統計，總市值超過了一千億美元。其中，比特幣市值 423.36 億美元，占比 39.89%；乙太幣市值 301 億美元，占比 28.36%；瑞波幣市值 106 億美元，占比 10%。前三大「數位加密貨幣」合計占比 78.25%，第 4~10 名合計占比 8.81%，第 11~50 名合計占比 9.54%，其餘 672 個幣種僅占 3.40%。這些資料表明區塊鏈技術在「數位加密貨幣」領域充分展現了它的價值 [41]。

ICO（Initial Coin Offering）是與「數位貨幣」密切相關的概念，是基於「數位貨幣」的專案初期資金籌措方式，早期參與 ICO 眾籌的人員可以獲得初始產生的「數位貨幣」作為回報。最早的 ICO 專案可追溯到 2013 年 7 月的 Mastercoin 專案，以比特幣進行 ICO 眾籌，生成對應的 Mastercoin 貨幣並分發給眾籌參與者。知名的乙太坊專案的初始研發資金也是透過 ICO 的方式籌得。然而，因為不易監管，ICO 融資方式極易被投機者利用。特別是 2017 年以來，ICO 融資數量迅速爆發，2017 年 1 至 4 月上線 8 個 ICO 專案，5 月上線 9 個，6 月上線了 27 個，導致 ICO 充斥著投機行為和泡沫，中國監管層密切注意，9 月 4 日，央行、銀監會等七部門發佈通告，宣佈任何組織和個人不得非法從事貨幣發行融資活動。隨後，主要「數位貨幣」均應聲迅速下跌。ICO 的狂熱從側面反映了區塊鏈產業受關注的程度，但想借助區塊鏈熱度進行短期投機炒作甚至詐騙的行為註定不能長久，只有踏踏實實地進行區塊鏈技術創新，才能迎來真正的技術爆發期。

下面來看看大數據平台所展示的一些與區塊鏈技術相關的資訊。據統計，在谷歌趨勢中，區塊鏈技術按區域顯示的搜索熱度排行中，印度排名第一，然後依次是澳大利亞、印尼、加拿大、英國和美國。這個排名與國家人口數量有關，但也與國家對區塊鏈技術的關注度有很大的關係。谷歌趨勢目前並沒有中國的資料，因此暫時不清楚中國和其他國家對於區塊鏈技術的搜索熱度對比。但為了探究區塊鏈在中國的熱度及趨勢情況，利用與谷歌趨勢類似的百度指數平台進行分析，發現在中國區塊鏈的熱度從 2015 年 8 月開始，一直呈上升趨勢，這或許與 2015 年 10 月首屆全球區塊鏈峰會的召開和宣傳有關，之後更多的人接觸和關注區塊鏈這一新技術。到 2016 年 1 月，中國央行召開研討會，討論採用區塊鏈技術發行「數位貨幣」的可能性，推動區塊鏈的百度指數繼續顯著提升。直至 2016 年 6 月，由於全球聞名的、也是當時最大的眾籌項目 DAO 被駭客攻擊而被迫採用通過硬分叉的措施解決這一事件帶來的損失，導致區塊鏈的價值和安全性受到了大眾質疑，相對應的百度指數出現了明顯下滑。而到 2016 年 8 月，中國工信部發佈區塊鏈發展白皮書，肯定了區塊鏈技術的價值，指數又開始再次反彈，並穩步提升。2017 年，隨著全球區塊鏈金融（杭州）峰會、工信部首屆中國區塊鏈開發大賽等大型區塊鏈活動的舉辦，區塊鏈的熱度持續攀升。

從以上一系列資料分析，可以發現，在短短的兩三年時間內，區塊鏈這一新興技術發展得如此之快，態勢如此之猛烈。不禁讓人聯想到了前些年的網路，網路實現了資訊傳播和分享，而區塊鏈技術宣告了網路從傳遞資訊的資訊網際網路向轉移價值的價值網際網路的進化。

1.4.2 區塊鏈政府規劃

隨著區塊鏈技術的不斷發展，各國對區塊鏈的認知程度逐漸提高，政府相關部門紛紛對區塊鏈技術予以關注、探討和推動，並推出相應發展規劃，如圖 1.9 所示。

首先，來看一下國際組織對區塊鏈技術的關注情況。2016 年初聯合國社會發展部發佈了一篇題為《「加密貨幣」以及區塊鏈技術在建立穩定金融體系中的作用》的報告，提出了應用區塊鏈技術建構一個穩定的金融體系的想法，並認可了區塊鏈技術在金融領域的價值和發展潛力。後來，國際基金組織也針對「數位貨幣」發佈了題為《關於「加密貨幣」的探討》的分析報告，對使用區塊鏈技術建構「數位加密貨幣」的未來進行了具體詳細的分析 [42]。

在美洲地區，多個國家政府都表明了對區塊鏈技術的支援態度。比如 2015 年 11 月 10 日，美國司法部舉行了「數位貨幣」峰會，意在探討區塊鏈技術在「數位貨幣」應用的可能性。之後，美國證券交易所同意批准了在區塊鏈上進行公司股票的交易，美國商品期貨交易委員會在關注區塊鏈技術的同時，將比特幣視為大宗商品來進行監管監督，對區塊鏈技術給予認可。2016 年 7 月 29 日，22 名美國參議員致函美聯儲要求對區塊鏈技術發展進行指導，2016 年 9 月 12 日，美國眾議院通過了一項要求支援區塊鏈技術的無約束力的決議 [43]。2016 年 9 月 28 日，美聯儲主席耶倫向外透露，美聯儲正致力於對區塊鏈技術進行深入研究探討 [40]。

在歐洲地區，各國對區塊鏈技術的態度整體上都比較積極。早在 2013 年 8 月，德國就第一個宣佈承認比特幣的合法地位，並將其納入監管體系。同時德國政府還表示，比特幣可以作為私人貨幣和貨幣單位 [41]。2014 年 11 月，英國財政部官員發表聲明說「數位貨幣」及「數位貨幣交易」不受國家監管，但 2015 年 3 月，英國財政部發佈「數位貨幣」相關報告，提出將商議「數位貨幣」的監管模式並制定一個「最佳的」監管框架 [42]。2016 年年初，英國政府發佈了一份有關分散式帳本技術的研究報告，第一次從國家層面對區塊鏈技術的未來與發展進行了探討、分析和建議。

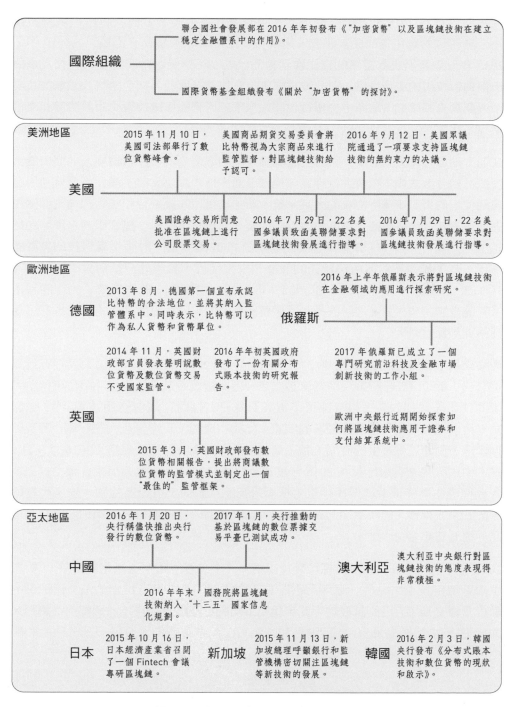

圖 1.9　各國區塊鏈發展戰略與規劃

俄羅斯央行在 2016 年上半年發佈的一項研究計畫中表示，他們將對區塊鏈技術在金融領域的應用進行探索研究，這與其對比特幣的態度有著比較大的差距 [9]。2017 年，俄羅斯央行發佈的資訊顯示他們已成立了一個專門研究前沿科技及金融市場創新技術的工作小組，對分散式帳本、區塊鏈技術及多種金融科技領域的新成果展開調查和研究。歐洲中央銀行也開始探索如何將區塊鏈技術應用於證券和支付結算系統中。

在亞太地區，澳大利亞中央銀行對區塊鏈技術的態度表現得非常積極，他們表態支援銀行對分散式帳本技術進行探索，提議全面發佈「數位貨幣」澳元，充分利用區塊鏈技術的優勢來革新傳統的金融系統。新加坡總理呼籲銀行和監管機構密切關注區塊鏈等新技術的發展，不斷改進自身技術，創新商業模式，提高服務水準。2015 年 11 月 16 日，日本經濟產業省召開了一個 Fintech 會議，討論金融科技的發展與應用，其中還專門對區塊鏈技術的發展和未來進行了具體的分析討論。2016 年 2 月 3 日，韓國央行發佈了一篇題為《分散式帳本技術和「數位貨幣」的現狀和啟示》的分析報告，對區塊鏈技術和「數位貨幣」的現狀與分散式帳本技術進行了積極研究和探討 [42]。

最後來看看政府部門對區塊鏈技術的推動情況。2016 年 2 月，中國人民銀行行長在談到「數位貨幣」相關問題時就曾提及，區塊鏈技術是一項推出「數位貨幣」可選的技術，並提到人民銀行部署了重要力量研究探討區塊鏈應用技術 [44]。他認為，目前區塊鏈還存在著比較多的問題，比如區塊鏈技術需要巨大的計算資源及儲存資源，同時區塊產生的時間太長，還沒辦法應對金融交易的規模。2016 年 9 月 9 日，中國人民銀行副行長在 2015 年度銀行科技發展獎評審領導小組會議中提出，各機構應主動探索系統架構轉型，積極研究建立靈活、可延展性強、安全可控的分散式系統架構，同時應加強對區塊鏈等新興技術的持續關注，不斷創新服務和產品，提升普惠金融水準。

2016 年年底。中國國務院將區塊鏈技術納入「十三五」國家資訊化規劃 [45]，對於中國區塊鏈技術來說是一個巨大的推進。2017 年 1 月，央行推動的基於區塊鏈的數位票據交易平台已測試成功。此舉說明中國央行緊跟金融科技的國際前沿趨勢，力求把握對金融科技應用的前瞻性和控制力、探索實踐前沿金融服務的決心和努力。

1.4.3　區塊鏈生態圖譜

區塊鏈技術是具有普適性的底層技術框架，可以為金融、經濟、科技甚至政治等各領域帶來深刻變革 [2]。區塊鏈在發展的初期階段，即區塊鏈 1.0 階段，主要作為「數位貨幣」（比特幣）體系的技術支援，只實現單一的支付功能，所以在這個階段，區塊鏈的應用和基礎平台是緊密結合的。但隨著以乙太坊為首的新一代區塊鏈平台的出現，區塊鏈進入了 2.0 階段，在這個階段，區塊鏈應用和基礎平台開始脫鉤。

以乙太坊為例，其提供了更加完善的區塊鏈基礎協定與圖靈完備的智慧合約語言，使我們可以在其平台上開發各種各樣的去中心化應用。甚至可以將乙太坊比喻為一個全新的網際網路 TCP/IP 協定，依賴這個協定及其提供的各種 API 介面，協助開發者開發去中心化應用或將原有的一些網際網路應用移植再造到一個去中心化的網路中。於是，整個區塊鏈產業鏈開始衍生出了各個不同的生態層次 [46]。

區塊鏈產業鏈的參與者可分為 4 個層次：應用層、中間服務層、基礎平台層和輔助平台層 [43]。其中，應用層主要為最終用戶（個人、企業、政府）服務，開發者基於不同的用戶需求開發不同的去中心化應用來為不同的行業服務；中間服務層主要幫助客戶對各種基於區塊鏈底層技術的應用進行二次開發，為其使用區塊鏈技術改造業務流程提供便捷的工具和協定；基礎平台層主要聚焦於區塊鏈的基礎協定和底層架構，為整個社會的區塊鏈生態發展提供技術支援；輔助平台層並不是區塊鏈產業鏈的主要參與者，但其同樣是區塊鏈產業發展非常重要的外部輔助力量，包括基金、媒體和社群等。

整體而言，區塊鏈的應用可以分為兩類。

第一類，基於區塊鏈分散式記帳的特點開發的應用，包括身份驗證、權益證明、資產證明等。

第二類，利用區塊鏈的去中心化體系開發的各種去中心化應用，從技術的可行性角度來看，目前所有涉及價值傳遞的行業，皆可藉由區塊鏈技術進行底層重構。

圖 1.10 是當前區塊鏈產業的生態圖譜，展示了部分公司和機構在各自領域應用區塊鏈技術的情況。總的來說，整個區塊鏈產業包括底層平台、上層應用、技術研究、媒體及社群、投資等生態領域。在區塊鏈底層平台領域，以乙太坊、Fabric、Hyperchain 為代表的開發平台對區塊鏈底層技術進行革新，為基於區塊鏈的去中心化應用提供底層技術支援。

在上層應用領域，開發者在各行各業展開應用情境探索，如以 Ripple、Circle 公司為代表的金融服務領域，以 Factom 公司為代表的公證防偽領域，以 Skuchain 公司為代表的供應鏈領域，等等。除此之外，各地也開始成立區塊鏈聯盟或區塊鏈實驗室，專門研究區塊鏈相關技術，各大金融公司也開始參與區塊鏈項目的投資，更有網路媒體及社群對區塊鏈技術的相關資訊進行報導與討論。

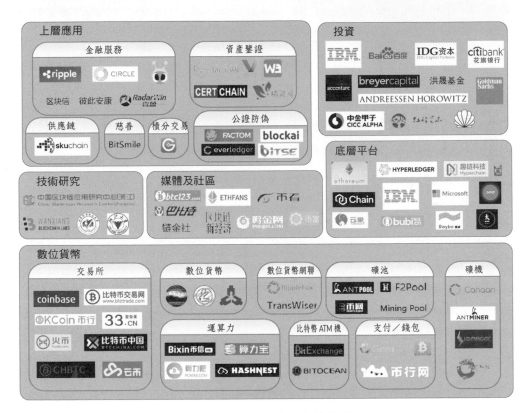

圖 1.10　區塊鏈產業生態圖譜

雖然區塊鏈技術被認為是一種未來具有廣泛應用前景的新技術，但近年來由於在「數位貨幣」領域資訊難以監管，「數位貨幣」平台一度成為惡意炒作人員快速非法獲利的管道。2017 年 9 月，中國先後明令禁止 ICO 融資和「虛擬貨幣」交易，有效地遏制了相關非法炒作行為，保障了區塊鏈產業的健康發展。

1.5 區塊鏈應用情境

當前，區塊鏈技術已經在諸多領域展現了應用前景，許多機構和組織都對區塊鏈技術產生了濃厚的興趣，正在為區塊鏈在本領域的落實進行積極探索，本節將對當前區塊鏈的主要應用情境進行分析和介紹。

1.5.1 數位票據

傳統的紙質票據存在著易遺失、易偽造和被篡改等風險。透過區塊鏈技術的導入，可以將票據資訊、狀態記錄在區塊鏈平台。一筆票據交易一旦生成，區塊鏈上的各節點首先對交易進行驗證，一旦各節點達成「共識」，便把這一筆交易記錄於區塊鏈上，且「不可篡改」。

區塊鏈記憶體在多個副本，增加了內容被惡意篡改的成本，因此相對於傳統票據，具有更高的安全性。另外，傳統的票據行業，各個機構之間的對帳與清算相對比較複雜，而區塊鏈技術通過各個節點共同記帳、相互驗證的方式，可有效提高資金清算的效率。同時，各個機構也保持了相對獨立的業務自主，進而實現效率與靈活的完美平衡。由於參與方存在互信問題，傳統的票據流通審核繁瑣，變現困難，難以實現互通互利。

將票據資訊登記在區塊鏈平台上，利用區塊鏈擴展成本低、交易步驟簡化的特性，把票據轉變為客戶可持有、可流通、可拆分、可變現的具有一定標準化程度的數位資產。

1.5.2 供應鏈金融

傳統的供應鏈金融平台，一般由單一金融機構主導，難以在同業間擴展和推廣。區塊鏈技術讓參與方只需專注於業務系統對接區塊鏈平台即可，可快速覆蓋全行業。供應鏈上企業之間的貿易資訊、授信融資資訊，以及貿易過程中涉及的倉儲、物流資訊均登記在區塊鏈上，且資訊不可篡改，確保了資產的真實有效，降低了企業融資成本和銀行授信成本。

跨機構資訊透過區塊鏈的共識機制和分散式帳本保持同步，只要存取任意一個節點即可取得完整的交易資料，打破資訊孤島。機構存取內部區塊鏈節點即可獲得完整的交易資料，增強企業間的信用協作。將應收帳款、承兌匯票、倉單等資產憑證記錄在區塊鏈上，並支援轉讓、質押等相關作業，資產數位化並以區塊鏈構造了一個數位化的、可以點對點傳輸價值的信用系統，達成了區塊鏈上的價值傳輸。

這種可信賴的價值傳輸系統既提高了需求方的融資能力，又提高了供應方的監管能力，為金融系統健全穩定提供了根本保障。以智慧合約控制供應鏈流程，減少人為互動，提升產業效率。無需中心平台審核確認，用感測器探測真實倉儲、物流資訊，使用無線通訊網路發送可信資料到區塊鏈驗證節點，即可在滿足合約條件時自動觸發相關作業，減少作業失誤。

1.5.3　應收帳款

傳統的應收帳款，是以線下交易確認的方式完成，而偽造交易、篡改應收帳款資訊等風險的存在，降低了交易參與方的信任感。將應收帳款的全流程作業透過區塊鏈平台進行，完成了應收帳款交易的全程簽名認證，無可抵賴，同時使用智慧合約實作許可權和狀態控制，使得應收帳款更加安全可控，建構了高度可信的交易平台。

應收帳款交易流程中，參與方眾多、業務複雜，面對傳統應收帳款的融資申請，金融機構需要進行大量的貿易背景審查。區塊鏈平台以時間戳記來記錄整個應收帳款的生命週期，進而使所有的市場參與者都可以看到資金流和資訊流，排除了票據造假的可能性。

傳統的應收帳款由於存在互信問題，在交易市場上流通困難。應收帳款改以數位資產的方式進行儲存、交易，不易遺失和無法篡改的特點使得新的業務模式可以快速推廣，提高客戶資金管理效率，同時降低使用成本，並在不同企業間形成互信機制，使得多個金融生態圈可以透過區塊鏈平台互通互利，具有良好的業務價值和廣闊的發展空間。

1.5.4　資料交易

資料作為特殊商品具有獨特性，存在被複製、轉存的風險，按照商品流通仲介模式建立的資料仲介平台，構成了對資料交易雙方權益的潛在威脅，變成了資料交易的障礙。只有建立符合資料特性的資訊平台，透過技術機制而不是僅憑承諾來保障資料的安全和權益，做到讓資料交易雙方真正放心，才能加速資料的順暢流動。

以區塊鏈技術對資料進行確認權限，能夠有效保障資料所有方的權益，杜絕資料被多次複製轉賣的風險，把資料變成受保護的虛擬資產，對每筆交易和資料進行確認權限和記錄。利用區塊鏈的可追溯和不可篡改等特性，可以確保資料交易合規、有效，激發資料交易的積極性，促成資料市場的規模性增長。

1.5.5　債券交易

債券業務是需要多家機構共同參與的一項業務，在發行、交易等流程中，各機構之間需要透過傳統郵件或者封包轉發的形式，進行資訊的同步與確認。債券發行交易如果使用中心化系統，可能會有人工作業性失誤或惡意篡改的風險。

使用區塊鏈技術之後，系統可以由區塊鏈底層來保證資料的同步與一致，降低不同機構系統之間對接的時間、人力和資金成本，從依靠基於業務流的低效協同，升級為不依靠任何仲介而由平台保證基本業務流程的低成本、高效率、高可信協作系統。且傳統的中心化系統，許多資訊都封閉在機構內部，無法對外部系統進行即時、有效的監管，有監管上的盲點。

利用區塊鏈技術，監管機構以節點的形式加入區塊鏈，即時監控區塊鏈上的交易。同時，智慧合約使得債券在整個生命週期中具備限制性和可控制性，也可以有效提高監管效能。由於區塊鏈的資料完整和不可篡改性，對任何價值交換歷史記錄都可以追蹤和查詢，能夠清晰查看和控制債券的流通過程，進而保證債券交易的安全性、有效性和真實性，有效防範市場風險。同時，基於區塊鏈技術可避免第三方機構對帳清算的工作，進而有效提升債券交易的清算效率。

1.5.6　大宗交易

使用區塊鏈技術的大宗交易平台，可以完成各清算機構之間大宗交易的即時清算，提高大宗交易效率，使業務更為便利。智慧合約控制大宗交易流程，減少人為互動，提升處理效率。無需中心平台審核確認，保證報價滿足撮合條件時，自動觸發相關作業，減少作業失誤。

交易所和清算所可以互為主備，負責所有交易資料定序廣播，發起共識。即時災備容錯，發生重大故障可以在數秒內切換主節點。接入節點發生故障，可用內建演算法快速恢復歷史資料，避免交易資料遺失。會員和銀行窗口可獨立處理查詢，資料即時同步，減輕主節點壓力。監管節點即時取得相關交易資料，監管機構對大宗交易進行即時監管。

1.5.7　其他情境

區塊鏈是一種可以進行價值傳輸的協定，除了上述情境之外，還可應用於其他一切與價值轉移有關的情境，如數位版權、公證、身份認證、社會公益等等。

在消費金融領域，中國的陽光保險公司用區塊鏈技術作為基礎架構，推出了「陽光貝」積分，用戶不但能享受普通積分功能，還能以「發紅包」的形式將積分向朋友轉贈，並可與其他公司發行的積分進行互換 [51]。

在數位版權領域，智慧財產權侵權現象嚴重，基於區塊鏈技術可以利用時間戳記、雜湊演算法對作品進行查核，證明智慧財產權的存在性、真實性和唯一性，並可對作品的全生命週期進行追溯，大幅降低了維權成本 [52]。

在醫療領域，患者私密資訊洩露情況時有發生，2015 年 4 月，Factom 宣稱與醫療記錄和服務方案供應商 Healthnautica 合作，研究運用區塊鏈技術保護醫療記錄及追蹤帳目，為醫療記錄公司提供防篡改資料管理 [53]。

在教育領域，目前學生信用體系不完整，無歷史資料資訊鏈，這導致政府和用人企業無法獲得完整、有效的資訊，利用區塊鏈技術對儲存學生的學歷資訊，可以解決資訊不透明及容易被篡改的問題，有利於建構良性的學生信用體系 [54]。

在社會公益領域，慈善機構想要獲得群眾的支援，就必須具有公信力，而資訊的透明則是必要條件之一，螞蟻金服等公司已開始把區塊鏈技術應用於公益捐贈平台，這為加速公益透明化提供了一種可能 [55]。區塊鏈技術也可用於政府資訊公開領域，幫助政府部門實施公共治理及服務創新，提升政府部門的效率及效力 [56]。

關於區塊鏈的應用情境還有許多，區塊鏈的未來存在著無限的可能，這需要更多優秀的公司、企業和人才加入到區塊鏈技術的探索隊伍中，這樣才能使區塊鏈技術得到更快、更好的發展。我們可以期待區塊鏈技術再次帶來「大航海時代」，讓各行各業和社會重新出發。

1.6 區塊鏈主流平台

本節將對當前主流的區塊鏈平台進行簡介和對比分析。

比特幣（Bitcoin）是第一個區塊鏈應用，使用工作量證明機制來達成網路節點的共識，由於比特幣網路任何人都可以加入，沒有存取權限，因此它是一個公有鏈，不支援智慧合約，但是可以支援一些圖靈不完備的程式設計腳本來進行一些簡單的作業程式設計。其公網 TPS 小於 7。

乙太坊（Ethereum）是一個圖靈完備的區塊鏈一站式開發平台，採用多種程式設計語言實現協定，採用 Go 語言寫的用戶端作為預設用戶端（即與乙太坊網路互動的方法，支援其他多種語言的用戶端）。基於乙太坊平台之上的應用是智慧合約，這是乙太坊的核心。智慧合約配合友好的介面，外加一些額外的小支援，可以讓用戶基於合約建置各種各樣的 DApp 應用，這樣使得開發人員開發區塊鏈應用的門檻大幅降低。目前乙太坊正在正式運行 1.0 版本，使用 PoW 共識機制，公網 TPS 約為 100。

Hyperledger Fabric 是 Linux 基金會成立的 Hyperledger 聯盟所推出的一個孵化中的計畫，目前正在建構標準化的數位帳本 [57]，旨在使用區塊鏈技術幫助新創公司、政府和企業聯盟之間減少工作的花費和提高效率。因此，它不是面向公眾的，而是服務公司、企業、組織等聯盟團體，屬於聯盟鏈。平台設計所使用的是 Go 語言，共識演算法則是 PBFT 演算法。同樣，它也支援智慧合約程式設計，在 Fabric 中有自己的學名，叫 Chaincode。另外，Chaincode 僅在驗證節點上執行，且運行在被隔離的沙箱環境中，目前採用 Docker 作為執行 Chaincode 的容器 [58]。Fabric 的公網 TPS 約為 3000。

比特股（BitShares）是一個點對點的多態數位資產交易系統，是 DPoS 共識機制的鼻祖。它提供的 BitUSD 等錨定資產是虛擬幣歷史上最重要的變革之一，能大幅地消除「虛擬貨幣」被人詬病的波動過大問題。此外，比特股內建了強大的帳戶許可權設定、靈活的多重簽名方式、白名單等特性，足以滿足企業級的功能客制化需求 [59]。比特股區塊鏈是一個公有鏈，其核心技術框架採用 C++ 語言進行開發，公網 TPS 大於 500。

公證通（Factom）利用比特幣的區塊鏈技術來革新商業社會和政府部門的資料管理和資料記錄方式 [60]。利用區塊鏈技術協助各種應用程式的開發，包括審計系統、醫療資訊記錄、供應鏈管理、投票系統、財產契據、法律應用、金融系統等。建立在公證通基礎之上的應用程式，能夠直接利用區塊鏈實現追蹤資產和實現合約，而不用將交易記錄寫入區塊鏈，公證通在自己的架構中記錄條目。公證通中的政策和獎勵機制與 PoS 機制有相似之處。與其不同之處，在於公證通中只有一小部分的使用者權益能夠被認可。只有已經提交到系統的權益有投票權，而可轉移的 Factoid 權益沒有投票權，避免了 PoS 機制的「股份磨損」和「沒有人進行 PoS」的問題 [59]。公證通的核心技術框架採用 Go 語言開發，TPS 為 27 左右。

瑞波（Ripple）是世界上第一個開放的支付網路，它引入了一個共識機制 RPCA，透過特殊節點的投票，在很短的時間內就能夠對交易進行驗證和確認 [61]。瑞波用戶端不需要下載區塊鏈，它在普通節點上捨棄掉已經驗證過的總帳本鏈，只保留最近的已驗證總帳本和一個指向歷史總帳本的連結，因而同步和下載總帳本的工作量很小 [59]。瑞波核心技術框架採用 C++ 語言進行開發，公網 TPS 小於 1000。

未來幣（Nextcoin，NXT）是第二代去中心化「虛擬貨幣」，它使用全新的程式碼，不是比特幣的山寨幣。它第一個採用 100% 的股權證明 PoS 演算法，有資產交易、任意訊息、去中心化功能變數名稱、帳戶租賃等多種功能，部分實作了透明鍛造功能。透明鍛造機制使得每一個用戶用戶端可以自動決定哪個伺服器節點能夠產生下一個區塊，讓用戶端可以直接將交易發送到這個節點，進而使得交易的時間達到最短。即時和高優先順序的交易可以透過支付額外的費用來被優先處理 [59]。未來幣的核心技術框架所採用的開發語言是 Java，TPS 小於 1000。

Hyperchain 由杭州趣鏈科技開發，是一個滿足產業需求的聯盟區塊鏈技術基礎平台，整合並改進區塊鏈開源社群和研究領域的最前沿技術，集合了高效能的可靠共識演算法 RBFT，相容開源社群的智慧合約開發語言和執行環境，同時在記帳授權機制和交易資料加密等關鍵特性上進行了強化，並且提供了功能強大的視覺化 Web 管理主控台對區塊鏈節點、帳簿、交易和智慧合約等進行高效管理 [62]。Hyperchain 與 Fabric 一樣採用了模組化設計理念，分為共識演算法、許可權管理、多級加密、智慧合約引擎、節點管理、區塊池、帳本儲存、資料儲存 8 個核心模組，旨在服務於票據、存單、股權、債券、登記、供應鏈管理等數位化資產、金融資產商業應用，並且其系統輸送量可達到每秒處理上萬筆交易，這在當前的區塊鏈平台中是首屈一指的。

表 1.3 中列出了各個平台所使用的共識機制、所屬區塊鏈類型、平台開發所採用的語言、是否支援智慧合約，以及每秒交易處理量（TPS）效能指標，以供讀者比較。

▼ 表 1.3　區塊鏈平台比較

平台	共識機制	類型	語言	智慧合約	TPS
Bitcoin	PoW	Public	C++	N/A	<7
Ethereum	PoW&PoS	Public	Go	Yes	約 100
Hyperledger Fabric	PBFT	Consortium	Go	Yes	約 3000
BitShares	DPoS	Public	C++	N/A	>500
Factom	PoS	Public	Go	N/A	約 27
Ripple	RPCA	Public	C++	N/A	<1000
NXT	PoS	Public	Java	N/A	<1000
Hyperchain	RBFT	Consortium	Go	Yes	>10 000

從上面的平台介紹和對比中可以看出，當前區塊鏈平台使用的共識演算法各有不同，對於不同的應用情境，相應的共識機制有各自的優點和不足。平台類型主要是公有鏈和聯盟鏈這兩種，私有鏈應用較少。平台設計所使用的程式設計語言主要是 Go 和 C++，因為區塊鏈網路所處環境是一個分散式網路，需要高並行和高效率的作業執行。是否支援智慧合約與每個平台所面向的情境和所提供的服務有關，比如乙太坊、Hyperledger Fabric、Hyperchain 等底層平台，一般都需要提供智慧合約功能，而對於某些應用平台，智慧合約則不一定是必需的。

區塊鏈平台的效能則隨著區塊鏈技術的發展在不斷地提升，在某些應用場合已基本滿足商業應用的要求，其中 Hyperchain 平台的 TPS 已達到了 10000，在區塊鏈效能方面具有顯著優勢。

1.7 本章小結

本章概觀分析區塊鏈技術，介紹區塊鏈的基礎知識和發展歷程，對其關鍵技術和特性詳細講解，並結合時代背景分析了區塊鏈的產業現狀，選取了一些典型的應用情境進行闡述，最後對當前的區塊鏈主流平台進行了介紹與對比，使讀者對區塊鏈技術有一個初步的瞭解和認識，為往後的進階和實戰打下基礎。

參 | 考 | 文 | 獻 |

[1] 林曉軒 . 區塊鏈技術在金融業的應用 [J]. 中國金融 , 2016(8): 17-18.

[2] 袁勇，王飛躍 . 區塊鏈技術發展現狀與展望 [J]. 自動化學報 , 2016(4)：481-494.

[3] Grinberg R. Bitcoin: An Innovative Alternative Digital Currency[J]. Social Science Electronic Publishing, 2011.

[4] 端宏斌 . 比特幣悖論 [J]. 中國經濟和資訊化 , 2013(11): 27-28.

[5] Nakamoto, Satoshi. Bitcoin: A peer-to-peer electronic cash system. 2008: 28.

[6] Irni E K, Corina S, Sarah C, et al. Exploring Motivations among Bitcoin Users[J]. CHI Confernece Extended Abstracts on Human Factors in Computing Systems. 2016(5): 2872.

[7] Antonopoulos, Andreas M. Mastering Bitcoin: unlocking digital cryptocurrencies（精通比特幣）. O'Reilly Media, Inc, 2014.

[8] 區塊鏈＋：無仲介驅動的世界 [EB/OL].http://36kr. com/p/5053134. Html, 2016.

[9] 工信部－中國區塊鏈技術和應用發展白皮書（2016）[EB/OL]. https://img2. btc123. com/file/0/chinabolck- chaindevwhitepage2016. pdf, 2016.

[10] Raval, Siraj. Decentralized Applications: Harnessing Bitcoin's Blockchain Technology. O'Reilly Media, Inc. pp. 1, 2. ISBN 1491924527. Retrieved 6 November 2016.

[11] Swan, Melanie. Blockchain: Blueprint for a new economy.（區塊鏈：新經濟藍圖）O'Reilly Media, Inc. , 2015.

[12] Pilkington M. Blockchain technology: principles and applications[J]. Research Handbook on Digital Transformations, edited by F. Xavier Olleros and Majlinda Zhegu. Edward Elgar, 2016.

[13] Wikipedia, 區塊鏈 , [EB/OL]. https://zh. wikipedia. org/zh-hans/ 區塊鏈 , 2017.

[14] Croman K, Decker C, Eyal I, et al. On scaling decentralized blockchains[C]//Proc. 3rd Workshop on Bitcoin and Blockchain Research. 2016.

[15] 區塊鏈技術演進史 [EB/OL]. http://tech. hexun. com/2016-04-25/183507891. html, 2016.

[16] Lamport L, Shostak R E, Pease M C, et al. The Byzantine Generals Problem[J]. ACM Transactions on Programming Languages and Systems, 1982, 4(3): 382-401.

[17] Koblitz N. Elliptic curve cryptosystems[J]. Mathematics of Computation, 1987, 48 (177) : 203-209.

[18] Miller V S. Use of Elliptic Curves in Cryptography[C]. International cryptology conference, 1985: 417-426.

[19] Chaum D, Fiat A, Naor M, et al. Untraceable electronic cash[C]. International cryptology conference, 1990: 319-327.

[20] Lamport L. A theorem on atomicity in distributed algorithms[J]. 1990, 4(2):59-68.

[21] Haber S, Stornetta W S. How to time-stamp a digital document[J]. Journal of Cryptology, 1991, 3(2): 99-111.

[22] Johnson D H, Menezes A, Vanstone S A, et al. The Elliptic Curve Digital Signature Algorithm（ECDSA）[J]. International Journal of Information Security, 2001, 1(1): 36-63.

[23] Back A. Hashcash-A Denial of Service Counter-Measure[C]// USENIX Technical Conference. 2002.

[24] Dai, Wei. B-money[EB/OL]. http://www. weidai. com/bmoney. txt, 1998.

[25] Finney H. RPOW-Reusable Proofs of Work [EB/OL]. http://cryptome. org/rpow. html, 2004.

[26] 李鴻 . 一種基於橢圓曲線的部分盲簽名方案 [J]. 宿州師專學報 , 2004(1):89-91.

[27] Adiseshu H, T. V Lakshman. The Internet Blockchain: A Distributed, Tamper-Resistant Transaction Framework for the Internet. ACM. 2016(11). 205.

[28] Buterin, Vitalik. Ethereum: A next-generation smart contract and decentralized application platform[EB/OL]. https://github. com/ethereum/wiki/wiki/% 5BEnglish% 5D-White-Paper （2014）.

[29] 區塊鏈核心技術演進之路－共識機制演進 (1) [EB/OL]. http://www. 8btc. com/blockchain-tech-consensus- mechanism, 2016.

[30] 楊濤 . 淺析比特幣的非貨幣屬性 [J]. 時代金融 , 2014(1):93-94, 96.

[31] King S, Nadal S. Ppcoin: Peer-to-peer crypto-currency with proof-of-stake[J]. Self-published paper, 2012(8), 19.

[32] Daniel L, Charles H, Stan L. Bitshare:A Peer-to-Peer Polymorphic Digital Asset Exchange[J]. Self-published paper, 2013(9), 11.

[33] Castro M, Liskov B. Practical Byzantine fault tolerance[C]//OSDI. 1999, 99: 173-186.

[34] Bitcoinmining Article [EB/OL]. https://www. bitcoinmining. com/bitcoin-mining-pools, 2015.

[35] Szabo N. The idea of smart contracts, 1997[J]. 1997.

[36] Delmolino K, Arnett M, Kosba A E, et al. Step by Step Towards Creating a Safe Smart Contract: Lessons and Insights from a Cryptocurrency Lab[J]. IACR Cryptology ePrint Archive, 2015: 460.

[37] Kosba A, Miller A, Shi E, et al. Hawk: The blockchain model of cryptography and privacy-preserving smart contracts[J]. University of Maryland and Cornell University, 2015.

[38] Luu L, Chu D H, Olickel H, et al. Making smart contracts smarter[C]//Proceedings of the 2016 ACM SIGSAC Conference on Computer and Communications Security. ACM, 2016: 254-269.

[39] Juels A, Kosba A, Shi E. The ring of gyges: Using smart contracts for crime[J]. aries, 2015, 40: 54.

[40] 從無大同世界，區塊鏈去中央化不是無國界，[EB/OL]. http://server.zol.com.cn/630/6304620.html?keyfrom=front, 03, 2017.

[41] 區塊鏈的產業生態現狀，[EB/OL]. http://www. xianjichina. com/news/details_28596. html, 03, 2017.

[42] 唐文建，呂雯，黃浩. 區塊鏈如何重新定義世界，2016.

[43] 2016—2020 年區塊鏈技術深度調研及投資前景預測報告，2016.

[44] 中國區塊鏈應用研究中心. 圖解區塊鏈 [M]. 首都經濟貿易大學出版社. 2016:50-51.

[45] 國務院. 國務院關於印發「十三五」國家資訊化規劃的通知 [R]. 2016.

[46] 區塊鏈研究報告：應用情境、商業模式及產業鏈 [EB/OL]. http://3g.ifeng.com/news/sharenews.f?aid= 110489342&mid=, 06, 2016.

[47] 麥肯錫報告，區塊鏈：銀行業遊戲規則的顛覆者 [EB/OL]. http://www.mckinsey.com.cn/wp-content/uploads/2016/05/%E5%8C%BA%E5%9D%97%E9%93%BE. pdf, 2016.

[48] 高盛. 區塊鏈技術每年能夠為資本市場節約 60 億美元 [R]. 2016.

[49] 張健. 區塊鏈：定義未來金融與經濟新格局，2016.

[50] 供應鏈區塊鏈融資 Skuchain 無紙化時代的到來 [EB/OL]. http://chainb. com/?P=Cont&id =1336, 07, 2016.

[51] 陽光保險成為中國首家推出區塊鏈應用的金融企業 [EB/OL]. http://about. sinosig. com/common/ news/ html/144363. html, 2016.

[52] 智慧財產權服務遇到區塊鏈：天作之合 [EB/OL]. http://www. z3z4. com/a/4lyft1s, 09, 2016.

[53] 淺談區塊鏈＋醫療 [EB/OL]. http://www. onesheng. cn/news/118016. html, 11, 2016.

[54] 區塊鏈技術及其在教育領域的初步探索 [EB/OL]. http://www.ndedu.gov.cn/html/xwzx/jyxxh/2017/01/10/64a0c253-ffc0-4dbe-9654-1077c36d5e40. html, 2016.

[55] 區塊鏈能否讓「郭美美」遠離慈善 [EB/OL]. http://www.it-times.com.cn/sbdj/57659. j.html, 2016.

[56] 區塊鏈技術對於政府治理創新的影響 [EB/OL].http://www.echinagov.com/knowledge/ CIO/46723.html, 2016.

[57] Sarah Underwood. Blockchain Beyond Bitcoin[J]. Communications of the ACM, 2016(11):16.

[58] Cachin C. Architecture of the Hyperledger Blockchain Fabric[J]. 2016.

[59] 區塊鏈主流開源技術體系介紹 [EB/OL]. http://blog. csdn. net/elwingao/article/details/ 52679475, 2016.

[60] Snow P, Deery B, Lu J, et al. Factom: Business Processes Secured by Immutable Audit Trails on the Blockchain[J]. 2014.

[61] Moreno-Sanchez P, Zafar M B, Kate A. Listening to whispers of ripple: Linking wallets and deanonymizing transactions in the ripple network[J]. Proceedings on Privacy Enhancing Technologies, 2016(4): 436-453.

[62] 趣鏈科技 . Hyperchain 白皮書 . 2016.

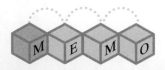

乙太坊深入解讀

　　乙太坊是一個圖靈完備、建構去中心化應用的開源平台，目前已經積累了大量的開發者。本章將由淺入深地對乙太坊進行講解，主要包括：乙太坊的相關概念，如節點、挖礦、帳戶、gas、訊息等；乙太坊核心原理，包括共識機制、EVM 乙太坊虛擬機器、資料儲存和加密演算法；乙太坊智慧合約，包括智慧合約的語法結構、編譯部署與測試；重大事件剖析，包含乙太坊 ICO、The DAO 事件和目前乙太坊存在的主要問題，如共識效率問題、隱私保護問題等。

　　乙太坊是一個全新的區塊鏈應用平台，被認為是區塊鏈 2.0。乙太坊允許任何人透過智慧合約在平台上建立和使用基於區塊鏈技術的去中心化應用 DApp。乙太坊的核心理念是內建圖靈完備程式設計語言的區塊鏈，"圖靈完備"的意思在於一切可計算的問題都能透過計算解決。建立這種圖靈完備的基礎就是乙太坊虛擬機器（Ethereum Virtual Machine, EVM）。EVM 類似於 Java 虛擬機器（JVM），編譯後以機械碼執行，開發時則可以使用高階語言實現，編譯器會自動轉化為機械碼。

　　乙太坊的應用在進行交易和運行時，需要提供一種事先定義的業務邏輯來滿足規範化的運行，這種機制在區塊鏈中稱為智慧合約。合約就像一個自動化的代理人，當條件滿足時，智慧合約就會自動運行一段特定的程式碼，完成指定的邏輯。關於智慧合約將在 2.3 節中做詳細的講解。

2.1　乙太坊基礎入門

本節將從乙太坊的發展歷史、基本概念、用戶端種類、帳戶管理方法和乙太坊網路
這幾個方面對乙太坊進行介紹，以幫助讀者瞭解乙太坊，為基於乙太坊的專案開發
打下基礎。

2.1.1　乙太坊發展歷史

2013 年年末，乙太坊創始人 Vitalik Buterin 發佈了乙太坊白皮書，在全球的密碼學
貨幣社群召集了一批贊同乙太坊理念的開發者，啟動了乙太坊專案。

2014 年 3 月初，乙太坊發佈了第三版測試網路（POC3）。4 月，Gavin Wood 發佈
了乙太坊黃皮書，將乙太坊虛擬機器等重要技術規範化。6 月，團隊發佈 POC4，
並快速向 POC5 前進。在這期間，團隊還決定將乙太坊發展為一個非營利組織。

2015 年 7 月，乙太坊發佈了 Frontier 版本，其最主要的功能就是進行乙太坊挖礦。
有了挖礦的功能，開發者就可以在乙太坊區塊鏈中測試去中心化應用。Frontier 版
本的乙太坊用戶端有多種語言實現，但是只有命令列介面，沒有提供圖形化介面，
所以該階段的使用者主要是開發者和研究人員。

2016 年 3 月，乙太坊發佈了 Homestead 版本。在本書編寫階段，乙太坊正處於
Homestead 版本。這表明乙太坊網路已經平穩運行。在此階段，乙太坊提供了圖形
介面的乙太坊錢包，除開發人員以外的非技術人員也可以進行簡單的作業。

Metropolis 版本發佈日期尚未確定。在 Metropolis 版本中，乙太坊社群將最終正
式發佈一個為非技術用戶設計的 Mist 瀏覽器，Mist 可以認為是乙太坊錢包的升級
版。隨著第三方開發者為普通用戶開發的去中心化應用逐漸增多，乙太坊將不僅是
一個開發平台，也是一個應用市場。

Serenity 第四階段版本發佈日期尚未確定。在 Serenity 版本中，乙太坊將共識機制
從 PoW 工作量證明轉換到 PoS 權益證明。PoW 是對計算能力和電力資源的嚴重浪
費，而 PoS 將提高區塊產生效率。轉換到 PoS 演算法以後，前三個階段所需要的
挖礦將被終止，新發行的乙太幣也將大為降低，甚至不再增發新幣。

2.1.2 乙太坊基本概念

乙太坊由大量的節點組成，節點有帳戶與之對應，兩個帳戶之間透過發送訊息進行一筆 "交易"。交易裡攜帶的資訊和實作特定功能的程式碼稱為智慧合約，運行智慧合約的環境是乙太坊虛擬機器。

乙太坊虛擬機器運行在每個節點中，交易需要有節點參與，以重複雜湊運算產生工作量，這些節點稱為礦工，計算的過程稱為挖礦。交易的計算是要付出費用的，這些費用就稱為 gas。在乙太坊中，gas 是由乙太幣轉換生成的。乙太幣是乙太坊上用來支付交易手續費和運算服務的媒介，消耗的 gas 用於獎勵礦工。以上智慧合約程式碼和乙太坊平台的應用，叫作去中心化應用。乙太坊的基本概念包括以下幾個方面。

（1）節點。通過節點可以進行區塊鏈資料的讀寫。目前乙太坊上的許多應用都使用公有鏈，所以每一個節點都擁有相同的地位和權利，沒有中央伺服器，每個節點都可以加入網路，讀寫乙太坊中的資料。節點之間使用共識機制來確保資料互動的可靠性和正確性。單獨的一個節點也可以建置私有鏈，幾個相互信任的節點可以建置聯盟鏈。

（2）礦工。礦工是指透過不斷重複雜湊運算來產生工作量的網路節點。礦工的任務是計算數學題，並將計算結果放入新的區塊中。礦工之間是競爭關係，最先計算出結果的節點，向全網路進行廣播，當結果被確認後，新生成區塊所包含的獎勵將會給此節點，存入乙太幣位址中。此節點所擁有的乙太幣可以作為下次發起交易的資產。

（3）挖礦。在乙太坊中，發行乙太幣的唯一途徑是挖礦。挖礦過程也確保了區塊鏈中交易的驗證與可靠性。挖礦是一個需要消耗大量運算力和時間的工作，並被限制在一定的期限內，同時挖礦難度可以動態調整。簡單來說，挖礦的過程就是礦工尋找一個亂數進行 SHA256 計算雜湊值，如果計算後的雜湊值滿足一定的條件，比如前 60 位為 0 或小於等於某個預先的亂數（Nonce），那麼這個礦工就贏得了建立區塊的權利。

（4）帳戶。乙太坊中包含兩類帳戶：外部帳戶和合約帳戶。外部帳戶由公私密金鑰對控制。合約帳戶則在區塊鏈上唯一標示了某個智慧合約。兩類帳戶都包含了乙太幣餘額，能發送交易。每個帳戶的位址長度為 20byte，有一塊持久化記憶體區域被稱為儲存區（storage），其形式為鍵值對，鍵和值的長度均為 32byte。重要的是，外部帳戶的位址是由公開金鑰決定的，合約帳戶的位址是在部署合約時確定的，當合約帳戶接收到一筆合法的交易後，就會執行裡面包含的合約程式碼。所以兩類帳戶最大的區別是：合約帳戶儲存了程式碼，外部帳戶則沒有。

（5）**gas**。乙太坊上的每一筆交易都有礦工的參與，且都需要支付一定的費用，這個費用在乙太坊中稱為 gas。gas 的目的是限制執行交易所需的工作量，同時為執行交易支付費用。合約的程式碼在 EVM 上運行時，gas 會按照既定的規則逐漸消耗。gas 價格是由交易建立者設定的，交易費用 =gas price * gas amount。如果執行結束後還有 gas 剩餘，這些 gas 將會發還給發送者帳戶，而消費的 gas 則被當作獎勵，發放到礦工帳戶。

（6）**EVM**。乙太坊虛擬機器是乙太坊中智慧合約的執行環境，並且是一個沙箱，與外界隔離。智慧合約程式碼在 EVM 內部運行時，不能進行網路作業、檔案 I/O 或執行其他行程。智慧合約之間也只能進行有限的呼叫，確保合約運行的獨立性，並盡可能提高運行時的安全性。

（7）**智慧合約**。合約是程式碼和資料的集合，存在於乙太坊區塊鏈的指定位址。合約方法支援回溯作業，如果在執行某個方法時發生異常，如 gas 消耗完，則該方法已經執行的作業都會被回溯。但是如果錯誤的交易一旦執行完畢，是沒有辦法篡改的。對於智慧合約的開發細節請參考 2.3 節。

（8）**交易**。在乙太坊中，交易都是透過狀態轉移來標記，狀態由被稱為"帳戶"的物件，和兩個帳戶之間的轉移價值與資訊狀態轉換構成。乙太坊帳戶分為由公私密金鑰控制的外部帳戶，和由合約程式碼控制的合約帳戶。外部帳戶沒有程式碼，用戶建立和簽名一筆交易時，從一個外部帳戶發送訊息，合約帳戶收到訊息後，合約內部程式碼會被啟動，對內部儲存進行讀取和寫入、發送訊息，或者呼叫方法。

確定了帳戶後，即開始乙太坊的交易。在乙太坊中，"交易"是指儲存從外部帳戶發出的訊息的簽名資料包，在交易過程中比較重要的是訊息機制。乙太坊的訊息機制，能夠確保合約帳戶和外部帳戶擁有同等的權利，包括發送訊息和建立其他合約。這使得合約可以同時由多個不同角色參與，共同簽名來提供服務，而不需要關心合約的每一方帳戶類型為何。

每一筆交易的執行過程如下。

（1）檢查交易是否有效，格式是否正確。

（2）計算交易所需費用，並判斷交易發送者餘額是否足夠，如果足夠，則從發送者帳戶中扣除交易費用。

（3）設定初始 gas 值。

（4）從發送者帳戶轉移價值到接收者帳戶，若接收帳戶不存在則建立新帳戶並作為接收者。如果接收者是合約，則執行合約程式碼，直至程式碼運行完畢或者 gas 消耗完畢。

2.1.3　乙太坊用戶端

乙太坊在發佈之後，有多個語言版本的用戶端，並且支援多平台、多語言，如 go-ethereun、cpp-ethereum 等。在乙太坊進入 Homestead 階段後，Go 語言用戶端佔據了主導地位。同時官方開發的乙太坊錢包逐步流行，本節將對主流的乙太坊用戶端進行介紹。

①　go-ethereum

go-ethereum 用戶端簡稱為 geth，是一個完全的命令列介面，同時也是一個乙太坊節點。藉出安裝和運行 geth，可以實現建置私有鏈、挖礦、帳戶管理、部署智慧合約、呼叫乙太坊介面等常用功能。下面是 geth 的常用命令列。命令列組成為 geth --< 命令 > 參數。

```
geth +
--datadir  指定資料儲存位置（也是預設的私密金鑰倉庫位置）
--nodiscover  標示此節點私有，不被別人添加
--maxpeers 0  設定網路中可以被接入的最大節點數目，0 代表不被其他節點接入
--rpc  允許節點的 RPC 介面打開（預設打開）
--rpcapi "db,eth,net,web3"  設定 RPC 介面允許存取的 API（預設情況下，RPC 介
    面是允許存取 web3 的 API 的）
--rpcport "8080"  設定 geth 埠號（預設為 8080）
```

--rpccorsdomain "http://chriseth.github.io/browser-solidity/"　設定可以連接此節點的網址（並不是萬用字元）

--port "30303"　設定監聽埠號，用於與其他節點進行連接

--identity "TestnetMainNode"　設定節點標示

--datadir< 帳戶資料存放位址 >

account new　用於建立一個新帳戶

account list　查詢帳戶列表

init <genesis.json 檔案路徑 >　根據 genesis.json 初始化創世區塊

進入 geth 控制台後，有如下常用命令。

> eth.accounts　查詢帳戶列表

> personal.listAccounts　查詢帳戶列表

> personal.newAccount()　建立新帳戶

> personal.deleteAccount(adrr,passwd)　刪除帳戶

> personal.unlockAccount(adrr,passwd,time)　解鎖帳戶，可進行交易作業

> eth.sendTransaction({})　發送交易

開啟 geth 用戶端如下：

```
➜  ~ geth --rpc --rpcapi="db,eth,net,web3,personal,web3" -
rpcaddr="0.0.0.0" --rpccorsdomain="*" --unlock '0' --password
~/Library/Ethereum/password   --nodiscover --maxpeers '5' -
networkid '1234574' --datadir '~/Library/Ethereum' console

I0613 11:27:09.694551 ethdb/database.go:83] Allotted 128MB cache and 1024 file handles to
/Users/chenyufeng/Library/Ethereum/geth/chaindata
I0613 11:27:09.708544 ethdb/database.go:176] closed
db:/Users/chenyufeng/Library/Ethereum/geth/chaindata
I0613 11:27:09.709019 node/node.go:175] instance:
Geth/v1.5.2-stable-c8695209/darwin/go1.7.3
I0613 11:27:09.709050 ethdb/database.go:83] Allotted 128MB cache and 1024 file handles to
/Users/chenyufeng/Library/Ethereum/geth/chaindata
I0613 11:27:09.761401 eth/backend.go:193] Protocol Versions: [63 62], Network Id: 1234574
I0613 11:27:09.763172 core/blockchain.go:214] Last header: #10939 [c6a1472d···] TD=18506474242
I0613 11:27:09.763196 core/blockchain.go:215] Last block: #10939 [c6a1472d···] TD=18506474242
I0613 11:27:09.763204 core/blockchain.go:216] Fast block: #10939 [c6a1472d···] TD=18506474242
I0613 11:27:09.764489 p2p/server.go:336] Starting Server
I0613 11:27:09.764653 p2p/server.go:604] Listening on [::]:30303
```

```
I0613 11:27:09.766522 node/node.go:340] IPC endpoint opened: /Users/chenyufeng/Library/
Ethereum/geth.ipc
I0613 11:27:09.766808 node/node.go:410] HTTP endpoint opened: http://0.0.0.0:8545
I0613 11:27:10.823407 cmd/geth/accountcmd.go:200] Unlocked account 90c2323cdeff75fd82e65ac49
6fc45eafadf4563
Welcome to the Geth JavaScript console!

instance: Geth/v1.5.2-stable-c8695209/darwin/go1.7.3
coinbase: 0x90c2323cdeff75fd82e65ac496fc45eafadf4563
at block: 10939 (Thu, 08 Jun 2017 23:52:17 CST)
 datadir: /Users/chenyufeng/Library/Ethereum
 modules: admin:1.0 debug:1.0 eth:1.0 miner:1.0 net:1.0
personal:1.0 rpc:1.0 txpool:1.0 web3:1.0
>
```

② 乙太坊錢包

乙太坊錢包（Ethereum Wallet）是一個乙太坊帳戶管理的獨立應用，它是開源的，任何人都可以提交程式碼改進專案，同時可以離線管理帳戶，包括帳戶的建立、備份、導入、更新等。乙太坊錢包最重要的功能是可以進行乙太幣交易。官方下載網址 https://github.com/ethereum/mist/releases。圖 2.1 所示為乙太坊錢包主介面。安裝完成以後，乙太坊錢包會同步全網的資訊，同步完成以後可以進行建立帳戶（見圖 2.2）、設定密碼、轉帳（見圖 2.3）等作業。

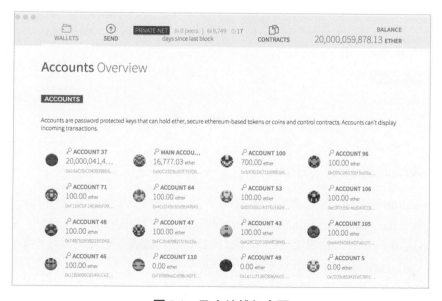

圖 2.1　乙太坊錢包介面

圖 2.2　乙太坊錢包建立帳戶

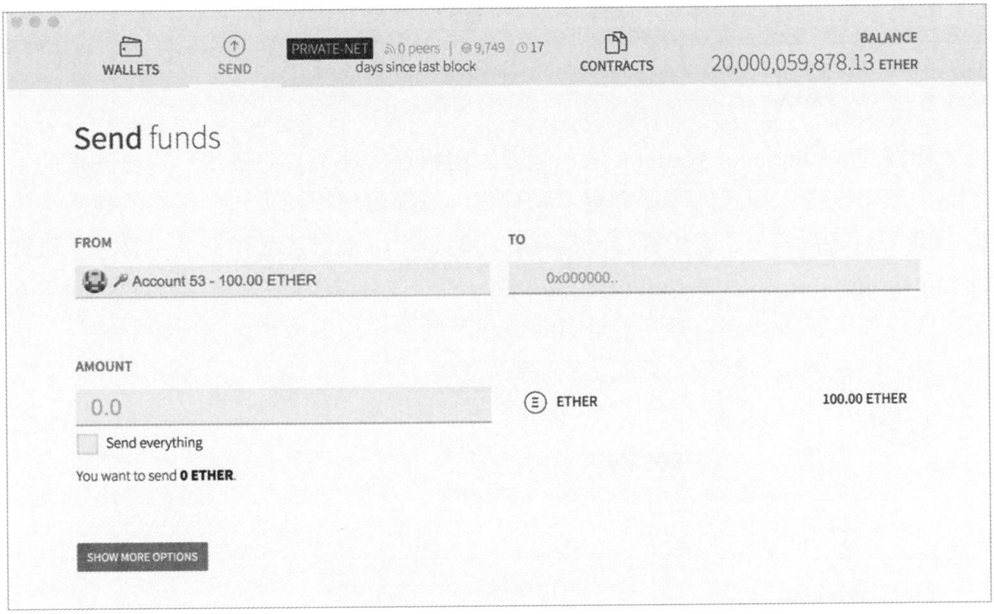

圖 2.3　乙太坊錢包發送乙太幣

③ browser-solidity（Remix）

browser-solidity 是一個線上瀏覽器編譯器，是使用 C++ 開發的，又叫 Remix。官網位址為 https://ethereum.github.io/browser-solidity/。此用戶端不需安裝，各作業系統中用法相同，適合初學者入門，可以進行合約的編譯部署和測試。在智慧合約開發中，browser-solidity 是最常用的工具之一。

browser-solidity 主介面如圖 2.4 所示。

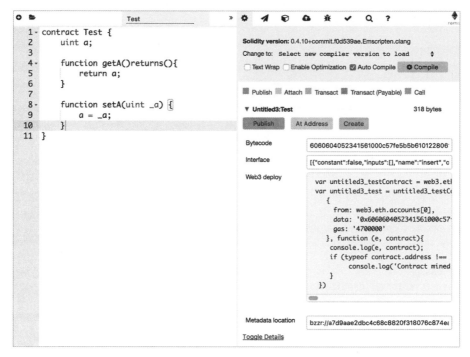

圖 2.4　browser-solidity 主介面

④ cpp-ethereum

這是乙太坊用戶端的 C++ 實作，流行程度僅次於 geth。cpp-ethereum 的程式碼非常便於移植，並且已經在各種作業系統和應用領域成功使用。乙太坊社群正在將 cpp-ethereum 的程式庫從 copyleft GPLv3 的許可重新授權為 Apache 2.0 的授權，以推廣 cpp-ethereum 的使用。

2.1.4　乙太坊帳戶管理

帳戶是作業乙太坊的一把鑰匙。外部帳戶之間可以進行交易，每個帳戶由公私密金鑰定義，以位址為索引值。位址由公開金鑰的最後 20byte 衍生而來，並把鑰匙對編碼在 JSON 中成為私密金鑰檔。帳戶私密金鑰用來對發送的交易進行加密。所有建立的帳戶資訊都存放在乙太坊安裝目錄的 keystore 下。keystore 檔可以進行備份，用戶必須同時擁有鑰匙檔和密碼，方可進行交易。注意，當私密金鑰遺失時，也就意味著這個節點的帳戶遺失了。以下介紹帳戶的管理。

① 使用 geth 命令列

查看當前的 3 個帳戶：

```
$ geth account list
Account #0: {1301639dc5dcade8fe4672faf1acda67bc14a057} keystore:///Users/zhongweiwei/
Library/Ethereum/keystore/UTC--2017-06-09T07-29-12.862968835Z--1301639dc5dcade8fe4672faf
1acda67bc14a057
Account #1: {e3e711a6a3bcd13eb108ec2955c41f9c8995fb59} keystore:///Users/zhongweiwei/
Library/Ethereum/keystore/UTC--2017-06-09T07-30-12.515649743Z--e3e711a6a3bcd13eb108ec295
5c41f9c8995fb59
```

根據顯示輸入密碼，建立帳戶：

```
$ geth account new
Your new account is locked with a password. Please give a password. Do not forget this password.
Passphrase:
Repeat passphrase:
Address: {d7e01b6aa71d3481f64856a5c013ab2df33c1c86}
```

再次查看帳戶列表，可以發現帳戶已經成功建立：d7e01b6aa71d3481f64856a5c013
ab2df33c1c86。

```
$ geth account list
Account #0: {1301639dc5dcade8fe4672faf1acda67bc14a057} keystore:///Users/zhongweiwei/
Library/Ethereum/keystore/UTC--2017-06-09T07-29-12.862968835Z--1301639dc5dcade8fe4672faf
1acda67bc14a057
Account #1: {e3e711a6a3bcd13eb108ec2955c41f9c8995fb59} keystore:///Users/zhongweiwei/
Library/Ethereum/keystore/UTC--2017-06-09T07-30-12.515649743Z--e3e711a6a3bcd13eb108ec295
5c41f9c8995fb59
Account #2: {d7e01b6aa71d3481f64856a5c013ab2df33c1c86} keystore:///Users/zhongweiwei/
Library/Ethereum/keysto
```

以上作業完成後，可以去 keystore 資料夾下查看，如圖 2.5 所示，裡面保存了帳戶
的公私密金鑰檔。如果建立多個帳戶，就會有多個位址。

UTC--2017-06-09T07-29-12.862968835Z--1301639dc5dcade8fe4672faf1acda67bc14a057
UTC--2017-06-09T07-30-12.515649743Z--e3e711a6a3bcd13eb108ec2955c41f9c8995fb59
UTC--2017-06-09T07-33-36.585818367Z--d7e01b6aa71d3481f64856a5c013ab2df33c1c86

圖 2.5　keystore 下查看公私密金鑰檔

② 使用 geth 控制台

進入 geth 控制台也可以執行和 geth 命令列相同的作業。首先進入 geth 控制台：

```
$ geth console 2>> log_file_output
Welcome to the Geth JavaScript console!

instance: Geth/v1.6.0-stable-facc47cb/darwin-amd64/go1.8.1
coinbase: 0x1301639dc5dcade8fe4672faf1acda67bc14a057
at block: 0 (Thu, 01 Jan 1970 08:00:00 CST)
 datadir: /Users/zhongweiwei/Library/Ethereum
 modules: admin:1.0 debug:1.0 eth:1.0 miner:1.0 net:1.0 personal:1.0 rpc:1.0 txpool:1.0 web3:1.0
```

根據顯示輸入密碼，建立帳戶：

```
$ personal.newAccount()
Passphrase:
Repeat passphrase:
"0xfbcc605066317fd4f6bdf33d062d85513e3532c6"
```

查看所有帳戶，可以發現帳戶已經成功建立：

```
$ eth.accounts
["0x1301639dc5dcade8fe4672faf1acda67bc14a057", "0xe3e711a6a3bcd13eb108ec2955c41f9c8995fb59",
"0xd7e01b6aa71d3481f64856a5c013ab2df33c1c86", "0xfbcc605066317fd4f6bdf33d062d85513e3532c6"]
```

③ 使用乙太坊錢包

乙太坊錢包是圖形化的用戶端，可以非常方便地進行帳戶管理。乙太坊錢包可以自動讀取或寫入 keystore 檔。

查看所有的乙太坊帳戶介面，如圖 2.6 所示。

圖 2.6　乙太坊錢包查看所有帳戶

建立一個乙太坊帳戶，輸入密碼即可，如
圖 2.7 所示。

圖 2.7　乙太坊錢包建立帳戶

再次查看當前所有的帳戶，de3b6c2ce56f3262947188f7a907a10b8fe24664 已經成功
建立。通過查看 keystore 目錄，可以看到使用者的帳戶檔已經成功寫入，如圖 2.8
所示。

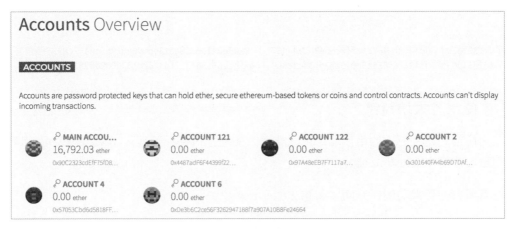

圖 2.8　乙太坊錢包成功建立帳戶

在乙太坊用戶端的安裝目錄下有一個 keystore 目錄，所有的帳戶檔都儲存於此。這
個目錄可以安全複製。所以一般的帳戶備份方法是把 keystore 目錄下的所有檔案複
製到安全的位置。需要復原帳戶時，將帳戶檔再次複製到 keystore 資料夾下即可。
經過以上步驟後，當前的所有乙太坊帳戶如圖 2.9 所示。

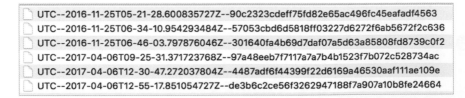

圖 2.9　查看公私密金鑰檔

2.1.5　乙太坊網路

區塊鏈的網路通訊協定，最主要的是 P2P 協定，即點對點通訊協定。在 P2P 網路中，沒有中心伺服器，沒有中心路由器，每個節點都是對等的，每個節點都充當伺服器，為其他節點提供服務，同時也享用其他節點提供的服務，即同時具有資訊消費者、資訊提供者和資訊通訊等功能。P2P 網路體系是去中心、去信任和集體協作的網路體系，因此，乙太坊區塊鏈有如下特點。

（1）**去信任化。**因為乙太坊中沒有中心節點，它們之間建立信任關係是透過成熟的密碼學來保障交易的可靠性，所以參與整個系統的所有節點之間進行的資料交換是無需信任的。

（2）**去中心化。**P2P 網路是分散式的，交易的各方節點之間的信任關係完全不需要借助第三方節點，解決了中心節點的強依賴問題。

（3）**資料可靠。**在整個乙太坊中，每個參與的節點都有一份區塊鏈資料的備份，所以單一節點對資料的修改是無效的，並且這個節點的錯誤資料會被其他節點共同修正，除非同時控制 51% 的節點才有機會惡意修改資料，因此，參與系統的節點越多，運算能力越強，該系統的資料安全性越高。

（4）**集體協作。**系統中的所有區塊是整個系統中具有維護功能的節點共同維護的，在公有鏈中，這些維護功能是任何人都可以參與的，這種集體維護一般需要激勵機制促進全網參與，乙太坊採用的激勵機制是挖礦。

2.2　乙太坊核心原理

乙太坊是一個較為成熟的區塊鏈平台，安全可靠和易用性被許多開發者和公司所信任。乙太坊的整體架構如圖 2.10 所示。

乙太坊最底層主要包括 P2P 協定，這是一種不需中心伺服器、兩個節點之間直接進行網路通訊的協定，藉由 P2P，區塊鏈才能提供去中心化的服務。共識演算法是區塊鏈平台的核心組成部分，是不同節點之間達成一致性的演算法和策略，目前乙太坊最重要的兩種共識演算法是 PoW 和 PoS，會在 2.2.1 節中介紹。

EVM，即乙太坊虛擬機器，是去中心化應用運行的容器，智慧合約被編譯成位元組碼後可以運行在 EVM 中，關於 EVM 的詳細執行流程，將會在 2.2.2 節中進行概述。

LevelDB 是乙太坊底層的資料庫，是由 Google 開發的非常高效的鍵值（key-value）資料庫，目前許多企業級的區塊鏈平台底層，也是使用 LevelDB 進行儲存的，關於乙太坊的資料儲存，可以參考 2.2.3 節。多種不同的非對稱加密、雜湊演算法從密碼學角度確保乙太坊平台上的帳戶安全和交易資訊安全，並使用數位簽章和驗證簽名等機制確保資料的不可篡改，關於乙太坊涉及的加密演算法，將會在 2.2.4 節中介紹。

Solidity 是目前編寫智慧合約的主要語言，是一種語法類似 JavaScript 的高階語言，它被設計成以編譯的方式生成乙太坊虛擬機器程式碼，是乙太坊推薦的旗艦語言，也是最流行的智慧合約語言之一，關於 Solidity 和智慧合約，將會在 2.3 節中進行深入講解。RPC 遠端程序呼叫是乙太坊提供給外界存取的介面，上層應用可

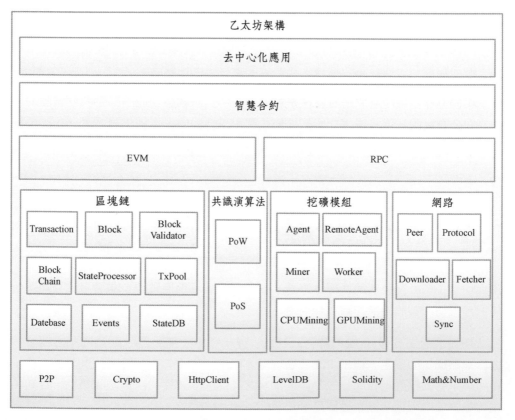

圖 2.10　乙太坊架構

以用 JSON-RPC 的方式和乙太坊進行互動，來呼叫合約或者發送乙太幣，所有的業務邏輯透過智慧合約來實現，關於乙太坊程式設計介面，可以參考 3.3 節。

2.2.1　乙太坊共識機制

共識機制，是使多個節點之間達成一致性的數學演算法。在區塊鏈中，共識機制的作用尤其重要。由於區塊鏈中每個節點都是相互獨立的，而每一個節點都存有分散式帳本的完全備份，如何對這些帳本資料進行一致性驗證就是共識機制需要考慮的問題。換句話說，共識機制就是在不同節點之間建立信任、取得權益的數學演算法。它允許關聯機器連接起來進行工作，並在某些成員失效的情況下仍能正常運行。

常見的共識機制有工作量證明演算法、權益證明、股份授權證明和拜占庭容錯等，對於不同的應用情境和共識機制等特性，可以從以下角度來評價共識機制的優劣。

（1）**合規監管**：是否支援超級許可權節點對全網節點、資料進行監管。

（2）**效能效率**：交易達成共識並且確認的效率。

（3）**容錯性**：防攻擊、防欺詐的能力。

（4）**資源消耗**：共識過程中的資源消耗，如 CPU、網路 IO、儲存等電腦資源。

下面就幾種常見的共識機制介紹如下。

（1）**PoW：工作量證明**。機器進行數學運算來取得記帳權，資源消耗相比其他共識機制高，可監管性弱。且每次達成共識都需要全網共同參與運算，效能效率相對較低，在容錯性方面，允許全網 50% 的節點出錯，也就是 51% 攻擊。目前乙太坊採用的就是這種 PoW 共識機制。

（2）**PoS：權益證明**。屬於 PoW 的升級版本。根據每個節點所占貨幣的比例和時間，等比例地降低計算難度，進而加快查詢亂數的速度。PoS 在一定程度上縮短了共識達成的時間，但是還是需要消耗時間，本質上沒有解決商業應用的難處，在容錯性方面與 PoW 類似。乙太坊往後將會轉為 PoS 演算法。

（3）**DPoS：股份授權證明機制**。與 PoS 不同之處在於投票選舉一定數量的節點，進行代理驗證和記帳。DPoS 大幅縮減參與驗證和記帳的節點的數量，可以達到秒級的共識驗證，但是整個共識機制還是依賴於貨幣，而許多商業應用是不需要貨幣存在的。

（4）**Paxos：一種基於選舉領導者的共識機制**。領導者節點擁有絕對許可權，並允許強監管節點參與。效能高，資源消耗低。選舉過程中不允許有惡意節點，不具備容錯性。

（5）**PBFT：拜占庭容錯**。與 Paxos 類似，也是一種採用許可投票、少數服從多數、選舉領導者進行記帳的共識機制。該共識機制允許拜占庭容錯（允許系統存在惡意節點），允許強監管節點參與，具備許可權分級能力，效能更高，耗能更低，允許 33% 的節點作惡，容錯性為 33%。

與乙太坊有關的是 PoW 和 PoS 演算法。乙太坊的專案分為 Frontier、Homestead、Metropolis 和 Serenity 四個階段。在前面三個階段，乙太坊共識演算法採用的是 PoW，在第四個階段會轉移到 PoS。

工作量證明是若一個節點付出了足夠的運算力，那麼區塊鏈認為這個節點發現的區塊是有效的。比特幣是最先採用 PoW 記帳方式的區塊鏈專案，礦工用電腦運算力來爭奪比特幣的記帳權，每當一個比特幣區塊產生時，系統會為最先成功記帳的礦工給予一定數量的獎勵。工作量證明的目的是使下一個區塊的建立變得困難，進而阻止攻擊者惡意生成區塊鏈。

PoW 對每一個區塊進行 SHA256 雜湊運算，將得到的雜湊值看作長度為 256 位的不可預測的數值，要保證該數值小於不斷動態調整的目標數值。假如當前目標數值為 2^{192}，就意味著平均需要嘗試 2^{64} 次才能生成有效的區塊。一般來說，比特幣網路每隔 2016 個區塊重新設定目標數值，平均每十分鐘生成一個區塊。而乙太坊產生區塊的時間大約為 14 秒。

權益證明 PoS 是一種公有區塊鏈中的共識演算法，用來取代工作量證明。可以被描述成一種虛擬挖礦，依賴於區塊鏈自身的貨幣。在 PoS 中，用戶購買等價值的貨幣當作押金，放入 PoS 機制中，就有機會產生新區塊而得到獎勵。大致過程可以描述為：一個持有貨幣的使用者集合，他們把手中的貨幣放入 PoS 機制中，這些用戶就變成了驗證者。

假設在區塊鏈最新的一個區塊中，PoS 演算法在這些驗證者中根據權重隨機挑選，權重依據驗證者投入的貨幣多少，如一個用戶押金為 1000 貨幣，另一個投入 100 貨幣，則前一個用戶選中的概率是後一個用戶的 10 倍。選中用戶後，給他們權利產生下一個區塊，如果一定時間內，這個選中的驗證者沒有產生區塊，則選第二個驗證者來代替產生區塊。

PoW 共識機制已經非常成熟，但它的實現需要消耗大量的電力成本，PoS 雖然仍處於發展階段，但在效率和成本方面有諸多優勢，不再需要為了安全產生區塊而消耗大量電能。在未來一段時間，PoS 將會得到快速發展。

2.2.2　乙太坊虛擬機器

乙太坊虛擬機器（EVM）是運行智慧合約的環境，運行於每一個節點上，類似於一個獨立的沙箱，嚴格控制了存取權限；也就是說，合約程式碼在 EVM 中運行時是不能接觸網路、檔案或者其他行程的。EVM 模組主要分為三大模組：編譯合約模組、Ledger 模組和 EVM 執行模組。

編譯合約模組主要是對底層 Solc 編譯器進行一層封裝，提供 RPC 介面給外部服務，對用 Solidity 編寫的智慧合約進行編譯。編譯後將會回傳二進位碼和相應的合約 ABI，ABI 就像是合約的手冊，從 ABI 可以得知合約的方法名、參數、回傳值等資訊。

Ledger 模組主要是對區塊鏈帳戶系統進行修改和更新，帳戶一共分為兩種，分別是普通帳戶和智慧合約帳戶，呼叫方如果知道合約帳戶位址，則可以呼叫該合約，帳戶的每一次修改都會被永久存入區塊鏈中。

EVM 執行模組是核心模組，主要功能是對交易中的智慧合約程式碼進行解析和執行，一般分為建立合約和呼叫合約兩部分。同時為了提高效率，EVM 執行模組除了支援普通的位元組碼執行外，還支援 JIT 模式的指令執行，普通的位元組碼執行，主要是對編譯後的二進位碼直接執行其指令，而 JIT 模式會對執行過程中的指令進行改善，如把連續的 push 指令打包，方便程式高效執行。EVM 執行交易的流程如圖 2.11 所示。

（1）EVM 接收到 Transaction 資訊，然後判斷 Transaction 類型是部署合約或執行合約。如果是部署合約，執行指令集，來儲存合約位址和編譯後的程式碼；如果是執行合約或是呼叫合約，則使用 EVM 來執行輸入指令集。

（2）執行上一條指令集之後，判斷 EVM 是否停機，如果停機則判斷是否正常停機，正常停機則更新合約狀態到區塊鏈，否則回溯合約狀態。如果不停機則回到上一步（1）進行判斷。

（3）執行完的合約會回傳一個執行結果，EVM 會將結果儲存在 Receipt 回執中，
呼叫者可以利用 Transaction 的雜湊來查詢結果。

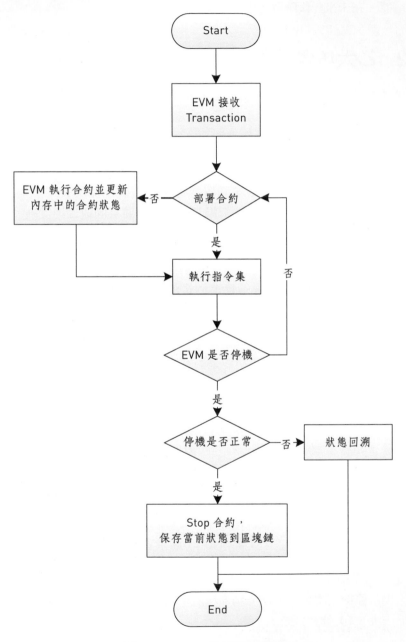

圖 2.11　EVM 模組執行流程

2.2.3 乙太坊資料儲存

乙太坊中儲存資料的結構是 Merkle Patricia Tree，即默克爾派特里夏樹。Merkle 樹是由電腦科學家 Ralph Merkle 提出的，在比特幣網路中使用了這種資料結構來進行資料的正確性驗證。而乙太坊結合了 Merkle 樹和 Patricia 樹並加以改良。

在比特幣網路中，Merkle 樹被用來歸納一個區塊中的所有交易，同時生成整個交易集合的數位指紋。Merkle 樹是自底向上建構的，在圖 2.12 中，首先將 L1~L4 這 4 個單中繼資料雜湊化，然後將雜湊值儲存至相應的葉節點中，這些節點分別是 Hash0-0、Hash0-1、Hash1-0、Hash1-1。

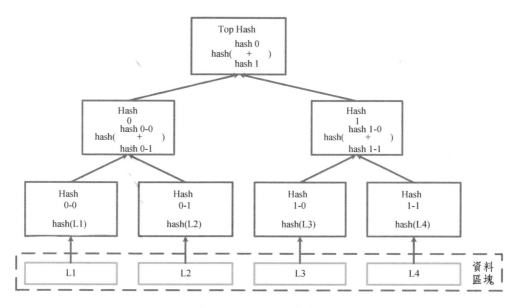

圖 2.12 Merkle 樹結構

將相鄰兩個節點的雜湊值合併成一個字串，然後計算這個字串的雜湊，得到的就是這兩個節點的父節點雜湊值。（如果最底層的雜湊個數是單數，那到最後必然出現一個單身雜湊，這種情況就直接對它進行雜湊運算，得到的雜湊值就是其父節點的雜湊值。）

迴圈重複上述計算過程，計算得到最後一個節點的雜湊值，將該節點的雜湊值作為整棵樹的 Merkle 根。若兩棵樹的 Merkle 根一致，則這兩棵樹的結構及每個節點的內容必然相同。

Merkle 樹的一個明顯優勢是驗證過程中可以快速定位 "不正確" 資料的位置。由於原始資料的一點差異就會造成計算所得的雜湊都不正確，因此比較兩棵 Merkle 樹，很容易找到這條路徑，進而定位 "非正確" 節點的位置。

由於 Merkle 樹在比特幣中的應用比較單一，儘管它可以證明包含的交易，但是它不能進行涉及當前狀態的證明（如數位資產的持有、名稱註冊、金融合約的狀態等），且 Merkle 樹在乙太坊中主要的作業就是建構樹，而對於樹節點內容的更改、插入等作業十分不便。為了擴展這些作業，乙太坊對 Merkle 樹進行了修改，並融合了 Patricia 樹。

Patricia 樹會儲存每個帳戶的狀態。這種樹的建立是藉由從每個節點開始，將節點分成多達 16 個組，然後雜湊每個組，再對雜湊結果繼續雜湊，直到整棵樹有一個最後的 "根雜湊"。Patricia 樹很容易進行更新、添加或者刪除樹節點，以及生成新的根雜湊。使用 Patricia 樹進行更新的範例如圖 2.13 所示。

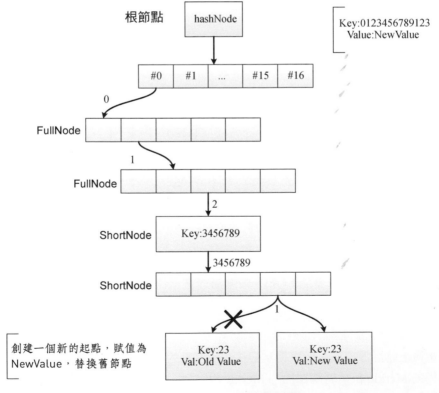

圖 2.13　Patricia 樹更新範例

（1）將根節點傳入作為當前處理節點，傳入目標節點的 Key 作為路徑。

（2）傳入新的 Value 值，若 Value 值為空，則找到該節點並刪除；反之，建立一個新節點替換舊節點。

2.2.4　乙太坊加密演算法

乙太坊使用了多種加密演算法，最主要的是雜湊演算法和非對稱加密演算法。

雜湊演算法又叫散列演算法、哈希演算法，在乙太坊中用來快速驗證用戶的身份，其原理是將一段資訊或文本轉化成一個有固定長度的字串（摘要）。雜湊演算法的特點是如果某兩段資訊完全相同，那麼，最終加密後的字串也完全相同；如果兩段資訊不完全相同，即使只有一個字元不同，那麼，最終的字串都會十分雜亂和隨機，並且兩個字串之間毫無相關。目前乙太坊區塊鏈主要使用 SHA256 來進行挖礦運算。不同的雜湊演算法的特點如表 2.1 所示。

▼ 表 2.1　不同雜湊演算法比較

演算法類別	安全性	輸出大小（bit）	運算速度
SHA1	中	160	中
SHA256	高	256	略低於 SHA1
SM3	高	256	略低於 SHA1
MD5	低	128	快

非對稱加密，是由具有唯一性的金鑰對組成的加密方式，金鑰對包含公開金鑰和私密金鑰。需要對使用者資訊進行加密與安全資訊互動時，只需要用戶的公開金鑰，但是解密這些資訊需要使用者私密金鑰。也就是說，只有知道用戶公開金鑰所對應的唯一的用戶私密金鑰的人，才能取得這些資訊，任何未經授權的使用者（包括資訊的發送者）都無法將資訊解密。在乙太坊中，使用者發送的每一筆交易都會使用私密金鑰去簽名，然後區塊鏈會使用公開金鑰去驗證簽名。驗證通過則表示這筆交易是合法的，然後就可以持久化到區塊鏈中。乙太坊中的使用者公私密金鑰對，使用 ECC 橢圓曲線加密演算法來生成。非對稱加密演算法的特點如表 2.2 所示。

▼ 表 2.2　不同非對稱加密演算法比較

加密演算法	安全性	成熟度	運算速度	資源消耗	金鑰長度	
					級別	長度（bit）
RSA	低	高	慢	高	80	1024
					112	2048
ECC	高	高	中	中	80	160
					112	224
SM2	高	高	中	中	80	160
					112	224

2.3　乙太坊智慧合約

本節將詳細介紹如何使用 Solidity 編寫智慧合約，首先會對 Solidity 做一個簡要的介紹，然後詳細地介紹 Solidity 的基本語法，如資料類型、狀態變數、函式呼叫等，同時 Solidity 作為一門物件導向的語言，也會有相應的物件導向的性質。編寫完智慧合約後，最重要的是智慧合約的測試，本節會用不同的測試框架對合約進行測試，以此來驗證合約是否符合預期。最後會對一個較為複雜的智慧合約進行實例分析，使讀者加深對智慧合約的瞭解。

2.3.1　智慧合約與 Solidity 簡介

什麼是智慧合約？合約是程式碼（邏輯描述）和資料（狀態表示）的集合，儲存在乙太坊區塊鏈的特定位址。合約帳戶能夠在彼此之間傳遞資訊，進行圖靈完備的運算，編譯成 EVMbyte 程式碼（乙太坊特有的二進位格式），並在區塊鏈上運行。換句話說，智慧合約是運行在區塊鏈上的模組化、可重複使用、自動執行腳本。合約部署時，將編譯器編譯得到的位元組碼儲存在區塊鏈上，對應會有一個儲存位址。當預定的條件發生時，就會發送一筆交易到該合約位址，全網節點都會執行合約腳本編譯生成的作業碼，最後將執行結果寫入區塊鏈。所以，可以把智慧合約當作是在區塊鏈上執行作業的所有業務邏輯程式碼。

智慧合約一個重要的特點是圖靈完備。圖靈完備是指一個能計算出每個圖靈可計算函數的計算系統，圖靈完備使腳本系統有能力解決所有的可計算問題。智慧合約是圖靈完備的，即可以達成圖靈機所能做到的所有事情。一般來說，程式設計語言可以做到的所有邏輯作業，在智慧合約中都可以達成。

智慧合約另一個重要的特點是沙箱隔離。對 I/O、網路作業、存取其他行程等進行了限制，實際上是完全隔離的。所以，目前實現的智慧合約無法進行檔案讀取和寫入，也無法實作網路資源的存取或直接提供網路服務。智慧合約只能在部署到區塊鏈平台上以後，才能使用區塊鏈平台提供的介面進行合約資料的存取，即存取智慧合約中的資料和方法。該特性提高了智慧合約執行的安全性。

目前可以使用 Solidity、Serpent、LLL、Mutan 這些語言來編寫智慧合約，但是使用最廣泛、最受歡迎的還是 Solidity。

Solidity 是一種語法類似於 JavaScript 的高級物件導向語言，也是一種靜態類型語言，被設計用來編寫智慧合約，並運行在乙太坊虛擬機器之上。Solidity 支援繼承、函式庫及複雜的自訂類型。副檔名為 .sol，是一種真正運行於網路上的去中心化合約。目前 Solidity 有線上的即時編譯器，方便開發者使用。此外還支援多種標準的庫函數，並具有以下特性。

- ☑ 乙太坊底層是基於帳戶的，所以有一個特殊的 Address 類型，用於定位用戶，定位合約，以及定位合約的程式碼（合約本身也是一個帳戶）。

- ☑ 由於合約內嵌框架是支援支付的，所以提供了一些關鍵字，如 payable，可以在語言層面直接支付。

- ☑ 使用網路上的區塊鏈儲存，資料的每一個狀態都可以永久儲存，所以需要確定變數使用記憶體還是區塊鏈。

- ☑ 一旦出現異常，所有的執行都將被回溯，這主要是為了保證合約執行的原子性，以避免中間狀態出現資料不一致。

目前使用 Solidity，可以輕鬆建立投票、眾籌、封閉拍賣、多重簽名錢包等情境的合約。以下是 Solidity 官方介紹的一些開發工具。

（1）**Browser-Based Compiler** [1]

這是 Solidity 官方強烈推薦的基於瀏覽器的線上 IDE，也稱為 Remix。Browser-Based Compiler 已經集合了編譯器和 Solidity 執行環境，並且不需要任何伺服器端元件。

（2）**Visual Studio Extension** [2]

一款 Visual Studio 上的 Solidity 外掛程式，提供了 Solidity 編譯器。

（3）**Package for SublimeText-Solidity language syntax** [3]

一款用於 SublimeText 編輯器的 Solidity 語法標示工具。

（4）**Atom Ethereum interface** [4]

用於 Atom 編輯器的外掛程式，提供 Solidity 語法標示、編譯和即時執行環境（需要乙太坊節點）。

（5）**Emacs Solidity** [5]

用於 Emacs 編輯器的外掛程式，用於語法標示、編譯和錯誤報告。

（6）**Vim Solidity** [6]

用於 Vim 編輯器上的外掛程式並提供語法標示。

（7）**Mix IDE** [7]

一款使用 Qt 的合約整合式開發環境，可用於設計、測試、測試 Solidity 寫的智慧合約，在本書第 3 章有詳細的介紹。但是目前已經不再更新維護，開發中使用較少。

開發者可以根據專案需求和自己的喜好，使用上述的一款或多款工具進行基於 Solidity 的智慧合約的開發。

---

[1] https://ethereum.github.io/browser-solidity/。

[2] https://marketplace.visualstudio.com/items?itemName=ConsenSys.Solidity。

[3] https://packagecontrol.io/packages/Ethereum。

[4] https://github.com/gmtDevs/atom-ethereum-interface。

[5] https://github.com/ethereum/emacs-solidity/。

[6] https://github.com/tomlion/vim-solidity/。

[7] https://github.com/ethereum/mix/。

2.3.2　智慧合約的編寫與部署

本節將從一個簡單的 HelloWorld 智慧合約程式入手，學習智慧合約的資料類型、方法呼叫、事件等重要組成部分，以及如何把編寫完成的智慧合約部署到乙太坊環境中，使乙太坊自動執行該合約中的邏輯。下面是這個簡單的 Solidity-HelloWorld 案例。

① Solidity-HelloWorld

學習每一門語言都是從 HelloWorld 程式開始，學習 Solidity 也不例外。Solidity 在乙太坊環境內作業，沒有明顯的 "輸出" 字串的方式，這裡就用日誌記錄事件來把字串放進區塊鏈中。HelloWorld 的合約實現如下。每次合約被建立時，都會呼叫建構函數，合約會在區塊鏈建立一個日誌入口，列印 HelloWorld 參數。

```
contract HelloWorld {
    event Print(string out);
    function HelloWorld() {
        // 發送 Print 事件
        Print("Hello World!");
    }
}
```

合約在線上開發工具 Remix 中的執行結果如圖 2.14 所示，成功從事件中接收到 "Hello World ！"。

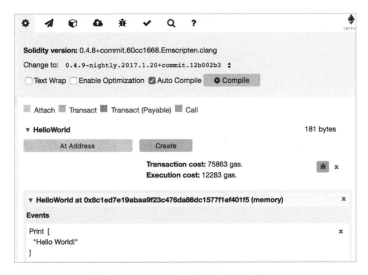

圖 2.14　Remix 執行 HelloWorld

② 檔案佈局與合約結構

Solidity 的合約和物件導向語言中的類的定義相似，每個合約包括了狀態變數、函數、函數修飾符、事件、結構體類型、枚舉類型和注釋。另外，合約也可以從其他合約中繼承。合約的各個組成部分的作用如下。

（1）編譯版本宣告

一般線上編譯器會要求指定 Solidity 編譯器的版本號，否則會發出警告。目前一般要高於 0.4 版本才可以編譯，宣告語句如下：

```
pragma solidity ^0.4.0;
```

（2）狀態變數

在合約中用於永久儲存變數的值，使用 uint、int、bytes32、string、address 等資料類型來修飾一個狀態變數。

（3）函數

函數是合約中一段可執行的程式碼，使用 function 關鍵字進行修飾，函數可以有零個或多個輸入參數，可以有零個或多個回傳值。

（4）函數修飾符

可以在宣告函數時補充函數的語義，如使用 constant、internal、external、public、private 來修飾一個函數。不同修飾符的函數有不同的存取權限。

（5）事件

事件是和 EVM 日誌的介面，使用 event 進行宣告，可以有一個或多個回傳值。可以在函數內被呼叫，並在 JavaScript API 中被捕捉。

（6）結構體

結構體是一組自訂的複合資料類型，可以包含多個不同資料類型的狀態變數。一般對於物件的描述使用結構體。

（7）枚舉

枚舉是用來建立一組特定值的集合的類型，使用 enum 宣告，Solidity 對枚舉的底層處理就是 uint 類型。

③ 資料類型與狀態變數

Solidity 是一種靜態類型語言，每個變數在編譯時都需要被定義（包括全域變數或區域變數）。Solidity 也提供了一些基礎資料類型可以組成複雜類型。有一種變數類型叫數值型別，其變數總是要被賦值，作為函數參數或者在賦值中，複製出一個全新的值。數值型別包括布林、整型、位址、byte 陣列、有理數和整型、十六進位字面量、枚舉類型、函數。

（1）布林類型

布林類型只有真值或假值兩種。符號包括：!（邏輯非）、&&（邏輯與）、||（邏輯或）、==（相等）、!=（不等）。一般的短路規則同樣適用於 || 作業符和 && 作業符：對於運算式 $f(x)||g(y)$，如果 $f(x)$ 為真，則 $g(y)$ 不需要計算，因為結果一定為真；對於運算式 $f(x)\&\&g(y)$，如果 $f(x)$ 為假，則 $g(y)$ 不需要計算，因為結果一定為假。布林類型的使用，與其他高級程式設計語言相同。

（2）整型

int/uint 分別是有符號和無符號的整數，其中包括 uint8 到 uint256，長度為 8（從 8 到 256 位的不帶正負號的整數）。uint 和 int 分別是 uint256 和 int256 的別名。

使用到整型的作業符有比較作業符：<=、<、==、!=、>=、>；位作業符：&（按位與）、|（按位或）、^（按位異或）、~（按位取反）；算術運算子：+、-、一元 -、一元 +、*、/、%（取餘數）。整型的使用如下所示。

```
pragma solidity ^0.4.0;
contract IntExample{
uint value;
// 兩個 uint 值相加
    function add(uint x, uint y) returns (uint){
        value = x + y;
        return value;
    }
// 兩個 uint 值相除，規則與 C 語言相同
    function divide() returns (uint){
        uint x = 3;
        uint y = 2;
        value = x / y;
        return value;
    }
}
```

（3）位址

一個乙太坊位址有 20 個 byte，位址變數用 address 修飾。address 可以修飾
一個合約位址或者帳戶位址。位址也可以用比較作業符作業。網址質性資料
變數預設有兩個非常重要的方法：帳戶餘額 balance 和發送 send。可以使用
address(0) 來表示一個空位址，即 0x0，如下述程式碼所示。

```
pragma solidity ^0.4.0;
contract AddressExample{
bool isSuccess;
// 發送乙太幣
    function sendEth(address account, uint amount) returns (bool){
        if (account.balance >= amount ){
            isSuccess = account.send(amount);
        } else {
            // 餘額不足，發送失敗
            isSuccess = false;
        }
        return isSuccess;
    }
}
```

其中，account 是一個合約位址，當執行 account.send() 函數時，合約對應的
程式碼會觸發執行，如果執行失敗，這個發送作業就會回溯。send() 方法執
行有一些注意事項，例如呼叫的遞迴深度不能超過 1024；如果 gas 不夠，執
行會失敗，所以使用 send() 方法後需要根據回傳值判斷是否成功。

（4）byte 陣列

bytes1、bytes2、bytes3、⋯、bytes32（bytes1 等同於 byte）都是定長 byte
陣列。byte 陣列同樣也可以使用比較運算子和位運算子。預設用唯讀成員變
數 .length 表示這個 byte 陣列的長度。

bytes 和 string 是兩種動態長度的 byte 陣列。bytes 一般用來表示任意長度的
byte 資料，string 用來表示任意長度的 UTF-8 編碼的字串資料。如果長度可
以確定，儘量使用固定長度，如 bytes1 到 bytes32，因為這樣佔用空間更小。

（5）字串

字串字面量是指由單引號或雙引號引起來的字串。Solidity 字串與 C 語言不
同，不包含結束，"foo" 這個字串的大小僅包含 3 個 byte。字串本身就是一種
不定長的 byte 陣列，可以隱性轉換為 bytes1、⋯、bytes32。字串也支援轉義
字元，如 "\n"。

```
pragma solidity ^0.4.0;
contract StringExample{
    string name;
    function stringTest(){
        name = "Jack";
    }
}
```

（6）陣列

陣列的大小可以在編譯階段確定（靜態陣列），也可以是不定長度的（動態陣列）。對於記憶體陣列來說，成員類型是任意的（也可以是其他陣列、映射或結構體）。在函數內部使用記憶體陣列時，若函數對外可見，則陣列元素不能是映射類型，且只能是支援 ABI 的類型。一個定長陣列，如果長度是 k，元素類型為 T，那麼可以表示為 T[k]，而另一個變長的陣列為 T[]。

類型 bytes 和 string 本質上是一種特殊的陣列，bytes 類似於 byte[]；string 比較類似於 bytes，但是暫時不提供長度（length）和按索引（index）方式的存取。相對來說，bytes 更節省空間。

陣列有以下成員函數。

○　length()：長度欄位，表示持有元素的數量。動態陣列如果是記憶體類型的，則可以調整大小。調整的方式是通過 .length 改變對應的值。

○　push()：動態類型陣列和 bytes 都有一個 push() 函數，用於添加新元素，回傳結果為新陣列或 bytes 的長度。

```
pragma solidity ^0.4.0;
contract ArrayExample {
    uint[] uintArray;
    bytes b;
    function arrayPush() returns (uint){
        uint[3] memory a = [uint(1), 2, 3];
        uintArray = a;
        // 添加到陣列的最後一個位置
        return uintArray.push(4);
    }
    function bytesPush() returns (uint){
        b = new bytes(3);
        return b.push(4);
    }
}
```

（7）映射 / 字典

映射（mapping）的定義方式為 _KeyType=>_KeyValue。鍵的類型不能為 mapping、struct、array 等，值的類型則無限制。映射可以看作一個通過將所有的鍵初始化得到的雜湊表，值為對應到某個類型的預設值。但與雜湊表不同的是，鍵僅儲存了它的 Keccak-256 雜湊，用來找到其相關的值。因此，映射的尋找速度特別快，也沒有長度或排序的概念。

映射類型只能用於定義狀態變數，或者在內建函式中作為記憶體類型的引用。當然，映射的數值型別也可以為映射，可以提供鍵值遞迴存取。以下例子中，使用 msg.sender 合約呼叫者作為鍵類型、amount 作為數值型別進行儲存。

```
pragma solidity ^0.4.0;
contract MappingExample{
    mapping(address => uint) public balances;
    uint balance;
    function updateBalance(uint amount) returns (uint){
    // 設定 mapping 中的值
        balances[msg.sender] = amount;
        // 取出 mapping 中的值
        balance = balances[msg.sender];
        return balance;
    }
}
```

合約中的一個重要組成部分就是狀態變數，變數值會永久儲存在合約的儲存空間中，也就是儲存在這些狀態變數中。可以使用上述的資料類型來宣告不同類型的狀態變數，儲存不同類型的資料，如下所示。

```
pragma solidity ^0.4.0;
contract TypeExample{
    uint uintValue;
    bool boolValue;
    address addressValue;
    bytes32 bytes32Value;
    uint[] arrayValue;
    string stringValue;
    enum Direction{Left, Right}
    mapping(address => uint) mappingValue;
}
```

合約中的變數（狀態變數或區域變數）或者函式參數，都有一個重要的概念——資料儲存位置。一般合約中，變數的預設儲存位置是這樣設定的：全域的狀態變數和區域變數存在記憶體（storage）中；函數參數和回傳的參數存放在記憶體（memory）中。也可以使用關鍵字 storage 和 memory 來覆蓋預設的設定。

資料儲存因位置的不同導致變數賦值產生的結果也不同。在 memory、storage 和狀態變數中相互賦值，並建立一個完全不相關的備份。為一個局部儲存變數賦值，會被賦予一個引用，即使這個值發生了變化，它還是會指向對應的狀態變數。

④ 函式呼叫

函數是程式設計語言中最重要的部分，可以達成模組化程式設計，大幅提高專案開發的效率和程式碼的可讀性及複用性。Solidity 中的函數類似於 JavaScript 中的函數。

（1）內部呼叫

在當前的同一個合約中，函數可以直接進行內部呼叫，也可以進行遞迴呼叫。這些函數在 EVM 中被翻譯為簡單的跳轉 JUMP 指令。

```solidity
pragma solidity ^0.4.0;
contract FunctionExample {
    function g(uint a) returns (uint) {
        // 呼叫同一個合約中的函數
        return f(a);
    }
    function f(uint a) returns (uint) {
        return a;
    }
}
```

（2）外部函式呼叫

對於不同合約的函數則必須使用外部呼叫的方式，而不是直接通過 JUMP 呼叫。對於一個外部呼叫，所有函數的參數必須複製到記憶體中。

如果被呼叫的合約不存在，或呼叫的合約產生了異常，或者 gas 不足，均會造成函式呼叫發生異常，本次執行過程中對帳本造成的影響將會回溯。

```solidity
pragma solidity ^0.4.0;
contract User {
```

```
        function age() returns (uint) {
            return 25;
        }
    }
contract FunctionExample {
    User user;
    function FunctionExample() {
        // 獲得合約位址
    address addr = new User();
        // 強制類型轉換，取得合約物件
        user = User(addr);
    }
    function callUser() {
        // 使用合約物件呼叫方法
        user.age();
    }
}
```

（3）具名引數呼叫

函式呼叫的參數，可以通過指定名字的方式呼叫，以任意的順序傳入參數，方式是使用 {} 包含。但參數的類型和數量要與定義一致。

```
pragma solidity ^0.4.0;
contract FunctionExample {
    function add(uint first, uint second) returns (uint) {
        return first + second;
    }
    function callAdd() returns (uint){
    // 傳入參數的先後可以不一致
        return add({second: 2, first: 1});
    }
}
```

在某些函數中會遇到異常，需要使用 throw 指令手動拋出一個異常。異常的作用是當前執行的呼叫被停止和狀態的回溯（即所有狀態和餘額的變化都沒有發生）。在 Solidity 中，外部是不能捕捉異常的。

（4）函數可見性

函數可以被標記為 external、public、internal、private，其中預設為 public。

◌ external：外部函數是合約介面的一部分，所以可以從其他合約通過交易來發起呼叫，一個外部函數 f()，不能通過 f() 的方式來直接呼叫，而要通過 this.f() 外部存取的方式來呼叫。外部函數在接收較大的陣列資料時更加有效。

○ **public**：公開函數是合約介面的一部分，可以通過內部或者訊息來進行呼叫。**public** 類型是存取權限最大的修飾符。

○ **internal**：內建函式只能從內部（例如在當前合約中）呼叫，或在繼承的合約裡呼叫。需要注意的是，不能加首碼 **this**。

○ **private**：私有函數僅在當前合約中可以存取，在繼承的合約內不可存取。**private** 是存取權限最小的修飾符。

需要注意的是，所有在合約內的東西，對外部的觀察者來說都是可見的，將某些東西標記為 **private**，僅僅阻止了其他合約進行存取和修改，但不能阻止其他人看到相關的資訊。可見性識別字的定義位置，一般在參數列表和回傳關鍵字中間。

```
pragma solidity ^0.4.0;
contract FunctionExample {
    function func(uint a) private returns (uint b) { return a + 1; }
    function setData(uint a) internal { data = a; }
    uint public data;
}
```

（5）常函數

函數也可以被宣告為常數，這類函數需要保證不改變任何值，即不會導致區塊鏈狀態的改變。這類函數不會消耗 gas，可以使用 **constant** 來修飾。如果不加 **constant**，也不會影響常函數的執行。如果把一個會導致區塊鏈狀態改變的方法宣告為 **constant**，則該 **constant** 修飾符沒有任何作用，同樣不會影響常函數的執行。在程式設計過程中，如果確定一個函數為常函數，最好加上 **constant** 修飾符，這是良好的程式設計習慣，有利於提高程式碼可讀性。如下述程式碼所示，把函數修飾為 **constant**。

```
pragma solidity ^0.4.0;
contract FunctionExample {
    uint a;
    // 一般把狀態變數的 get 方法宣告為 constant
    function getA() constant returns (uint) {
        return a;
    }
}
```

⑤ 事件

事件讓使用 EVM 日誌內建功能更簡單，它可以呼叫監聽了對應事件的 DApp 的 JavaScript 回傳檔。當事件被呼叫時，會觸發參數儲存到交易的日誌中，這些日誌與合約位址建立關聯，合併至區塊鏈中，只要區塊能夠存取，就會一直存在。日誌和事件在合約內不可直接存取，即使是建立日誌的合約也不行。在開發 DApp 中，事件可能需要經常使用。

事件最多有 3 個參數被設定為索引（indexed），讓對應的參數值可以在乙太坊虛擬機器日誌中被檢索到。在使用者呼叫介面時，輸入對應的索引即可查詢到對應的值。如果陣列（包括 **string** 和 **bytes**）類型被標記為索引項目，則查詢到的值是該索引值的 Keccak-256 雜湊值。所有未被索引的參數將被作為日誌的一部分保存起來。事件合約程式碼範例如下：

```
pragma solidity ^0.4.0;
contract EventExample {
    // 宣告事件，可以有多個參數
    event SendBalance(
        address indexed _from,
        bytes32 indexed _id,
        uint _value
    );
    // 實作函數
    function sendBalance(bytes32 _id) {
    // 任何呼叫該函數的行為都會觸發 SendBalance 事件，並被 JavaScript API 檢測到
        SendBalance(msg.sender, _id, msg.value);
    }
}
```

使用 JavaScript API 來取得日誌：

```
var abi = /* 編譯後取得 abi*/;
var EventExample = web3.eth.contract(abi);
var eventExample = EventExample.at(0x123 /* address */);
var event = eventExample. SendBalance ();
// 監聽 SendBalance 事件是否被呼叫
event.watch(function(error, result){
    // result 中會包含多種參數
    if (!error)
        console.log(result);
});
// 呼叫事件的另一種方式，呼叫後直接開始監聽
var event = eventExample. SendBalance (function(error, result){
    if (!error)
        console.log(result);
});
```

⑥ 特殊變數

Solidity 中有一些變數和函數是可以在全域範圍內使用的，其中包括乙太坊貨幣單位、時間單位、區塊和交易屬性、數學和加密函數等。

（1）乙太坊貨幣單位

數字後面可以加尾碼，表示乙太幣貨幣的單位，如 wei、finney 或 ether，相關單位之間可以轉換。若乙太幣數量後沒有加尾碼，則預設單位是 wei。貨幣單位也可以進行邏輯運算，如 2 ether == 2000 finney，這個運算式計算結果為 true。

```
pragma solidity ^0.4.0;
contract EtherExample{
    function isEqual() returns (bool){
        if (2 ether == 2000 finney){
            return true;
        }
        return false;
    }
}
```

（2）時間單位

數字後面可以加秒（seconds）、分（minutes）、小時（hours）、天（days）、週（weeks）、年（years）作為尾碼，並相互轉換，預設以秒為單位。這些尾碼不能用於宣告變數，如果要傳入變數，需要和常數轉換。now 則是當前時間戳記。

```
pragma solidity ^0.4.0;
contract TimeExample{
    function f(uint start, uint daysAfter) {
        if (now >= start + daysAfter * 1 days) {
            //…
        }
    }
}
```

（3）區塊和交易屬性

全域範圍內有區塊和交易屬性，可以提供區塊鏈當前的資訊。

⬚　block.blockhash(bytes32)：指定區塊的雜湊值；

- block.coinbase(address)：當前礦工的位址；
- block.difficulty(uint)：當前區塊的難度；
- block.gaslimit(uint)：當前區塊的 gas 值；
- block.number(uint)：當前區塊的區塊編號；
- block.timestamp(uint)：當前區塊的時間戳記；
- msg.data(bytes)：完整的呼叫資料（calldata）；
- msg.gas(uint)：當前剩餘 gas 值；
- msg.sender(address)：呼叫發起人的位址；
- msg.sig(bytes4)：calldata 的前 4 個 byte（即函數識別字）；
- msg.value(uint)：所發送的訊息中乙太幣的數量；
- now(uint)：當前區塊時間戳記；
- tx.gasprice(uint)：交易的汽油價格；
- tx.origin(address)：交易發送方。

⑦ 合約部署

在實際專案開發中，有許多種方式實現合約部署。如使用 Console 命令列的方式呼叫原生 RPC 介面部署智慧合約，或使用 Console 命令列的方式呼叫 JavaScript API（web3.js）部署智慧合約，或者使用 Truffle 框架自動化部署智慧合約。

這裡介紹一種使用 JavaScript 腳本實作合約的編譯部署，呼叫的介面同樣是 web3.js。使用該方式需要一點 JavaScript 程式設計基礎。這裡使用 Multiply7 合約來測試。合約程式碼如下：

```
contract Multiply7 {
    event Print(uint);
    function multiply(uint input) returns (uint) {
        Print(input * 7);
        return input * 7;
    }
}
```

合約存檔，以 sol 為副檔名，如 Multiply7.sol，放到指令檔案所在的目錄，同時開啟乙太坊私有鏈進行挖礦。編寫部署腳本 AutoDeploy.js 如下：

```
var Web3 = require('web3');
var fs = require('fs');
//web3 初始化
var web3;
if (typeof web3 !== 'undefined') {
    web3 = new Web3(web3.currentProvider);
}
else {
    web3 = new Web3(new
    Web3.providers.HttpProvider("http://localhost:8545"));
}
// 從檔案中讀取 Multiply7 合約
// 注意合約檔案存放位置為目前的目錄
fs.readFile("./Multiply7.sol", function (error, result) {
    // 列印讀取的合約
    console.log(result.toString());
    // 列印合約編譯後的結果
        console.log(" 合約編譯後結果 :" +
web3.eth.compile.solidity(result.toString()));
    // 編譯後取得 abi
    var abiString =
web3.eth.compile.solidity(result.toString()).Multiply7.info.abiDefinition;
    // 編譯後取得位元組碼 code
    var code = web3.eth.compile.solidity(result.toString()).Multiply7.code;
    //new 方法會執行兩次，第一次是獲得交易雜湊，第二次是獲得合約位址
    // 使用 abi 和位元組碼可以部署一個合約到乙太坊上
    web3.eth.contract(abiString).new({
        data: code,
        from: web3.eth.accounts[0],
        gas: 1000000
    }, function (error, myContract) {
        if (!myContract.address) {
            // 獲得交易雜湊
            console.log(myContract.transactionHash);
        } else {
            // 獲得合約位址
            //myContract 即為合約實例，用該實例可以呼叫合約方法
            console.log(myContract.address);
        }
    });
});
```

自動化部署腳本完成後，在終端機中執行 **node AutoDeploy.js** 命令就能執行指令檔，自動把 Multiply7.sol 合約部署到乙太坊上。這種部署方式較為簡單，比 Console 控制台效率更高。

2.3.3　智慧合約測試與執行

程式碼的編寫完成並不代表開發結束，程式碼的測試也是非常重要的環節。智慧合約是一種特殊的電腦程式，也需要進行完善的測試。本節將會在 Truffle 中使用已經集合的 Mocha 測試框架對智慧合約進行測試，測試環境可以為 TestRPC 或者geth。

① Ethereum TestRPC

在第 3 章中將會使用乙太坊用戶端建置私有鏈，所有的合約都可以使用該私有鏈來進行部署，然後呼叫合約方法完成一個 DApp。但是在開發中發現，呼叫合約方法非常慢，這是因為乙太坊私有鏈每執行一筆交易都需要挖礦確認，而挖礦最為耗時。

另一種更快的建立測試網路的方法是使用 TestRPC。TestRPC 是使用 Node.js 開發的乙太坊用戶端，整個區塊鏈的資料都放在記憶體，可以模擬一個 geth 用戶端的行為，包括所有的 RPC API。發送給 TestRPC 的交易會被馬上處理而不需要等待挖礦時間，及時回應，使測試開發工作更加方便。TestRPC 可以在啟動時幫你建立一堆存有資金的測試帳戶，因此更適合開發和測試。在合約開發初始階段，可以使用 TestRPC，隨著合約不斷完善，再部署到正式環境中去。

TestRPC 安裝使用命令列：

```
$ npm install -g ethereumjs-testrpc
```

安裝完成後，在命令列中輸入 **testrpc** 即可啟動：

```
$ testrpc
```

TestRPC 啟動成功後的終端機介面如下所示。

```
➜  ~ testrpc
Secp256k1 bindings are not compiled. Pure JS implementation will be used.
EthereumJS TestRPC v3.0.2
Available Accounts
==================
(0) 0xd3803b205cad97a99cdee2e2b7019ed9b9370a78
(1) 0xf3d1fb9dbcb4695274677dc7c0c7cf4ee71542ef
(2) 0x83fba09f81c9dfefe3993e61d32c06e2c7d04ad1
(3) 0x1c0cef1579863444df1e9ca3539bace0b3a3d3dc
```

```
(4) 0x7675204cdd6630f80a186b86f637be9ffb924a5b
(5) 0x04e4567d54605e1091d41fb60b389115ec8432de
(6) 0x8c9b00c5e7e66d699b393cf56fddd0299528822b
(7) 0x9ec6045ed8af661a43062ec10e2f3fd25a7d91d7
(8) 0xf0f3a34709067e0439109419d4cf427b93979c33
(9) 0x525f78df9cf262660dac2d884f0beb6cac8024d8


Private Keys
==================
(0) ce8df7fafe535009ab88aee71366e9df02680471245f7a0a44d94f05572c0066
(1) 241f43ce8e8ed593a01406bccb647b18d114e973cad3ec0c700cdc82f7f73bde
(2) 9efcaad3786a5ff062e12dc2dbc90d4e154c040bf4395c0ce8a49bd11feb8242
(3) afcc0727c20b46ff8d0c1f97394b130d339dddfca26168e169960e2a3055eac8
(4) 15b4a334533b8a76c0acb37dd2937f0ffa458f9370b617a565756e6a50ab86d7
(5) 483a3248c4539eb69aa52f5e5a54ea9e68651c2e4010f83d0efd2e06661321ff
(6) 19a3ab3cd8127db5b8cd5e070293915e0e7ca6227278f351c897673b8b3a7edd
(7) dc017348df68557f7eae267d0f8b4e23966bf46233a3feef31e87e49da9d7de5
(8) ae125c9f0e7e973b2626102b9fc742304d3d7f52e0fc10120dd3929222c25a7f
(9) c8bddcd6d5f266d9be53f3bf793c552e9a0b1e15fa19e5348f32decf85680ba3
HD Wallet
==================
Mnemonic:       risk chimney oven great pony ancient donor pass tide
win voice aware
Base HD Path:   m/44'/60'/0'/0/{account_index}
Listening on localhost:8545
```

可以看到，TestRPC 預設會建立 10 個帳戶，並顯示帳戶的公私密金鑰，預設埠號同 geth 建立的私有鏈相同，都為 8545。同時 TestRPC 也可以在啟動時指定參數選項，此時的啟動命令如下。

```
$ testrpc <options>
```

Options 參數如下。

（1）-a 或 --accounts：指定在啟動時需要生成的帳戶數量；

（2）-b 或 --blocktime：指定自動挖礦時間，預設是 0，不進行自動挖礦；

（3）-d 或 --deterministic：用既定助記符（協助記憶的符號，通常為縮寫）生成確定帳戶；

（4）-n 或 --secure：預設鎖定帳戶（對於第三方交易簽名較為有用）；

（5）-m 或 --mnemonic：使用指定的錢包助記符來生成初始化位址；

（6）-p 或 --port：監聽埠號，預設為 8545；

（7）-h 或 --hostname：監聽的主機名稱，預設為 Node 的 server.listen()；

（8）-s 或 --seed：使用亂數據來生成錢包助記符；

（9）-g 或 --gasPrice：使用的 gas 價格，預設為 20000000000；

（10）-l 或 --gasLimit：使用的 gas 限制，預設為 0x47E7C4；

（11）-f 或 --fork：從一個指定區塊編號已經運行的乙太坊用戶端 fork，輸入應當是 HTTP 位址，埠號是其他的用戶端，如 http://localhost:8545，也可以使用 @ 符號指定需要 fork 的區塊編號，如 http://localhost:8545@12684；

（12）--debug：輸出虛擬機器測試作業碼。

目前 TestRPC 實現的 RPC 方法實作如下：

```
eth_accounts
eth_blockNumber
eth_call
eth_coinbase
eth_compileSolidity
eth_estimateGas
eth_gasPrice
eth_getBalance
eth_getBlockByNumber
eth_getBlockByHash
eth_getCode (only supports block number "latest")
eth_getCompilers
eth_getFilterChanges
eth_getFilterLogs
eth_getLogs
eth_getStorageAt
//...
```

② Truffle 測試實例分析

目前區塊鏈資料還很難像資料庫一樣將全部資料都視覺化，並且不能直接修改區塊鏈中的資料，所以對合約的測試有一定的難度。

目前測試合約的主要方法還是用呼叫合約函數，根據輸入輸出結果來進行測試。常用的測試方法有：使用線上編譯器 Remix 來視覺化的呼叫方法，非常方便高效；或者通過互動命令列的方式，分別使用 JSON RPC 和 JavaScript API 介面來執行合約方法，根據輸出資料的結果判斷呼叫是否成功。以上方式都可完成對智慧合約的測試與執行。

在 Truffle 框架中，已經集合了自動化測試框架 Mocha，並且斷言（assert）使用的是 Chai。使用這兩個函式庫可以輕鬆編寫合約的自動化測試程式碼。按照正常規範的開發流程，這些測試程式碼應該在編寫合約的同時完成。

建立完一個 Truffle 專案後，在目錄下有一個 test 資料夾，裡面存放的就是對合約的測試程式碼，項目建立完成已經預設有一個測試檔。此目錄下可以建立多個測試檔，副檔名需要為 .js、.es、.es6、.jsx，其他副檔名的檔案在測試過程中會被忽略。下面將介紹如何使用 Truffle 測試框架實現對合約的測試。使用的例子是 Truffle 預設生成的合約 MetaCoin。測試檔命名為 metacoin.js，測試腳本實作如下。

```
// 每次執行 contract() 函數，合約都會在乙太坊用戶端重新部署。所以上一次測試的結果不會遺留
   到下一次
contract('MetaCoin', function (accounts) {
    it(" 初始化 10000MetaCoin 給乙太坊第一個帳戶 ", function () {
        //meta 即為當前部署合約的實例
        var meta = MetaCoin.deployed();

        return meta.getBalance.call(accounts[0]).then(function (balance) {
            // 斷言失敗則會列印 message
            assert.equal(balance.valueOf(), 10000, " 第一個帳戶初始化 10000 失敗 ");
        });
    });
    it(" 發送 MetaCoin", function () {
        var meta = MetaCoin.deployed();
        // 分別以當前乙太坊用戶端中第一個、第二個帳戶來做測試
        var account_one = accounts[0];
        var account_two = accounts[1];

        // 發送帳戶的初始餘額
        var account_one_starting_balance;
        // 接收帳戶的初始餘額
        var account_two_starting_balance;
        // 交易結束後發送帳戶的餘額
        var account_one_ending_balance;
        // 交易結束後接收帳戶的餘額
        var account_two_ending_balance;
        var amount = 1000;
        // 分別取得兩個帳戶的餘額
        return meta.getBalance.call(account_one).then(function (balance) {
            account_one_starting_balance = balance.toNumber();
            return meta.getBalance.call(account_two);
        }).then(function (balance) {
            account_two_starting_balance = balance.toNumber();
            // 呼叫發送 MetaCoin 合約方法
            return meta.sendCoin(account_two, amount, { from:account_one });
```

```
    }).then(function () {
        return meta.getBalance.call(account_one);
    }).then(function (balance) {
        account_one_ending_balance = balance.toNumber();
        return meta.getBalance.call(account_two);
    }).then(function (balance) {
        account_two_ending_balance = balance.toNumber();

        // 以下兩個斷言只要有一個失敗，則表示本次發送 MetaCoin 交易失敗
        assert.equal(account_one_ending_balance, account_one_starting_balance - amount,
            " 發送者發送 MetaCoin 錯誤 ");
        assert.equal(account_two_ending_balance, account_two_starting_balance + amount,
            " 接收者接收 MetaCoin 錯誤 ");
    });
  });
});
```

執行測試腳本同樣需要開啟乙太坊私有鏈，推薦使用 TestRPC，在終端機可以使用以下命令來執行自動化部署腳本。

```
// 執行 test 資料夾下所有測試腳本
$ truffle test
// 執行某一個測試腳本
$ truffle test metacoin.js
```

上述程式碼中有兩個 it() 程式碼塊，分別表示兩個測試範例。執行過程首先是編譯部署合約，然後執行每一個 it() 程式碼塊，同時會顯示每個程式碼塊執行時間和整個測試過程的執行時間，最終顯示測試通過，顯示如下：

```
➜  myTruffle git:(master) ✗ truffle test
  Contract: MetaCoin
   ✓ 初始化 10000MetaCoin 給乙太坊第一個帳戶 (38ms)
   ✓ 發送 MetaCoin (120ms)
  2 passing (339ms)
```

接下來，我們改變第二個測試範例中發送的 MetaCoin 值，將其設定為 1000000（超過帳戶所擁有的 MetaCoin 額度），進行第二次測試。發現第二個測試範例沒有通過，會得到 AssertionError 訊息如下：

```
➜  myTruffle git:(master) ✗ truffle test
  Contract: MetaCoin
     ✓ 初始化 10000MetaCoin 給乙太坊第一個帳戶
     1) 發送 MetaCoin
     Events emitted during test:
     ---------------------------
```

```
    Transfer(from: 0xd3803b205cad97a99cdee2e2b7019ed9b9370a78, message: MetaCoin 不足，
        發送失敗 )
    ---------------------------
    1 passing (295ms)
    1 failing
    1) Contract: MetaCoin 發送 MetaCoin:
    AssertionError: 發送者發送 MetaCoin 錯誤 : expected 10000 to equal -990000
    at test/metacoin.js:43:20
    at process._tickDomainCallback
    (internal/process/next_tick.js:129:7)
```

由於要發送 1000000 MetaCoin，在斷言中第一個帳戶的結果餘額不等於初始餘額減去發送的 MetaCoin 值，所以斷言失敗。從錯誤顯示中看到，接收到合約發出的 event 事件，可以方便地查看到更多的測試資訊。所以在一些重要的方法中使用 event 事件將有助於後續的測試。

Truffle 官方建議自動化測試在 EthereumJS TestRPC 用戶端下進行，因為這樣比使用乙太坊私鏈更快。而且，Truffle 還可以充分利用 TestRPC 中的一些特性在運行時提升速度。所以，Truffle 建議在開發和測試過程中使用 TestRPC，然後再運行測試到 geth 或其他官方乙太坊用戶端。

2.3.4　智慧合約實例分析

下面我們挑選一個合約實例來進行詳細的分析，這個合約較為複雜，但展示了許多 Solidity 的特性。這個例子是關於銀行積分的合約，銀行可以發行積分給客戶，客戶之間可以轉讓積分，客戶可以使用積分到積分商城兌換商品，並能提供基本的查詢功能。關於積分合約的詳細實作以及與介面的互動，可以參考本書 8.1 節的乙太坊通用積分系統案例分析。

首先把以下合約部署到瀏覽器編譯器或乙太坊私有鏈上，然後進行呼叫測試。

```solidity
contract Score{
    address owner; // 合約的擁有者即銀行
    uint issuedScoreAmount; // 銀行已經發行的積分總數
    uint settledScoreAmount; // 銀行已經清算的積分總數
    struct Customer {
        address customerAddr; // 客戶 address
        bytes32 password; // 客戶密碼
        uint scoreAmount; // 積分餘額
        bytes32[] buyGoods; // 購買的商品陣列
    }
```

```
struct Good {
    bytes32 goodId; // 商品 Id;
    uint price; // 價格；
    address belong; // 商品屬於哪個商家 address；
}
mapping (address=>Customer) customer; // 根據客戶 address 查詢
mapping (bytes32=>Good) good; // 根據商品 Id 查詢該件商品
address[] customers; // 已註冊的客戶陣列
bytes32[] goods; // 已經上線的商品陣列
// 增加許可權控制，某些方法只能由合約的建立者呼叫
modifier onlyOwner(){
    if(msg.sender != owner) throw;
    _;
}
// 建構函數
function Score() {
    owner = msg.sender;
}
// 回傳合約呼叫者位址
function getOwner() constant returns(address) {
return owner;
}
//string 類型轉化為 bytes32 類型
function stringToBytes32(string memory source)constant internal returns (bytes32 result) {
assembly {
    result := mload(add(source, 32))
    }
}
// 註冊一個客戶
event NewCustomer(address sender, bool isSuccess, string message);
function newCustomer(address _customerAddr,
    string _password) {
    // 判斷是否已經註冊
    if(!isCustomerAlreadyRegister(_customerAddr)) {
        // 還未註冊
        customer[_customerAddr].customerAddr = _customerAddr;
        customer[_customerAddr].password = stringToBytes32(_password);
        customers.push(_customerAddr);
        NewCustomer(msg.sender, true, " 註冊成功 ");
        return;
    }else {
        NewCustomer(msg.sender, false, " 該帳戶已經註冊 ");
        return;
    }
}
// 判斷一個客戶是否已經註冊
function isCustomerAlreadyRegister(address _customerAddr)internal
returns(bool) {
```

```
for(uint i = 0; i < customers.length; i++) {
  if(customers[i] == _customerAddr) {
    return true;
  }
}
return false;
}
// 銀行發送積分給客戶，只能被銀行呼叫，且只能發送給客戶
event SendScoreToCustomer(address sender, string message);
function sendScoreToCustomer(address _receiver,
    uint _amount)onlyOwner {
    if(isCustomerAlreadyRegister(_receiver)) {
        // 已經註冊
        issuedScoreAmount += _amount;
        customer[_receiver].scoreAmount += _amount;
        SendScoreToCustomer(msg.sender, " 發行積分成功 ");
        return;
    }else {
        // 還沒註冊
        SendScoreToCustomer(msg.sender, " 該帳戶未註冊，發行積分失敗 ");
        return;
    }
}
// 根據客戶 address 查詢餘額
function getScoreWithCustomerAddr(address customerAddr)constant
returns(uint) {
    return customer[customerAddr].scoreAmount;
}
// 兩個帳戶轉移積分，任意兩個帳戶之間都可以轉移
event TransferScoreToAnother(address sender, string message);
function transferScoreToAnother(uint _senderType,
    address _sender,
    address _receiver,
    uint _amount) {
    string memory message;
    if(!isCustomerAlreadyRegister(_receiver)) {
        // 目的帳戶不存在
        TransferScoreToAnother(msg.sender, " 目的帳戶不存在，請確認後再轉移 !");
        return;
    }
    if(_senderType == 0) {
        // 客戶轉移
        if(customer[_sender].scoreAmount >= _amount) {
            customer[_sender].scoreAmount -= _amount;
            if(isCustomerAlreadyRegister(_receiver)) {
                customer[_receiver].scoreAmount += _amount;
            }
            TransferScoreToAnother(msg.sender, " 積分轉讓成功 !");
```

```
                return;
            }else {
                TransferScoreToAnother(msg.sender, " 你的積分餘額不足，轉讓失敗 !");
                return;
            }
        }
    }
    // 銀行查詢已經發行的積分總數
    function getIssuedScoreAmount()constant returns(uint) {
        return issuedScoreAmount;
    }
    // 銀行查詢已經清算的積分總數
    function getSettledScoreAmount()constant returns(uint) {
        return settledScoreAmount;
    }
    // 用戶用積分購買一件商品
    event BuyGood(address sender, bool isSuccess, string message);
    function buyGood(address _customerAddr, string _goodId) {
        // 首先判斷輸入的商品 Id 是否存在
        bytes32 tempId = stringToBytes32(_goodId);
            // 該件商品已經添加，可以購買
        if(customer[_customerAddr].scoreAmount < good[tempId].price) {
            BuyGood(msg.sender, false, " 餘額不足，購買商品失敗 ");
            return;
        }else {
            customer[_customerAddr].scoreAmount -= good[tempId].price;
            // 對應的商家增加相應的餘額
            customer[_customerAddr].buyGoods.push(tempId);
            BuyGood(msg.sender, true, " 購買商品成功 ");
            return;
        }
    }
}
```

2.4 乙太坊重大事件與現存問題

隨著乙太坊的逐漸流行，各國政府和央行開始研究發行自己的 "數位貨幣"，託管在乙太坊上的專案越來越多，這期間，乙太坊發生過幾個重大事件。本節將對這些重要事件進行剖析，進而加深讀者對乙太坊的理解。

2.4.1 The DAO 攻擊事件

The DAO 是乙太坊最大的眾籌項目，為一個去中心化自治組織，其目的是為組織規則及決策機構編寫程式碼，進而消除文件的需要，減少管理人員，進而建立出一個去中心化的管理架構。

The DAO 專案於 2016 年 4 月 30 日開始，眾籌專案開放了 28 天。截止到專案結束，籌得 1.5 億美元，共超過 11 000 位成員參與，成為歷史上最大的眾籌專案。

The DAO 創始人之一 Stephan Tual 於 6 月 12 日宣佈，發現了軟體中存在有遞迴呼叫漏洞問題，但這對 DAO 資金來說不會有影響，所以這個問題很快被壓了下來，因為 DAO 正處於測試階段。

在程式師修復這一漏洞及其他問題期間，一個不知名駭客開始利用這一途徑收集 The DAO 貨幣銷售中所得的乙太幣。6 月 18 日，駭客利用 The DAO 智慧合約中一個 splitDAO 函數的漏洞，不斷從 The DAO 專案資產池中分離 DAO 資產給自己。駭客成功挖到超過 360 萬個乙太幣，當時乙太幣價格從 20 多美元直接跌破 13 美元。許多人都在嘗試從 The DAO 脫離出來，以防止乙太幣被盜，但是他們無法在短期內獲得所需票數。

The DAO 持有近 15% 的乙太幣總數，因此這次攻擊對乙太坊產生了重大的負面影響。對於 The DAO 受到攻擊的解決方法，有兩種建議。

① 軟分叉提議

乙太坊基金會的 Vitalik Buterin 在乙太坊官方部落格發佈題為 "緊急狀態更新：關於 DAO 的漏洞" 的文章，解釋了被攻擊的細節及解決方案提議。提議方案為進行一次軟分叉，不會有回溯，不會有任何交易或者區塊被撤銷。軟分叉將從區塊高度 1 760 000 開始，把任何與 The DAO 和 child DAO 相關的交易認作無效交易，以此阻止攻擊者在 27 天之後提走被盜的乙太幣。此後會有一次硬分叉將乙太幣找回。

上述文章公佈後，攻擊暫時停止。但是隨後在 6 月 19 日，自稱攻擊者的人通過網路匿名訪談宣佈，會以智慧合約的形式獎勵不支援軟分叉的礦工 100 萬乙太幣和 100 比特幣，來對抗乙太坊基金會提議的軟分叉。隨後攻擊再次開始，但是只有少量 DAO 被分離。

6 月 22 日，白帽駭客開始羅賓漢行動，將 The DAO 資產轉移到安全的子 DAO 中。隨後黑帽駭客（攻擊者）開始攻擊白帽駭客所建立的為安全轉移 The DAO 資產的智慧合約。

② 硬分叉提議

該提議是 Stephan Tual 提出的，要求礦工徹底解除盜竊並且歸還 The DAO 所有乙太幣，這樣就能自動歸還給貨幣持有人，進而結束 The DAO 項目。Stephan Tual 對軟分叉是反對的，他指出，如果 27 天都用軟分叉，那麼攻擊者就不能索回他放到子 DAO 中的資金了。應該使用硬分叉追回所有乙太幣，包括 DAO 的 "額外餘額" 及被盜資金，歸還到智慧合約上。這個智慧合約將包含一個簡單函數：withdraw()。這樣每個人都可能參與到 DAO，以提取他們的資金。

2.4.2 乙太坊現存問題

乙太坊是目前在區塊鏈上較為成功的開源項目，還處於快速發展和探索之中。隨著在乙太坊上建立的專案越來越多，許多問題也逐漸暴露出來，如共識效率過低、隱私可能遭到洩露，以及大規模的資料儲存問題。這些問題將是往後建立大型 DApp 不得不面對的難題。

① 共識效率低下

目前乙太坊正處於第二個階段 Homestead，乙太坊的前三個階段 Frontier、Homestead、Metropolis 都採用 PoW 工作量證明的共識演算法，在第四階段 Serenity 將會使用 PoS 的共識演算法。

PoW 是一種非常有效的共識機制，比特幣網路使用的也是 PoW 的共識機制。但是在建構大型商業去中心化應用中，這種共識機制在效率方面的弊端非常明顯。

PoW 共識機制獲得貨幣量的多少取決於挖礦工作的成效，使用者所使用的電腦效能越好，挖礦獲得的貨幣就越多，根據工作量分配貨幣。如此產生的問題：一是目前比特幣已經吸引了全球大部分的運算力，使用 PoW 共識機制的區塊鏈應用很難獲得相同的運算力來保障自身的安全，可能存在一定的風險；二是挖礦造成大量的資源浪費，尤其是電力資源的浪費，使維護這種共識機制的成本過高；三是共識達成的週期較長，平均要 14 秒打包一個區塊，這個時間對於商業化項目來說延遲過長，不能真正符合商業應用的要求。

同時，PoW 還受到一個小機率事件的影響，那就是區塊鏈分叉。當網路上有 2 個或以上節點同時競爭到記帳權力時，在網路中就會產生 2 個或以上的區塊鏈分支，此時到底哪個分支記錄的資料是有效的，則要再等下一個記帳週期，最終由最長的區塊鏈分支來決定，因此交易資料有較大延遲。這種情況也可能導致在較短鏈上的資料遺失。

② 隱私保護缺乏

對於乙太坊公有鏈來說，雖然有一定的匿名性，但是區塊上的交易帳本是完全公開的，每個節點上都有一份完整的帳本。並且由於區塊鏈計算餘額、驗證交易有效性等都需要追溯每一筆帳，因此交易資料都是公開透明的。如果知道某個人的帳戶，就能知道他的交易記錄和餘額，沒有隱私可言。所以如果金融類應用直接使用乙太坊公有鏈，顯然是缺乏隱私性的。同時在聯盟鏈中，多個企業應該相互信任並共用資料，但是萬一發生資料洩露，則很難追蹤是從哪一個企業洩露的。

目前對於隱私保護已經有多種解決方式：混幣、同態加密、零知識證明等。

(1) **混幣**。在多人參與的大量交易中，分隔輸入輸出位址之間的關係，使其不能找到一一對應的交易，相當於做一個混淆。多次使用混幣，能有效提高隱私保護的力度。

(2) **同態加密**。常用在公有鏈和聯盟鏈中，是一種無需對加密資料進行提前解密就可以執行計算的方法。能夠讓公有鏈具有類似私有鏈的隱私效果，其本身不會對區塊鏈進行任何重大的修改。

(3) **零知識證明**。零知識證明是可以在無需洩露資料本身的情況下，證明某些資料運算的一種密碼學技術。在雙方的交易記錄中，證明某些資料是真實的，而無需洩露其他額外的資訊，減少了資料暴露的風險。

③ 大規模儲存困難

無論是全球比特幣網路還是乙太坊，隨著交易量的增大，大規模的資料儲存問題也慢慢出現。由於每個節點都有一份完整帳本，區塊鏈系統的資料儲存存在非常多的累贅，並且有時要追溯每一筆交易，因此，隨著時間推進，當交易資料超大時，就會有效能問題。如第一次使用需要下載歷史上所有交易記錄才能正常作業，那麼首次交易的執行時間會較長。每次交易時，為了驗證你確實擁有足夠的錢而需要追溯每一筆歷史交易來計算餘額，當整條鏈過長時，這個問題是很明顯的。

同時，由於目前去中心化應用的運行依靠的是智慧合約，當一個應用中所包含的資料過多時，智慧合約的升級與應用的資料移轉也會遇到問題。如何保證大規模資料移轉的可靠性也是業界研究的重點。

④ 資訊難以監管

與比特幣平台類似，乙太坊作為一種公有鏈，任何用戶都以一串無意義的數位作為唯一標示而參與交易，乙太坊區塊中記錄的交易資訊是匿名化的，資金的流向非常難以監管，導致許多非法交易都通過比特幣、乙太幣等 "數位貨幣" 進行支付，這些流通的 "數位貨幣" 可能成為洗錢和非法融資的工具。這一問題大幅限制了乙太坊區塊鏈平台商業化應用的發展，特別是涉及政府部門、金融機構、大型企業等的核心業務時，目前的乙太坊平台基本無法滿足需求。只有加入了許可權控制的企業級聯盟區塊鏈平台（例如 Hyperchain），才能進一步解決資訊難以監管的難題。

2.5 本章小結

本章對乙太坊的發展歷史、基本概念、用戶端、帳戶管理及乙太坊網路等的基礎知識進行了介紹，並對乙太坊共識機制、虛擬機器、資料儲存和加密演算法等乙太坊關鍵模組的核心原理進行了剖析，詳細介紹了乙太坊智慧合約的編寫、部署、測試與執行，最後對乙太坊發展過程中的重大事件和目前存在的主要問題進行了分析探討。

乙太坊應用開發基礎

　　本章將介紹如何從零開始開發一個乙太坊 DApp（去中心化應用）。首先，講解如何設定乙太坊環境、建置乙太坊私有鏈，私有鏈可擔任 DApp 的執行環境。然後，介紹整合式開發環境 Mix 和瀏覽器即時編譯器（Real-time Compiler），DApp 的大部分開發工作（如智慧合約的編寫）都可以在這些 IDE 中完成。之後，提供乙太坊智慧合約與前端互動的兩種重要介面：JSON RPC 和 JavaScript API，利用這些介面可以呼叫乙太坊中的智慧合約。接著，介紹當前比較成熟的快速開發 DApp 的框架（Meteor 和 Truffle），並且提出一套分層可擴展的專案開發流程。最後，實作一個乙太坊應用 MetaCoin，方便讀者完整地學習使用框架開發 DApp，完成智慧合約的編寫、部署、呼叫及與前端頁面的測試互動。

3.1 乙太坊開發環境建置

本節講述的乙太坊環境設定和私有鏈建置，都是在 Mac 下進行的，不同作業系統的設定大同小異，建議在 Mac 或 Ubuntu 下建構乙太坊私有鏈。

3.1.1 設定乙太坊環境

① 安裝 Go 環境

因為乙太坊是用 Go 語言進行開發的，所以要在本機上安裝乙太坊，首先需要安裝 Go 的環境。

至 https://golang.org/dl/ 下載對應的 Go 語言安裝包。如果是 Mac，則下載 go1.7.4. darwin-arm64.pkg，按兩下安裝即可。預設安裝在 /usr/local/go 目錄下，並自動設定了環境變數。

同時還需要設定一個 GOPATH 環境變數，作為 Go 的工作目錄。進入終端機，編輯 .bash_profile：

```
vi ~/.bash_profile
```

加入以下環境變數：

```
#go
export GOPATH=/usr/local/go
export GOBIN=$GOPATH/bin
export PATH=$PATH:$GOBIN
```

若要設定檔立即生效，在終端機執行以下命令：

```
source ~/.bash_profile
```

在終端機執行以下命令，可查看是否安裝成功：

```
go version
```

若出現如下的命令列，則表示 Go 語言程式設計環境安裝成功：

```
➜  go version
go version go1.7.3 darwin/amd64
```

② 安裝 Node.js、npm

npm 是 Node.js 下的一個套件管理工具，可以方便安裝一些 JavaScript 的軟體和套件。基於乙太坊的許多開發工具也都是基於 JavaScript 來開發的，可以使用 npm 進行安裝。進入 https://nodejs.org/en/，網站會根據作業系統要求下載不同的 Node.js 版本，下載後安裝即可。預設會同時安裝 Node.js 和 npm。終端機執行以下命令，可查看是否安裝成功：

```
go version
```

若出現如下的命令列則表示安裝成功：

```
➜  npm -v
3.10.9
➜  node -v
v6.9.1
```

③ 安裝乙太坊 Ethereum

進入終端機，執行以下命令：

```
brew update
brew upgrade
brew tap ethereum/ethereum
brew install ethereum
```

執行以下命令可查看乙太坊是否安裝成功：

```
geth version
```

若出現如下的命令列則表示安裝成功：

```
➜  geth version
Geth
Version: 1.5.2-stable
Git Commit: c8695209f609375ceb06e8f4151dc9093f38cac5
Protocol Versions: [63 62]
Network Id: 1
Go Version: go1.7.3
OS: darwin
GOPATH=
GOROOT=/usr/local/Cellar/go/1.7.3/libexec
```

④ 安裝 solc 編譯器

solc 是智慧合約 Solidity 的編譯器，在終端機執行以下命令安裝 solc：

```
npm install solc
```

執行以下命令可查看 solc 是否安裝成功：

```
solc --version
```

若出現如下的命令列則表示 solc 安裝成功：

```
→  solc --version
solc, the solidity compiler commandline interface
Version: 0.4.4+commit.4633f3de.Darwin.appleclang
```

3.1.2　建立乙太坊私有鏈

① 建立帳戶（公開金鑰）

在終端機輸入以下命令 3 次，可以建立 3 個乙太坊帳戶，在建立時需要輸入該帳戶的密碼：

```
geth account new
```

成功建立帳戶的命令列如下所示：

```
→  geth account new
Your new account is locked with a password. Please give a password. Do not forget this
password.
Passphrase:
Repeat passphrase:
Address: {b1ad0442705ff62e3f3fa53cdea69a4d500de3fd}
```

所有的帳戶都可以在 Ethereum 安裝目錄的 keystore 下看到。

② 編寫創始塊檔

在根目錄（~/）下建立 test-genesis.json。你可以設定 alloc 中帳戶位址的 balance，
為剛剛申請的帳戶分配足夠的乙太幣。

```
{
    "nonce": "0x0000000000000042",
    "difficulty": "0x1",
    "alloc": {
        "b6354aaa21390856f039ac23c73baea558796e05": {
            "balance": "200000098000000000000000000000000"
        },
        "81063419f13cab5ac090cd8329d8fff9feead4a0": {
            "balance": "200000098000000000000000000000000"
        },
        "9da26fc2e1d6ad9fdd46138906b0104ae68a65d8": {
            "balance": "200000098000000000000000000000000"
        },
        "bd2d69e3e68e1ab3944a865b3e566ca5c48740da": {
            "balance": "200000098000000000000000000000000"
        },
        "ca9f427df31a1f5862968fad1fe98c0a9ee068c4": {
            "balance": "200000098000000000000000000000000"
        }
    },
    "mixhash": "0x0000000000000000000000000000000000000000000000000000000000000000",
    "coinbase": "0x0000000000000000000000000000000000000000",
    "timestamp": "0x00",
    "parentHash": "0x0000000000000000000000000000000000000000000000000000000000000000",
    "extraData": "0x11bbe8db4e347b4e8c937c1c8370e4b5ed33adb3db69cbdb7a38e1e50b1b82fa",
    "gasLimit": "0xb2d05e00"
}
```

③ 初始化創始塊

Ethereum 預設安裝在 "~/Library/Ethereum" 目錄下，使用以下命令來初始化剛剛建立的創始區塊檔。

```
geth --datadir "~/Library/Ethereum" init ~/test-genesis.json
```

初始化成功的命令列結果如下所示：

```
➜  geth --datadir "~/Library/Ethereum" init ~/test-genesis.json
I0608 23:46:04.811565 ethdb/database.go:83] Allotted 128MB cache and 1024 file handles to
/Users/chenyufeng/Library/Ethereum/geth/chaindata
I0608 23:46:04.823181 ethdb/database.go:176] closed
db:/Users/chenyufeng/Library/Ethereum/geth/chaindata
I0608 23:46:04.823250 ethdb/database.go:83] Allotted 128MB cache and 1024 file handles to
/Users/chenyufeng/Library/Ethereum/geth/chaindata
I0608 23:46:04.868505 core/genesis.go:92] Genesis block already in chain. Writing canonical
number
```

```
I0608 23:46:04.868600 cmd/geth/main.go:256] successfully wrote genesis block
and/or chain rule set:
eec1acd42c7f56b3919c3e853a605c611230414cca1bfc564ee91de4fdaffaab
```

④ 設定自動解鎖帳戶的腳本

進入 Ethereum 安裝目錄 "~/Library/Ethereum",建立 password 檔,並在該檔案中
輸入在 test-genesis.json 中每個帳戶對應的密碼,每個密碼一行,只需要輸入密碼
即可。如下所示:

```
123456
123456
123456
```

⑤ 編寫乙太坊啟動腳本

建立啟動指令檔 private_blockchain.sh,並在檔案中設定如下內容:

```
geth --rpc --rpcaddr="0.0.0.0" --rpccorsdomain="*" --unlock '0,1,2' --password ~/Library/
Ethereum/password   --nodiscover --maxpeers
'5' --networkid '1234574' --datadir '~/Library/Ethereum'  console
```

以後每次啟動 geth 節點時,只需要在終端機執行以下命令即可:

```
sh private_blockchain.sh
```

成功啟動乙太坊私有鏈的結果如下述命令列所示:

```
→  sh private_blockchain.sh
I0608 23:47:43.436154 ethdb/database.go:83] Allotted 128MB cache and 1024 file handles to
/Users/chenyufeng/Library/Ethereum/geth/chaindata
I0608 23:47:43.446379 ethdb/database.go:176] closed
db:/Users/chenyufeng/Library/Ethereum/geth/chaindata
I0608 23:47:43.447077 node/node.go:175] instance:
Geth/v1.5.2-stable-c8695209/darwin/go1.7.3
I0608 23:47:43.447439 ethdb/database.go:83] Allotted 128MB cache and 1024 file handles to
/Users/chenyufeng/Library/Ethereum/geth/chaindata
I0608 23:47:43.493469 eth/backend.go:193] Protocol Versions: [63 62], Network Id: 1234574
I0608 23:47:43.496303 core/blockchain.go:214] Last header: #10924 [5f198d91…]
TD=18451334389
I0608 23:47:43.496324 core/blockchain.go:215] Last block: #10924 [5f198d91…]
TD=18451334389
I0608 23:47:43.496330 core/blockchain.go:216] Fast block: #10924 [5f198d91…]
TD=18451334389
```

```
I0608 23:47:43.499846 p2p/server.go:336] Starting Server
I0608 23:47:43.500257 p2p/server.go:604] Listening on [::]:30303
I0608 23:47:43.502038 node/node.go:340] IPC endpoint opened:
/Users/chenyufeng/Library/Ethereum/geth.ipc
I0608 23:47:43.502395 node/node.go:410] HTTP endpoint opened:
http://0.0.0.0:8545
I0608 23:47:44.404571 cmd/geth/accountcmd.go:200] Unlocked account
90c2323cdeff75fd82e65ac496fc45eafadf4563
Welcome to the Geth JavaScript console!

instance: Geth/v1.5.2-stable-c8695209/darwin/go1.7.3
coinbase: 0x90c2323cdeff75fd82e65ac496fc45eafadf4563
at block: 10924 (Fri, 19 May 2017 23:48:15 CST)
  datadir: /Users/chenyufeng/Library/Ethereum
  modules: admin:1.0 debug:1.0 eth:1.0 miner:1.0 net:1.0 personal:1.0 rpc:1.0

txpool:1.0 web3:1.0
```

⑥ 啟動挖礦

乙太坊上執行每一筆交易都需要礦工挖礦後才能被確認。在私有鏈上同樣可以執行挖礦作業，在啟動私有鏈後執行以下命令開始挖礦。

```
miner.start()
```

執行以下命令停止挖礦：

```
miner.stop()
```

挖礦示意如下述命令列所示：

```
> miner.start()
I0608 23:49:41.789728 eth/backend.go:479] Automatic pregeneration of ethash DAG ON (ethash
dir: /Users/chenyufeng/.ethash)
I0608 23:49:41.789732 miner/miner.go:136] Starting mining operation (CPU=4 TOT=5)
true
> I0608 23:49:41.789794 eth/backend.go:486] checking DAG (ethash dir:
/Users/chenyufeng/.ethash)
I0608 23:49:41.790108 miner/worker.go:542] commit new work on block 10925 with 0 txs & 0
uncles. Took 336.858µs
I0608 23:49:41.790164
vendor/github.com/ethereum/ethash/ethash.go:259] Generating DAG for epoch 0 (size
1073739904)
(0000000000000000000000000000000000000000000000000000000000000000)
I0608 23:49:42.630374
vendor/github.com/ethereum/ethash/ethash.go:276] Done generating DAG for epoch 0, it took
840.206482ms
```

```
I0608 23:50:34.233461 miner/worker.go:344] Mined block (#10925 / 139b574d).
Wait 5 blocks for confirmation
I0608 23:50:34.233701 miner/worker.go:542] commit new work on block 10926 with 0 txs & 0
uncles. Took 198.171µs
I0608 23:50:34.368638 miner/worker.go:542] commit new work on block 10926 with 0 txs & 0
uncles. Took 1.283619ms
I0608 23:50:45.947720 miner/worker.go:344] Mined block (#10926 / 03662410).
Wait 5 blocks for confirmation
I0608 23:50:45.947933 miner/worker.go:542] commit new work on block 10927 with 0 txs & 0
uncles. Took 171.658µs
I0608 23:50:46.024143 miner/worker.go:542] commit new work on block 10927 with 0 txs & 0
uncles. Took 204.575µs
```

3.2 乙太坊整合式開發環境

一般軟體專案的開發,都仰賴整合式開發環境(IDE),乙太坊去中心化應用的開發也有專用的開發環境:Mix 和瀏覽器即時編譯器。目前在實際的項目開發中,使用最為廣泛的還是瀏覽器即時編譯器,因為其編譯快速,錯誤訊息友善,而且測試方便。

3.2.1 Mix IDE

Mix 是乙太坊官方的 DApp 整合式開發環境,用以在乙太坊平台上快速開發應用。可以用於合約的編寫、測試和部署到區塊鏈,同時進行使用者介面的開發。

webthree-umbrella 是乙太坊官方的專案,開發語言為 C++,裡面主要包括 3 個用戶端:AlethZero、Mix 和 Eth,可以運行在 Windows、Linux 和 macOS 作業系統上。webthree-umbrella 其實是 cpp-ethereum 專案的一個 shell,是乙太坊基金會的前 CTO Gavin Wood 主持編寫的。

進入 https://github.com/ethereum/webthree-umbrella/releases 可以下載不同作業系統的 Mix 版本,安裝使用方法非常簡單。下載目錄如圖 3.1 所示。

Downloads

🗍 cpp-ethereum-osx-elcapitan-v1.2.9.dmg	78 MB
🗍 cpp-ethereum-osx-elcapitan-v1.2.9.zip	11.6 MB
🗍 cpp-ethereum-osx-yosemite-v1.2.9.dmg	81 MB
🗍 cpp-ethereum-osx-yosemite-v1.2.9.zip	12.6 MB
🗍 cpp-ethereum-windows-v1.2.9.zip	32.1 MB
🗎 Source code (zip)	
🗎 Source code (tar.gz)	

圖 3.1　下載 Mix

① 建立應用

打開 Mix，整體作業介面如圖 3.2 所示。

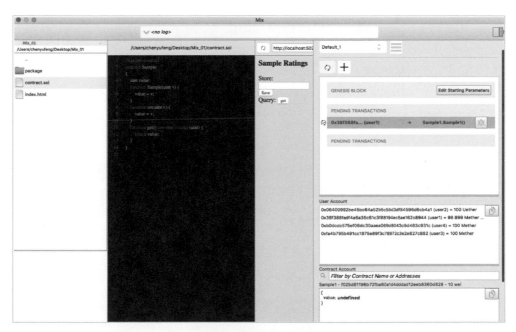

圖 3.2　Mix 主介面

Mix 已經預設建立了一個非常簡單的智慧合約 Sample：

```
//Sample 合約
contract Sample
{
    uint value;
    function Sample(uint v) {
        value = v;
    }
    function set(uint v) {
        value = v;
    }
    function get() constant returns (uint) {
        return value;
    }
}
```

Sample 合約使用 `set(uint v)` 方法為合約中的狀態變數 `value` 設定值，使用 `get()` 方法取出 `value` 的值。建構方法 `Sample(uint v)` 會在合約初始化時被呼叫。

② 部署應用

按功能列中的 Deploy → Deploy to Network，設定部署相關資訊。首先需要在終端機中啟動乙太坊私鏈，並開啟挖礦。如圖 3.3 所示，在 Deploy Scenario 中，Deployment account 是呼叫部署合約方法的帳戶，當前乙太坊私鏈中的帳戶都可以進行選擇；在 Gas price 中可以選擇預設的 gas 值；Deployment cost 是預計要花費的乙太幣的值；Deployed Contracts 是部署合約完成後，合約在乙太坊中的合約位址；Verifications 是確認，合約在部署過程中需要被區塊確認，經過多個區塊挖礦後，合約才能部署成功。

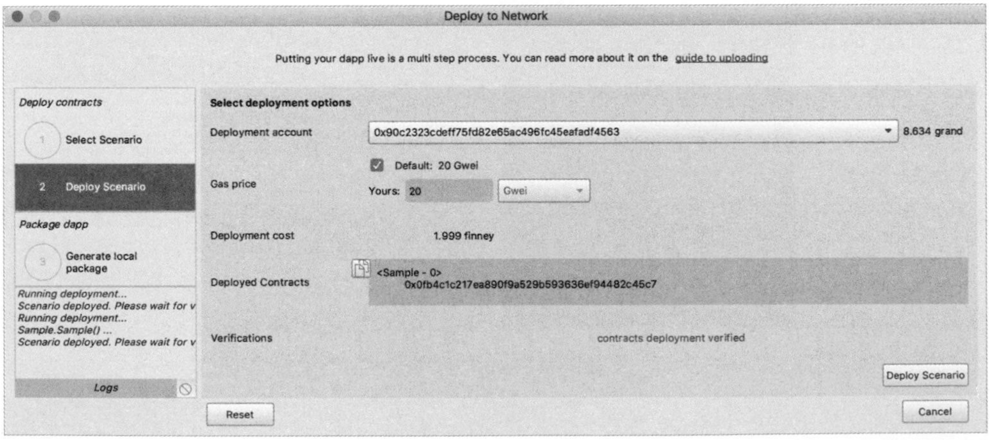

圖 3.3　Mix 中部署應用

③ 呼叫合約

你可以從主介面右側視圖編輯呼叫合約的參數，也可以在合約建立後在建構函數中賦值 value，如圖 3.4 所示。

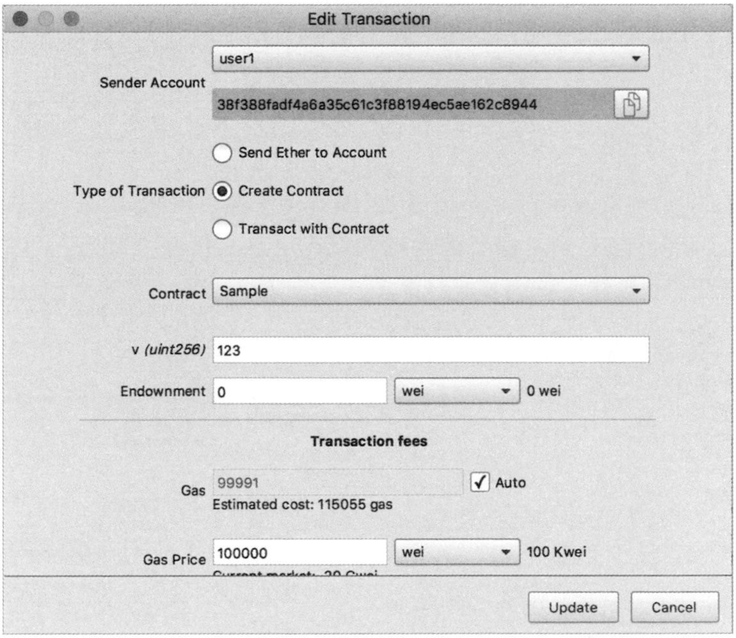

圖 3.4　Mix 中呼叫合約

也可以在應用提供的前端介面中作業合約方法，設定 set 或獲得 get 合約中的狀態變數 value，如圖 3.5 所示。

圖 3.5　Mix 中視覺化呼叫合約

據乙太坊最新訊息，目前 Mix 專案已經不再更新維護，最新的 cpp-ethereum-v1.3.0 中也沒有了 Mix。後續乙太坊會轉向 Remix 專案，目前 Remix 仍舊在開發中。

3.2.2 Solidity 線上即時編譯器 IDE

在開發 DApp 中使用最為廣泛也最為便捷的 IDE 是乙太坊的線上編譯環境：Solidity real-time compiler and runtime [1]。此線上編譯器可以非常方便地測試智慧合約中的狀態和方法，獲得合約的位元組碼檔案和 ABI（Application Binary Interface，應用二進位介面）檔案。

① 編譯智慧合約

這裡使用 3.2.1 節中的 Sample 合約在線上編譯器中進行編譯測試。主介面如圖 3.6 所示，線上編譯器的左側是程式碼編輯區域，可以直接在裡面進行智慧合約的編寫，右側是進行參數輸入輸出和測試區域。

圖 3.6　線上即時編譯器編譯合約

如果合約中有語法錯誤，線上編譯器可以即時標示在行首，如圖 3.7 所示，這項錯誤是運算式缺少右值。

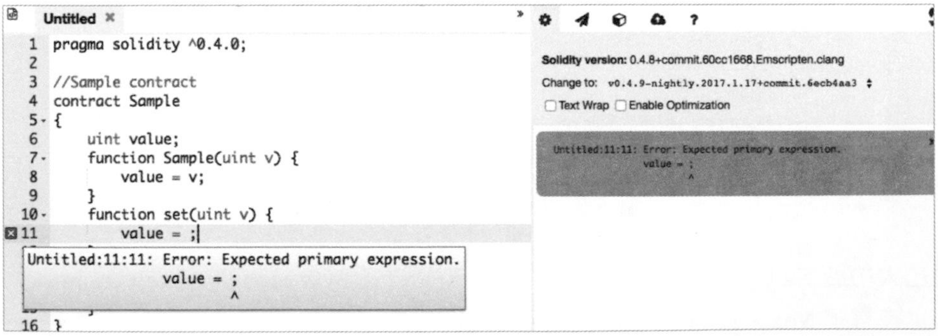

圖 3.7　線上編譯器顯示錯誤

② 獲得位元組碼和 ABI 檔

線上編譯器自動編譯智慧合約後，會在右側生成一些重要的結果資料。

bytecode 是合約的位元組碼檔，也就是能真正被 EVM 運行的檔案，Sample 合約的位元組碼如下：

```
606060405234610000576040516020806101008339810160405280805190602001909190505050505b8060008190
55505b505b60c28061003e6000396000f3006060604052600035 7c010000000000000000000000000000000000000
000000000000000000000000900463ffffffff16806360fe47b11460465780636d4ce63c146060575b600056
5b34600057605e600480803590602001909190505050 6080565b005b34600057606a608b565b60405180828152
6020019150506040518091039 0f35b8060008190555 05b5056 5b600060005490505b905600a165627a7a7230
5820e737306ae0d72d653875a62f87529e66cee8e9a30671378e3182f89a27a381ac0029
```

Interface 中的字串是合約的應用二進位介面，也就是提供給外界存取的介面。合約中的每一個方法（除 internal 修飾的方法外）都會在 ABI 中被描述：constant 欄位表示該方法是否是一個用 constant 修飾的方法，constant 方法不會改變合約狀態；inputs 表示方法的輸入參數和類型；name 是方法名；outputs 表示方法的輸出參數和類型，也即回傳值；type 是該介面的類型；function 表示普通的方法；constructor 是建構方法。Sample 的 ABI 如下所示：

```
[{"constant":false,"inputs":[{"name":"v","type":"uint256"}],"name":"set","outputs":[],"p
ayable":false,"type":"function"},{"constant":true,"inputs":[],"name":"get","outputs":[{"
name":"","type":"uint256"}],"payable":false,"type":"function"},{"inputs":[{"name":"v","t
ype":"uint256"}],"payable":false,"type":"constructor"}]
```

Web3 deploy 中是 JavaScript 程式碼，使用 web3.js 介面來建立一個合約實例。傳入參數包括上面生成的位元組碼和 ABI 檔案。回傳參數包括合約實例、合約位址、交易雜湊等。可以使用該合約實例來呼叫合約中的方法，實現與合約的互動。

```
var v = /* var of type uint256 here */ ;
var sampleContract =
web3.eth.contract([{"constant":false,"inputs":[{"name":"v","type":"uint256"}],"name":"set",
"outputs":[],"payable":false,"type":"function"},{"constant":true,"inputs":[],"name":"get",
"outputs":[{"name":"","type":"uint256"}],"payable":false,"type":"function"},{"inputs":[{
"name": "v","type":"uint256"}],"payable":false,"type":"constructor"}]);
var sample = sampleContract.new(
    v,
    {
        from: web3.eth.accounts[0],
        data:
```

---

[1]　位址 https://ethereum.github.io/browser-solidity/。

'60606040523461000057604051602080610100833981016040528080519060200190919050505b80600081905550
5b505b60c28061003e6000396000f30060606040526000357c0100000000000000000000000000000000000000000
0000000000000000000900463fffffff16806360fe47b11460465780636d4ce63c146060575b6000565b34600057605e
6004808035906020019091905050506080565b005b34600057606a608b565b60405180828152602001915050604051
80910390f35b806000819055505b50565b600060005490505b905600a165627a7a72305820e737306ae0d72d653875
a62f87529e66cee8e9a30671378e3182f89a27a381ac0029',
```
        gas: 3000000
    }, function(e, contract){
    console.log(e, contract);
    if (typeof contract.address != 'undefined') {
        console.log('Contract mined! address: ' + contract.address + ' transactionHash:
' +
            contract.transactionHash);
    }
})
```

uDApp 中是編譯完成後回傳的 JSON 值，JSON 中包含了合約名、位元組碼和 ABI。如果使用 web3.js 介面編譯 Sample 合約，回傳的就是該 JSON 值。

[
    {
        «name»:»Sample»,
        «interface»:»[{«constant»:false,»inputs»:[{«name»:»v»,»type»:»uint256»}],»name»:
»set»,»outputs»:[],»payable»:false,»type»:»function»},{«constant»:true,»inputs»:[],»name
»:»get»,»outputs»:[{«name»:»»,»type»:»uint256»}],»payable»:false,»type»:»function»},{«in
puts»:[{«name»:»v»,»type»:»uint256»}],»payable»:false,»type»:»constructor»}]»,
        «bytecode»:»60606040523461000057604051602080610100833981016040528080519060200190
919050505b806000819055505b505b60c28061003e6000396000f30060606040526000357c01000000000000
000000000000000000000000000000000000000000000000900463fffffff16806360fe47b11460465780636d4c
e63c146060575b6000565b34600057605e6004808035906020019091905050506080565b005b34600057606a60
8b565b604051808281526020019150506040518091039 0f35b806000819055505b50565b600060005490505
b905600a165627a7a72305820e737306ae0d72d653875a62f87529e66cee8e9a30671378e3182f89a27a381
ac0029»
    }
]

③ 合約方法測試

如圖 3.8 所示，點擊右側的 Create 按鈕可以線上建立一個 Sample 合約實例，如果合約中實現了帶參數的建構方法，可以在 Create 時傳入。

呼叫 set() 方法時，在輸入框中填入 value 值，然後點擊 "set" 按鈕設定 value。點擊 "get" 方法按鈕就可以回傳 value 值。線上編譯器可以輕鬆視覺化測試智慧合約中的方法。其資料都儲存在記憶體中，不需要開啟乙太坊私鏈。

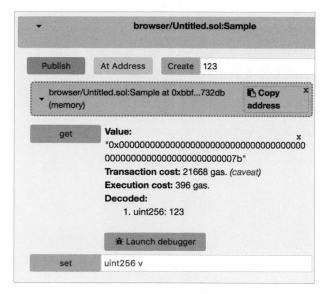

圖 3.8　合約方法測試

3.3　乙太坊程式設計介面

乙太坊區塊鏈平台是獨立的底層平台，為了與外界互動，必須為外界提供介面，目前 RPC 介面是乙太坊原生支援的，不限語言，跨平台；JavaScript API（web3.js）則是 JavaScript 對 RPC 的封裝，使用較為簡單方便，但是僅限於 JavaScript 語言呼叫。

3.3.1　JSON RPC

JSON 是一種羽量級的資料交換格式，可以用來表示數位、字串、值的有序序列和鍵值對集合。JSON-RPC 是一種無狀態的、羽量級的遠端過程存取協定，並使用 JSON（RFC 4627）作為其資料格式。JSON-RPC 主要是在處理過程中定義了一些資料結構和規則，可以在不同的訊息傳遞環境中如 Sockets、HTTP 中傳遞資訊。

這裡使用 JSON RPC 介面在乙太坊私鏈中部署呼叫合約。

① 智慧合約

下面我們以一個非常簡單的合約 Multiply7 為例進行講解，該合約有一個 multiply() 方法，傳入一個 uint 類型資料，乘以 7 後回傳結果。

```
contract Multiply7 {
    event Print(uint);
    function multiply(uint input) returns (uint) {
        Print(input * 7);
        return input * 7;
    }
}
```

② 編譯合約

首先需要在一個終端機中（A 終端機）開啟乙太坊私鏈（參考 3.1.2 節）；然後再開啟另一個終端機（B 終端機）並輸入以下命令來呼叫乙太坊中的 JSON-RPC 介面：

```
curl --data '{"jsonrpc":"2.0","method": "eth_compileSolidity",
"params": ["contract Multiply7 {event Print(uint);function
multiply(uint input) returns (uint) {Print(input * 7);return input
* 7;}}"], "id": 5}' localhost:8545
```

所有 JSON-RPC 都需要使用 curl 的方式來呼叫，jsonrpc 輸入的是版本號，目前一般使用 2.0；method 中的 "eth_compileSolidity" 是要呼叫的 JSON-RPC 介面方法名；params 中是呼叫方法需要傳入的參數，如果有多個參數，也會包含多個欄位；最後的 localhost:8545 是要呼叫的乙太坊位址，由於開啟的是私有鏈，乙太坊 go-ethereum 用戶端埠號預設為 8545。

B 終端機回傳的結果中最重要的資料就是位元組碼和 abiDefinition 資料。

```
{
    "jsonrpc":"2.0",
    "id":5,
    "result":{
        "Multiply7":{
```

"code":"0x60606040526078060106000396000f3606060405260e060020a6000350463c6888fa18114601c575b6002565b3460025760666004356040805160078302815290516000917f24abdb5865df5079dcc5ac590ff6f01d5c16edbc5fab4e195d9febd1114503da919081900360200190a15060070290565b6040805191825251909081900360200190f3",

```
            "info":{
                "source":"contract Multiply7 {event
```

```
            Print(uint);function multiply(uint input) returns (uint)
            {Print(input * 7);return input * 7;}}",
            "language":"Solidity",
            "languageVersion":"0.4.4",
            "compilerVersion":"0.4.4",
            "compilerOptions":"--combined-json bin,abi,userdoc,devdoc --add-std --optimize",
            "abiDefinition":[
                {
                    "constant":false,
                    "inputs":[
                        {
                            "name":"input",
                            "type":"uint256"
                        }
                    ],
                    "name":"multiply",
                    "outputs":[
                        {
                            "name":"",
                            "type":"uint256"
                        }
                    ],
                    "payable":false,
                    "type":"function"
                },
                {
                    "anonymous":false,
                    "inputs":[
                        {
                            "indexed":false,
                            "name":"",
                            "type":"uint256"
                        }
                    ],
                    "name":"Print",
                    "type":"event"
                }
            ],
            "userDoc":{
                "methods":{
                }
            },
            "developerDoc":{
                "methods":{
                }
            }
        }
      }
    }
  }
}
```

③ 獲得呼叫帳戶

當前乙太坊私鏈中可能有多個帳戶，需要選定一個帳戶作為呼叫部署合約及呼叫合約方法的發起者，並且該帳戶中要包含足夠的乙太幣。這裡使用挖礦基底位址作為交易的發起者，該位址也就是預設當前帳戶中的第一個帳戶。在 B 終端機中執行以下命令：

```
curl --data '{"jsonrpc":"2.0","method":"eth_coinbase", "id":1}'
localhost:8545
```

回傳結果如下，其中 "0x90c2323cdeff75fd82e65ac496fc45eafadf4563" 就是要使用的發起交易的帳戶。

```
{"jsonrpc":"2.0","id":1,"result":"0x90c2323cdeff75fd82e65ac496fc45eafadf4563"}
```

④ 查看當前帳戶的乙太幣

乙太坊中發起交易者要有足夠的乙太幣才能讓交易被確認，然後加入到區塊鏈中。在私鏈中進行挖礦會把乙太幣發到 coinbase，也就是當前乙太坊帳戶中預設的第一個帳戶。當然，coinbase 可以根據需要進行更改。在 B 終端機中執行以下命令來查看是否有足夠的乙太幣。

```
curl --data '{"jsonrpc":"2.0","method":"eth_getBalance", "params":
["0x90c2323cdeff75fd82e65ac496fc45eafadf4563", "latest"], "id":2}' localhost:8545
```

回傳結果如下，result 就是當前帳戶乙太幣的數量。

```
{"jsonrpc":"2.0","id":2,"result":"0x27b41fd348ff2fc32d0"}
```

⑤ 部署合約

在 B 終端機中執行以下命令，params 參數中的 from 就是發起該筆交易的帳戶，data 參數中就是該合約的位元組碼。

```
curl --data '{"jsonrpc":"2.0","method": "eth_sendTransaction",
"params": [{"from":
"0x90c2323cdeff75fd82e65ac496fc45eafadf4563", "gas": "0xb8a9",
"data":
"0x6060604052605f8060106000396000f3606060405260e060020a6000350463c6888fa18114601a575b005b6058600435600781026060908152600907f24abdb5865df5079dcc5ac590ff6f01d5c16edbc5fab4e195d9febd1114503da90602090a15060070290565b5060206060f3"}], "id": 6}'
localhost:8545
```

在 B 終端機執行上述命令後，交易需要被挖礦才能確認，所以在 A 終端機中執行以下命令啟動挖礦。

```
miner.start()
```

同時會顯示出當前合約部署成功後的合約位址，使用該合約位址才能呼叫合約中的方法。created 欄位就是合約位址。

```
Tx(0x183685e0ac93e80b0cde97e8b53d425e15bf84d76b073586ad23c66e53085f1f) created:
0x1269e13d9df9f64b9cbf0bdfaf0dcb0e67f4cf06
```

B 終端機回傳結果如下，其中 result 是本次交易（部署合約）的交易雜湊。

```
{"jsonrpc":"2.0","id":6,"result":"0x183685e0ac93e80b0cde97e8b53d425e15bf84d76b073586ad23
c66e53085f1f"}
```

⑥ 呼叫合約方法

呼叫合約方法如下，其中 to 參數中就是合約位址，data 就是呼叫合約需要傳入的參數。data 參數中包括了所呼叫合約中的方法和具體參數值，可以簡稱為 payload。同時確認該交易也需要在 A 終端機挖礦。

```
curl --data '{"jsonrpc":"2.0","method": "eth_sendTransaction",
"params": [{"from":
"0x90c2323cdeff75fd82e65ac496fc45eafadf4563", "to":
"0x1269e13d9df9f64b9cbf0bdfaf0dcb0e67f4cf06", "data":
"0xc6888fa100000000000000000000000000000000000000000000000000000000000000006"}], "id": 8}'
localhost:8545
```

在 A 終端機計算 payload 中的方法選擇符對應的 byte，選取 Keccak 雜湊表的前 4 個 byte，並進行十六進位編碼。

```
> web3.sha3("multiply(uint256)").substring(0, 8)
"0xc6888f"
```

假設要傳入的值為 6，是一個 uint256 類型，將會被編碼成：

0000000000000000000000000000000000000000000000000000000000000006

將方法選擇符和編碼參數結合起來，就生成了上述 data 中的資料。

B 終端機回傳結果如下，通過回傳 result 中的交易雜湊可以查詢本次交易的詳情。

```
{"jsonrpc":"2.0","id":8,"result":" 0xf3efaa16da1c139eb960387e35468a6ac527f5d9586ebe7062f
69c319364661b"}
```

⑦ 根據交易雜湊查詢交易詳情

一筆交易發生後，真正的回傳結果只是交易雜湊。利用該交易雜湊，可獲得本次交易的詳情及一些方法的回傳值。在 B 終端機中執行以下命令，可取得交易的結果和回傳值。

```
curl --data
'{"jsonrpc":"2.0","method":"eth_getTransactionReceipt","params":[" 0xf3efaa16da4c439eb96
0387e35468a6ac527f5d9586ebe7062f69c319364661b"],"id":1}' localhost:8545
```

B 終端機回傳結果如下，其中 `logs.data` 欄位就是方法真正的回傳值。把十六進位的 2a 轉換成十進位就是 42，符合預期，合約方法呼叫成功。

```
{
    "jsonrpc":"2.0",
    "id":1,
    "result":{
        "blockHash":"0x9c20aefe176d8c1ef309411ed943543286800602053f40c9cb610506c90eec32",
        "blockNumber":"0x2269",
        "contractAddress":null,
        "cumulativeGasUsed":"0x11110",
        "from":"0x90c2323cdeff75fd82e65ac496fc45eafadf4563",
        "gasUsed":"0x5867",
        "logs":[
            {
                "address":"0x1269e13d9df9f64b9cbf0bdfaf0dcb0e67f4cf06",
                "topics":[
                    "0x24abdb5865df5079dcc5ac590ff6f01d5c16edbc5fab4e195d9febd1114503da"
                ],
                "data":"0x000000000000000000000000000000000000000000000000000000000000002a",
                "blockNumber":"0x2269",
                "transactionIndex":"0x1",
                "transactionHash":"0xf3efaa16da4c439eb960387e35468a6ac527f5d9586ebe7062f69
                    c319364661b",
                "blockHash":"0x9c20aefe176d8c1ef309411ed943543286800602053f40c9cb610506
                    c90eec32","logIndex":"0x0"
            }
        ],
        "logsBloom":"0x00000000000000000000000000000000000000000000000000000000000000000
00002000000000000000000000000000000000000000000000000000000000000000000000000000
00000000000000000000000000000000000000000000000000000000000000000000000000000000
00200200000000000000000000000000000000000000020000020000000000000000000000000000
00000000000020000000000000000000000000000000000000000000000000000000000000000000
00000000000000000000000000000000000000000000000000000000000000000000000000000000
0000000",
        "root":"0x17cdcde92704ee19d28b165a201ca65867d30d5adc8b211eade2a3f4d4db31af",
        "to":"0x1269e13d9df9f64b9cbf0bdfaf0dcb0e67f4cf06",
```

```
    "transactionHash":"0xf3efaa16da4c439eb960387e35468a6ac527f5d9586ebe7062f69c319364661b",
    "transactionIndex":"0x1"
  }
}
```

3.3.2　JavaScript API

使用上述 JSON-RPC 來呼叫合約的過程比較煩瑣，會涉及複雜的編碼解碼及進位制轉換。目前乙太坊官方提供了使用 JavaScript 實現的 web3.js 模組，對 RPC 的方式進行了封裝，對外提供了簡潔的介面。在開啟乙太坊私鏈的終端機中輸入 web3 命令，就可以查看 web3 支援的所有呼叫方法。這裡同樣使用 3.3.1 節中的 Multiply7 合約來示範如何使用 web3.js 的介面編譯部署合約、呼叫合約的方法。

① 編譯合約

由於 web3 本身就是使用 JavaScript 實現的介面，所以下面的終端機命令呼叫也是使用 JavaScript 實現。在一個終端機中開啟乙太坊私鏈，把 Multiply7 合約賦值給 source 變數：

```
> var source = 'contract Multiply7 {event Print(uint);function
multiply(uint input) returns (uint) {Print(input * 7);return input
* 7;}}'
```

直接輸入變數名，可以查看該變數的值：

```
> source
"contract Multiply7 {event Print(uint);function multiply(uint input) returns (uint)
{Print(input * 7);return input * 7;}}"
```

呼叫 web3 中的方法編譯上面的 source 變數：

```
> var compiled = web3.eth.compile.solidity(source);
```

查看編譯後的 compiled 值，其中 code 為合約位元組碼，info.abiDefinition 為 ABI：

```
> compiled
{
    Multiply7: {
        code: "0x606060405260788060106000396000f3606060405260e060020a6000350463c6888fa18
114601c575b6002565b34600257606660043560408051600783028152905016000917f24abdb5865df5079dcc
5ac590ff6f01d5c16edbc5fab4e195d9febd1114503da919081900360200190a15060070290565b604080519
18252519081900360200190f3",
```

```
      info: {
            abiDefinition: [{...}, {...}],
compilerOptions: "--combined-json bin,abi,userdoc,devdoc
--add-std --optimize",
            compilerVersion: "0.4.4",
            developerDoc: {
                methods: {}
            },
            language: "Solidity",
            languageVersion: "0.4.4",
source: "contract Multiply7 {event Print(uint);function
multiply(uint input) returns (uint) {Print(input * 7);return input * 7;}}",
            userDoc: {
                methods: {}
            }
        }
    }
}
```

分別把位元組碼和 ABI 賦值給兩個變數，方便後續使用：

```
> var code = compiled.Multiply7.code;
undefined
> var abi = compiled.Multiply7.info.abiDefinition
undefined
```

查看 code 和 ABI 變數：

```
> code
"0x606060405260788060106000396000f3606060405260e060020a6000350463c6888fa18114601c575b6002565
b346002576066600435604080516007830281529051600917f24abdb5865df5079dcc5ac590ff6f01d5c16edbc5
fab4e195d9febd1114503da919081900360200190a15060070290565b60408051918252519081900360200190f3"
> abi
[{
    constant: false,
    inputs: [{
        name: "input",
        type: "uint256"
    }],
    name: "multiply",
    outputs: [{
        name: "",
        type: "uint256"
    }],
    payable: false,
    type: "function"
}, {
    anonymous: false,
    inputs: [{
```

```
        indexed: false,
        name: "",
        type: "uint256"
    }],
    name: "Print",
    type: "event"
}]
```

② 部署合約

可以使用上述生成的 code 和 ABI 把合約部署到乙太坊上，同時需要挖礦來確認該筆交易。可以看到合約已經部署，合約位址為 0xa69c52ca29e042e63c42bb46278d4c44fd0fd835。

```
> web3.eth.contract(abi).new({from:
"0x90c2323cdeff75fd82e65ac496fc45eafadf4563", data: code})
I0119 12:25:13.203287 internal/ethapi/api.go:1045]
Tx(0x7c3959992f31cb7a828d0805c8e78b52a91cb47475eb9f8663d42677a7a9529c) created:
0xa69c52ca29e042e63c42bb46278d4c44fd0fd835
{
    abi: [{
        constant: false,
        inputs: [{...}],
        name: "multiply",
        outputs: [{...}],
        payable: false,
        type: "function"
    }, {
        anonymous: false,
        inputs: [{...}],
        name: "Print",
        type: "event"
    }],
    address: undefined,
    transactionHash: "0x7c3959992f31cb7a828d0805c8e78b52a91cb47475eb9f8663d42677a7a9529c"
}
```

③ 呼叫合約方法

合約成功部署後可以獲得合約位址，使用該合約的 ABI 和合約位址可以建立一個合約實例，使用建立的合約實例可以呼叫合約中的方法，回傳的 `var multi` 就是合約實例：

```
> var multi =
web3.eth.contract(abi).at("0xa69c52ca29e042e63c42bb46278d4c44fd0fd835")
```

然後使用上一步中的合約實例 `multi` 來呼叫合約中的 `multiply()` 方法，傳入的參數為 6。這一步同樣需要挖礦進行確認：

```
> multi.multiply.sendTransaction(6, {from:
"0x90c2323cdeff75fd82e65ac496fc45eafadf4563"})
I0119 12:33:05.872576 internal/ethapi/api.go:1047]
Tx(0x75142a971e69494bd0729d9aea969b4631cf1db8c77f5855e4714e6149c72a7a) to:
0xa69c52ca29e042e63c42bb46278d4c44fd0fd835
"0x75142a971e69494bd0729d9aea969b4631cf1db8c77f5855e4714e6149c72a7a"
```

由於使用 web3 呼叫合約中的方法無法回傳真正的計算值，回傳的只是交易雜湊，所以可以通過合約中定義的 `Print` 事件來獲得本次交易的詳情：

```
> multi.Print(function(err, data)
{ console.log(JSON.stringify(data)) })
```

回傳交易詳情如下所示，`args` 中的 42 就是通過合約方法計算後需要回傳的真正的值，符合預期，合約方法呼叫成功。

```
{
    "address":"0xa69c52ca29e042e63c42bb46278d4c44fd0fd835",
    "args":{
        "":"42"
    },
    "blockHash":"0x2f207f6107c203638761915d175bf52e3958b057e547fc384ba4d65cb7b74410",
    "blockNumber":8962,
    "event":"Print",
    "logIndex":0,
    "removed":false,
    "transactionHash":"0x75142a971e69494bd0729d9aea969b4631cf1db8c77f5855e4714e6149c72a7a ",
    "transactionIndex":0
}
```

3.4　DApp 開發框架與流程

利用現有的開發框架來開發實際的專案可大幅加快專案開發進度，在乙太坊去中心化應用的開發中，目前比較常用的開發框架有 Meteor 和 Truffle。本節提供一種分層可擴展的開發流程。開發者可根據專案的類型、規模、難度因素，選擇合適的開發框架與流程。

3.4.1　Meteor

Meteor 是一套通用的 webapp 前端開發框架，可以非常方便地集合乙太坊的 web3.js 介面。Meteor 被認為是一個全堆疊式的框架，完全使用 JavaScript 實現，並提供了重新載入、CSS 注入和支援預編譯（Less、CoffeeScript 等）。Meteor 可以非常方便地建構一個單頁面應用（Single Page App，SPA），可以把所有的前端程式碼都寫入到 index.html 中，並使用一個 js 檔和 css 檔加入在資源中。Meteor 支援回應式的開發，類似於 Angualr.js，可以非常簡單地構築介面。

目前有許多 DApp 應用都是基於 Meteor 框架開發的，下面介紹如何安裝 Meteor、載入乙太坊 web3 模組、呼叫 web3.js 介面及部署 DApp 應用。

① 安裝 Meteor

Meteor 的官方下載網址為 https://www.meteor.com/install。不同的作業系統有不同的下載方式，Windows 需要下載安裝包，macOS 和 Linux 可以直接使用以下命令列在終端機中下載：

```
curl https://install.meteor.com/ | sh
```

安裝過程較為緩慢，安裝完成後，在終端機中輸入以下命令：

```
meteor --version
```

如果可以成功顯示 Meteor 版本號，則表示 Meteor 成功安裝。

② 載入乙太坊 web3 模組

Meteor 安裝成功後就可以用來開發 DApp 了。首先在命令列執行以下命令，建立一個 Meteor 專案：

```
meteor create 專案名
```

過程可能較慢，因為需要載入多個初始模組。然後執行以下命令進入專案目錄：

```
cd 專案名
```

執行以下命令載入 web3：

```
meteor add ethereum:web3
```

如果由於版本原因導致上述載入失敗，可以使用下面的命令代替：

```
meteor npm install web3 --save
```

因為乙太坊的 web3.js 介面使用更為簡單方便，也已經較為成熟，所以建議在 Meteor 中集合 web3 介面來開發 DApp。

③ 呼叫乙太坊 web3.js 介面

Meteor 項目建立完成後，預設會有兩個資料夾 client 和 server，分別對應的是用戶端程式和伺服器端程式。根據實際需要，可以分別在用戶端和伺服器端使用 web3. js。

在 client 資料夾中新建 lib 資料夾，在 lib 資料夾中新建 init.js，在 init.js 中實現如下初始化 web3 程式碼：

```
var Web3 = require('web3');
if (typeof web3 !== 'undefined') {
    web3 = new Web3(web3.currentProvider);
}
else {
    // 連接乙太坊用戶端，如在本機上運行的乙太坊私有鏈，預設埠 8545
    web3 = new Web3(new
    Web3.providers.HttpProvider("http://localhost:8545"));
}
console.log("client:" + web3.eth.accounts[0]);
```

在用戶端初始化 web3 實例後，就可以呼叫 web3.js 介面中所有的方法，DApp 框架建立完成。當用戶端在瀏覽器中被載入後，就會在 Console 面板中列出當前乙太坊的第一個帳戶。

同樣可以在 server/main.js 中實作以上程式碼，這樣就能在伺服器端呼叫 web3.js 中的所有介面，與智慧合約互動。

④ 部署 DApp 應用

在部署 DApp 應用之前，首先需要在另一個終端機中開啟乙太坊私有鏈。然後在專案目錄中執行 **meteor** 命令，即可自動化部署應用。成功部署 DApp 的命令列如下所示，其中列出的 “server:0x90c2323cdeff75fd82e65ac496fc45eafadf4563” 為在 server/main.js 中實作的程式碼，位址為當前乙太坊私鏈中的第一個帳戶。

```
→ meteor
[[[[[ ~/Desktop/myapp ]]]]]

=> Started proxy.
=> Started MongoDB.
I20170608-23:54:53.293(8)? server:0x90c2323cdeff75fd82e65ac496fc45eafadf4563
=> Started your app.
=> App running at: http://localhost:3000/
```

用 Meteor 開發的 DApp 預設使用的埠為 3000 埠，可以在瀏覽器中輸入 http://localhost:3000 來存取 DApp 應用，如圖 3.9 所示。

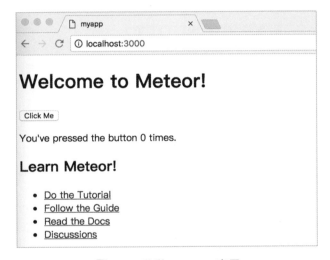

圖 3.9　啟動 Meteor 應用

打開瀏覽器的開發者選項，切換到 Console 控制台頁面，可以看到列出的資訊，這些資訊就是在 client/lib/init.js 中實作的程式碼，獲得當前乙太坊中的第一個帳戶，如圖 3.10 所示。在命令列中也可以呼叫 web3.js。這樣就能使用 Meteor 來開發一個簡單的 DApp。

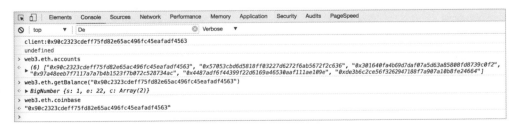

圖 3.10　Meteor 中使用 web3.js 介面

3.4.2 Truffle

Truffle 是一款非常優秀的開發 DApp 的框架。在 Truffle 中可以方便地使用 JavaScript 進行應用的開發，並使用 JavaScript 中幾乎所有的機制，如 Promise、非同步呼叫等。Truffle 使用了包裝 web3.js 的一個 Promise 框架 Pudding，所以不需要手動載入 web3.js 庫，可以有效提升開發效率。同時 Truffle 也內建了智慧合約編譯器，只要使用指令碼命令就可以完成合約的編譯、動態庫連結、部署、測試等工作，大幅簡化了合約的開發生命週期。

下面介紹 Truffle 的安裝、項目建立及用戶端應用的運行，並使用 Truffle 的一個預設合約 MetaCoin 來示範智慧合約的編譯和部署。

① Truffle 安裝

在終端機中執行以下命令即可安裝 Truffle，-g 參數表示全域安裝：

```
npm install -g truffle
```

安裝後在終端機中輸入 "truffle -v"，出現 Truffle 版本號表示安裝成功：

```
➜  truffle -v
Truffle v2.1.1 - a development framework for Ethereum
Usage: truffle [command] [options]
Commands:
    build          => Build development version of app
    compile        => Compile contracts
    console        => Run a console with deployed contracts instantiated and available (REPL)
    create:contract  => Create a basic contract
    create:migration => Create a new migration marked with the current timestamp
    create:test    => Create a basic test
    exec           => Execute a JS file within truffle environment
    init           => Initialize new Ethereum project, including example contracts and tests
    list           => List all available tasks
    migrate        => Run migrations
    networks       => Show addresses for deployed contracts on each network
    serve          => Serve app on localhost and rebuild changes as needed
    test           => Run tests
    version        => Show version number and exit
    watch          => Watch filesystem for changes and rebuild the project automatically
```

② Truffle 項目建立

進入一個空資料夾，使用 `truffle init` 命令即可建立一個 Truffle 的專案目錄，建立完成後，目錄結構如圖 3.11 所示。

- ☑ app/ 目錄包含了 index.html 前端主頁面，有關互動的設計可以在 index.html 中實作；javascripts 中包括了 app.js，所有的邏輯作業都可以使用 JavaScript 程式碼實作；stylesheets 中是專案的 CSS 檔案；

- ☑ contracts/ 目錄包含了所有的智慧合約，預設已經建立了 3 個合約；

- ☑ migrations/ 目錄是有關合約部署的設定檔，如果新增加合約，需要進入 2_deploy_contract 進行設定；

- ☑ test/ 目錄是合約測試程式碼，可以實現對合約的單元測試；

- ☑ truffle.js 是整個 DApp 項目的設定檔，包括 host、埠號的設定。

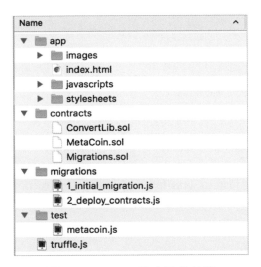

圖 3.11　Truffle 專案目錄結構

③ 智慧合約的編譯部署

Truffle 可以自動化實作合約的編譯部署，隱藏了合約編譯過程中產生的位元組碼和 ABI 檔。在部署合約之前，首先要在另一個終端機開啟乙太坊私鏈，並啟動 `miner.start()` 挖礦。

分別使用以下命令可以編譯與部署：

```
truffle compile
truffle migrate
```

成功部署合約後的介面如下所示，其中 Migrations、ConvertLib、MetaCoin 這 3 個
合約後的十六進位數字就是合約位址。

```
➜  truffle compile
Compiling ConvertLib.sol...
Compiling MetaCoin.sol...
Compiling Migrations.sol...
Writing artifacts to ./build/contracts
➜  truffle migrate
Running migration: 1_initial_migration.js
  Deploying Migrations...
  Migrations: 0x4fdc14e0a97e9c1a5a1fce10e7bd9675f29ebb8a
Saving successful migration to network...
Saving artifacts...
Running migration: 2_deploy_contracts.js
  Deploying ConvertLib...
  ConvertLib: 0x4be659e79f4c3a98b721383cdb3aaa12e659da3d
  Linking ConvertLib to MetaCoin
  Deploying MetaCoin...
  MetaCoin: 0xac824e61ee2b56c81a3d63447c5dd2a6f95499aa
Saving successful migration to network...
Saving artifacts...
```

④ 用戶端應用運行

合約成功部署後，就可以開啟 Truffle 內建的伺服器，Truffle 預設使用 8080 埠，使
用 "truffle serve" 開啟伺服器：

```
➜  truffle serve
Serving app on port 8080...
Rebuilding...
Completed without errors on Fri Jun 09 2017 00:03:49 GMT+0800 (CST)
```

此時開啟瀏覽器，輸入 http://localhost:8080 即可看到 Truffle 應用，如圖 3.12 所示。

範例中的 MetaCoin 模擬了一個向其他乙太坊帳戶發送貨幣的功能。我們將在 3.5
節詳細講解 MetaCoin 應用並進行優化。

本書第 8 章中的通用積分系統採用的就是 Truffle 框架開發的去中心化應用。

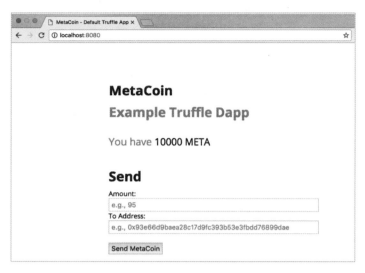

3.12 啟動 Truffle 應用

3.4.3 分層可擴展開發流程

使用 3.4.1 節與 3.4.2 節中介紹的框架來開發有網頁的去中心化應用非常方便，架構相對比較簡單，同時可以快速部署到伺服器上。但是 Truffle 等框架的使用有較多限制，尤其所開發的系統很難跨平台。如果在實際的去中心化商業專案中，要求用戶端同時運行在瀏覽器、移動用戶端和其他終端機上，則 Truffle 就明顯不能滿足需求。為了解決這個問題，需要設計一套分層可擴展的專案開發流程，這種模式在現今的開發過程中的運用已經很普遍了。

可擴展專案開發流程的大致架構如圖 3.13 所示。

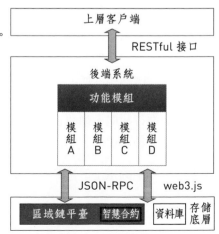

圖 3.13 分層可擴展架構

此架構主要分為三層，以下分別介紹。

(1) **底層儲存**。底層使用區塊鏈確保交易的安全性和不可篡改性。平台可以是乙太坊 Ethereum、超級帳本 Hyperledger、趣鏈 Hyperchain 等主流的區塊鏈平台。核心的業務邏輯全部使用智慧合約實作，並把智慧合約部署到區塊鏈上運行。在底層儲存中使用資料庫，是為了對區塊鏈資料做完整的備份。同時因為目前業界尚無優秀的區塊資料視覺化解決方案，所以加入資料庫可以間接查看區塊鏈的資料。在實際開發中，可以同時寫入區塊鏈和資料庫，以達成資料的同步。

(2) **後端系統**。中間層是上層應用和底層區塊鏈的橋接。後端系統可以使用多種不同的介面和區塊鏈進行互動，常見的有 JSON-RPC 介面和 web3.js 介面。如果使用 Java 作為後端，則可以選擇 JSON-RPC；如果使用 Node.js 作為後端，則可以選擇 web3.js。關於介面的選擇，可以參考 3.3 節。由於關鍵的合約邏輯都已經在智慧合約中實作，所以後台的主要功能就是資料編碼、解碼和轉發，以及為上層提供 RESTful 介面呼叫。

(3) **上層用戶端**。用戶端直接面向使用者提供服務。用戶端可以廣義理解為瀏覽器網頁、PC 用戶端、行動用戶端等。這些用戶端都可以使用中間層提供的 RESTful 介面來和區塊鏈互動。中間層服務和底層區塊鏈對使用者是透明的，並且是一種輕用戶端的設計，不需要把太多和區塊鏈相關的加密解密、解碼編碼等複雜作業放在用戶端，用戶端一般只需要處理 RESTful 回傳的 JSON 資料。

使用這種分層的可擴展專案開發流程，符合軟體工程的思維，不同的層次可以讓不同的開發人員進行設計實作。重要的是，這也是高內聚、低耦合的設計方法。內聚是指一個模組內各個元素彼此結合的緊密程度，意味著重用和獨立。耦合是指該軟體系統內不同模組之間的互相依賴程度。設計原則符合高內聚、低耦合可以讓更多的獨立模組複用，方便程式碼優化和擴展。採用分層可擴展的模式，不同平台僅使用介面進行呼叫，使耦合程度降到最低。同時系統在開發中可以進行多人並行開發，配合容易，提高了開發速度。

本書第 8 章中的電子優惠券系統和第 9 章中的數位票據系統，都是採用分層可擴展的開發流程。

3.5　第一個乙太坊應用

這裡把 Truffle 預設生成的 MetaCoin 專案作為第一個乙太坊應用，但是 MetaCoin 還有不完善的地方，需要改良，比如，驗證輸入的帳戶位址有效性，以及 MetaCoin 不足時的回饋顯示。

3.5.1　優化 MetaCoin 應用

① 驗證帳戶位址有效性

在原有的 MetaCoin 項目中，可以在輸入位址欄中輸入任何字元，然後向這些非法位址發送 MetaCoin。這些位址不是正確的乙太坊帳戶，不符合實際的需要。在發送 MetaCoin 時，需要對帳戶進行驗證，檢測其是否是當前乙太坊用戶端中已經存在的帳戶位址，驗證通過才能執行呼叫合約方法，否則發出訊息。

在 app.js 檔中，判斷帳戶是否存在的方法是 isAccountCorrect()。

```
function isAccountCorrect(receiver) {
    for(var i = 0; i < accounts.length; i++) {
        if(receiver == accounts[i]) {
            return true;
        }
    }
    return false;
}
```

同時在 sendCoin() 方法中做如下判斷：

```
function sendCoin() {
    var meta = MetaCoin.deployed();
    var amount = parseInt(document.getElementById("amount").value);
    var receiver = document.getElementById("receiver").value;
    // 判斷帳戶有效性
    if (isAccountCorrect(receiver)) {
        setStatus(" 輸入帳戶正確 ");
        meta.sendCoin(receiver, amount, {from: account, gas:
            1000000}).then(function (result) {
            ...
        }).catch(function (e) {
            ...
```

```
        });
    }else {
        setStatus(" 輸入帳戶錯誤 ");
    }
}
```

② MetaCoin 不足時回饋顯示

在原有的應用中，如果 MetaCoin 餘額不足，繼續執行發送作業，仍然顯示 "send complete" 發送完成作業，並沒有從智慧合約那裡接收到是否發送成功的訊息，在使用中會有誤導，所以需要改善。

在合約中，當 MetaCoin 餘額不足時，回傳 "MetaCoin 不足，發送失敗" 的訊息，否則回傳 "MetaCoin 發送成功" 的訊息。在智慧合約的 sendCoin() 方法中使用 Transfer() 事件回傳訊息。

```
event Transfer(address from, string message);
function sendCoin(address receiver,
    uint amount)returns(bool) {
    if (balances[msg.sender] < amount) {
        // 發送失敗
        …
        Transfer(msg.sender, "MetaCoin 不足，發送失敗 ");
        return false;
    }else {
        // 發送成功
        …
        Transfer(msg.sender, "MetaCoin 發送成功 ");
        return true;
    }
}
```

在 app.js 檔中，當合約實例呼叫合約事件 Transfer() 時，獲得從合約回傳的資料：

```
meta.sendCoin(receiver, amount, {from: account, gas:
1000000}).then(function (result) {
    var eventTransfer = meta.Transfer();
    eventTransfer.watch(function (error, event) {
    //event 內包括了從合約回傳的所有資料，event.args.message 即可獲得
    // 發送成功或失敗的訊息
        …
        });
    }).catch(function (e) {
    …
});
```

3.5.2 MetaCoin 程式碼詳解

下面對 MetaCoin 應用的程式碼結構和程式碼實現進行進一步介紹，主要包括合約程式碼、前端 HTML、JavaScript 介面呼叫，以及開發中的注意重點。

① index.html 實現

index.html 是整個應用的主介面，由於目前是單頁面應用，所有的介面元素都實現在 index.html 中。index.html 需要載入 JavaScript 程式碼，也就是應用中的 app.js，所以需要在 index.html 的 `<head>` 標籤中進行如下實作：

```
<head>
<title> 第一個乙太坊應用 -MetaCoin</title>
<link href='https://fonts.googleapis.com/css?family=Open+Sans:400,700'
rel='stylesheet' type='text/css'>
<link href="./app.css" rel='stylesheet' type='text/css'>
<script src="./app.js"></script>
</head>
```

`<title>` 標籤是瀏覽器中顯示的該頁面的標題，`<link>` 標籤是載入 css 檔，`<script>` 標籤是載入 JavaScript 指令檔即 app.js。

② 合約程式碼實現

由於 MetaCoin 合約較為簡單，這裡做初步的介紹。MetaCoin 合約完整的實作如下。

`mapping` 類似於雜湊，是一種鍵值對的資料結構，"=>" 左側為輸入的鍵的類型，右側為查詢的值的類型。這裡使用 `address` 類型的帳戶位址去查詢 `uint` 類型的 MetaCoin 餘額。

`MetaCoin()` 為建構方法，在建構方法中初始化交易發起者的初始餘額為 10000。

`sendCoin()` 為發送 MetaCoin 的方法，當餘額不足時將發送失敗。合約中有兩種類型的方法：交易方法和 `constant` 方法。交易方法是會改變乙太坊狀態的方法，也就是會修改狀態變數的方法，執行這種方法也稱為執行一筆交易，需要消耗 gas，這裡的 `sendCoin()` 方法就是一個交易方法。

當使用 web3 來呼叫交易方法時，無法獲得該方法真正的回傳值，例如 sendCoin( )
方法回傳的 bool 值其實在 web3 介面呼叫中是無法取得的，真正回傳的值是一個
32byte 的交易雜湊。但是在合約內部方法呼叫時，可以取得交易方法的回傳值，所
以這裡可以使用 event 事件向 web3 回傳資料，如 "發送失敗" 的字串。

getBalance( ) 方法是一個 constant 方法，只用來取得乙太坊資料和變數的值，
不會導致乙太坊狀態的改變。可以手動修飾一個方法為 constant，如果方法沒有
constant 修飾，乙太坊也會自動識別哪些方法是 constant 方法。對於 constant 方
法，可以使用 web3 介面成功接收回傳值，如 getBalance( ) 方法回傳的 uint 類型
的餘額，可以在 app.js 中接收到。

```
contract MetaCoin {
    // 根據帳戶位址查詢帳戶餘額
    mapping (address => uint) balances;
    // 初始帳戶餘額為 10000
    function MetaCoin() {
        balances[tx.origin] = 10000;
    }
    //event 事件向 web3 回傳資料
    event Transfer(address from, string message);
    function sendCoin(address receiver,
        uint amount)returns(bool) {
        if (balances[msg.sender] < amount) {
            // 發送失敗
            Transfer(msg.sender, "MetaCoin 不足，發送失敗 ");
            return false;
        }
        else {
            // 發送成功
            balances[msg.sender] -= amount;
            balances[receiver] += amount;
            Transfer(msg.sender, "MetaCoin 發送成功 ");
            return true;
        }
    }
    // 獲得帳戶 MetaCoin
    function getBalance(address addr)constant returns(uint) {
        return balances[addr];
    }
}
```

③ app.js 實作

app.js 中處理所有的業務邏輯，所有的 web3 介面方法在這裡呼叫。app.js 相當於是一個中間層，接收前端頁面的輸入，並呼叫合約方法處理，然後接收合約方法的處理結果，並顯示在頁面上。

在頁面被載入時，JavaScript 會執行 window.onload() 方法，web3.eth.getAccounts() 方法會呼叫了 web3 介面，用來取得當前乙太坊用戶端（私鏈）中的所有帳戶。這裡設定 account 變數為帳戶陣列中的第一個帳戶，也是後續發起合約方法呼叫的預設帳戶。

```
window.onload = function() {
    web3.eth.getAccounts(function(err, accs) {
        if (err != null) {
            alert(" 取得乙太坊帳戶失敗 ");
            return;
        }
        if (accs.length == 0) {
            alert(" 乙太坊帳戶為空 ");
            return;
        }
        accounts = accs;
        account = accounts[0];
        refreshBalance();
    });
};
```

refreshBalance() 用來更新介面上顯示的餘額值。MetaCoin.deployed() 可以非常方便地取得已經部署的 MetaCoin 合約的實例，使用合約實例可以呼叫合約方法。constant 方法可以使用 call() 方法呼叫，也可以預設省略 call()。from 為發起交易的帳戶，該筆交易會使用該帳戶的私密金鑰進行加密，在 constant 方法中，from 參數可以省略，省略的 from 使用乙太坊第一個帳戶作為預設值。在回傳函數中可以接收到 constant 方法的回傳值。

```
function refreshBalance() {
    var meta = MetaCoin.deployed();
    meta.getBalance.call(account, {from:
account}).then(function(value) {
    var balance_element = document.getElementById("balance");
    balance_element.innerHTML = value.valueOf();
    }).catch(function(e) {
    console.log(e);
    setStatus(" 獲得餘額失敗 ");
    });
}
```

sendCoin() 方法用來發送 MetaCoin，當呼叫的是交易方法時，from 參數不能省略，必須明確宣告是由哪一個帳戶發起的。同時還需要一個 gas 參數，交易方法在乙太坊上執行需要消耗一定量的 gas，當 gas 參數不指定時，會發送一個預設的 gas 值，一般情況下方法可以成功執行。但是當一個合約方法的程式碼較多時，可能會造成 OOG（out of gas）的錯誤訊息，導致方法呼叫失敗。解決方法就是明確發送一個較大的 gas 值。

在 sendCoin() 回呼函數中的 result 中，可以獲得本次交易的雜湊值。event 實例物件使用 watch() 呼叫，開啟監聽，回傳的 event 變數中包含了本次交易的詳細資訊和回傳值。這裡使用 alert 彈出對話方塊的方式顯示出交易方法的回傳值和 event 事件回傳值，方便觀察。event 使用完成後，建議使用 stopWatching() 停止監聽，否則會不斷地查詢，造成資源消耗。

```
function sendCoin() {
    var meta = MetaCoin.deployed();
    var amount = parseInt(document.getElementById("amount").value);
    var receiver = document.getElementById("receiver").value;
    if (isAccountCorrect(receiver)) {
        setStatus("發送進行中，請等待 ...");
        meta.sendCoin(receiver, amount, {from: account, gas:
            1000000}).then(function (result) {
            var eventTransfer = meta.Transfer();
            eventTransfer.watch(function (error, event) {
                alert("sendCoin() 方法回傳：" + result + "\n\n Transfer() 事件回傳：" +
                    JSON.stringify(event));
                setStatus(event.args.message);
                refreshBalance();
                eventTransfer.stopWatching();
            });
        }).catch(function (e) {
            console.log(e);
            setStatus("發送 MetaCoin 出現異常");
        });
    }
    else {
        setStatus("輸入帳戶錯誤");
    }
}
```

3.5.3　MetaCoin 應用運行

進行優化後，第一個乙太坊應用的運行結果如圖 3.14 到圖 3.18 所示。

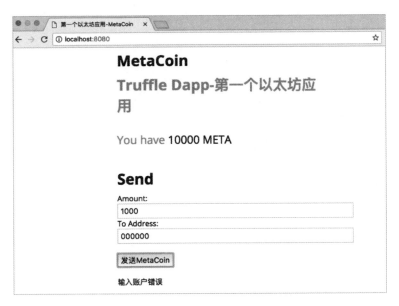

圖 3.14 輸入的乙太坊帳戶錯誤

圖 3.15 發送 MetaCoin

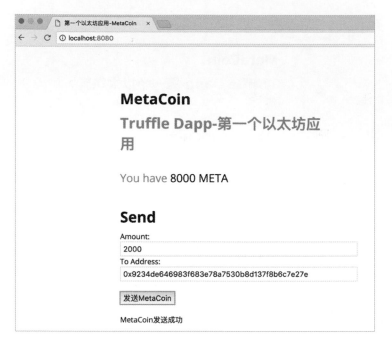

圖 3.16　成功發送 MetaCoin

圖 3.17　發送 MetaCoin

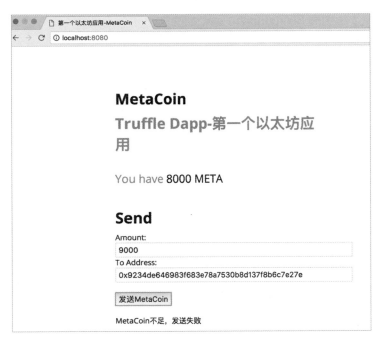

圖 3.18　發送 MetaCoin 失敗

3.6　本章小結

本章首先介紹了如何建置乙太坊的開發環境，包括 Go 語言環境、Node.js 和 npm 的設定、solc 編譯器的安裝，以及如何使用乙太坊 geth 用戶端建立私有鏈；接著講解了乙太坊智慧合約開發的整合式開發環境，包括 Mix IDE 和線上即時編譯器；然後講述了 JSON RPC 和 JavaScript API 兩種乙太坊程式設計介面，這兩種介面可以實作和乙太坊底層的互動，實現合約方法的呼叫；隨後講述了目前主流的乙太坊開發框架與流程，包括 Metero、Truffle 和商業化開發中的分層可擴展開發流程。最後則是第一個較為完整的乙太坊應用開發實例。

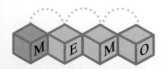

Hyperledger Fabric 深入解讀

　　比特幣普遍被認為是區塊鏈技術 1.0 時代的代表平台，隨著以智慧合約為主要特徵的乙太坊平台的誕生，區塊鏈技術進入了 2.0 時代，而開源專案 Hyperledger Fabric 平台則標誌著區塊鏈技術 3.0 時代的到來。最新發佈的 Fabric v1.0 提出了許多新的設計概念，添加了諸多新的特性，提供了較為完備的許可權控制和安全保障機制，使得此平台得以開發企業級應用，平台也越來越受關注。本章將帶領讀者走進 Hyperledger Fabric 的世界，探究基本的運行原理，進而加深對平台的瞭解，為後續學習 Fabric 的應用開發技術打下基礎。

4.1 項目介紹

Hyperledger 是一項開源專案，致力於推進區塊鏈數位技術和交易驗證，目標是讓開源社群成員共同合作，共建開放平台，滿足來自不同行業的用戶需求，並簡化業務流程。通過建立分散式帳本的公開標準，實現虛擬和數位形式的價值交換。

4.1.1 專案背景

以比特幣為代表的 "數位加密貨幣" 在區塊鏈技術的支援下取得了巨大的成功，它們的活躍使用者數量和交易量逐年遞增，發展程度大幅超出了人們的估計。隨著比特幣等 "數位加密貨幣" 越來越熱門，許多創業者、公司和金融機構漸漸意識到了區塊鏈技術的價值，都認為它可以有更大的應用前景，而不僅僅局限於 "數位加密貨幣" 領域。

為此，Vitalik 創立了 Ethereum 項目，寄望於打造一個圖靈完備的智慧合約程式設計平台，讓區塊鏈愛好者可以更好更簡單地建構開發區塊鏈應用。市場上隨之出現許多新型區塊鏈應用，如資產登記、預測市場、身份認證等。但是，當時的區塊鏈技術自身仍存在著一些無法克服的問題。

首先交易效率低下，比特幣整個網路只能支援大約每秒 7 筆左右的交易；其次，對於交易的確定性還無法得到妥善保證；最後，達成共識所採用的挖礦機制會造成大量資源浪費。這些問題導致了當時的區塊鏈技術無法滿足大多數商業應用的需求。

因此，設計並實現一個滿足商業需求的區塊鏈平台，成為當時區塊鏈發展的一個關鍵。在社會各界的強烈呼聲中，Linux 基金會開源組織於 2015 年 12 月啟動了名為 Hyperledger 的開源專案，意在通過各方合作，共同打造區塊鏈技術的企業級應用平台，以此來促進跨行業區塊鏈的發展。

Hyperledger 在成立之初，就吸引了許多著名企業加入。從創始成員看，第一批加入的成員幾乎都是各行業的翹楚，有 IBM、Cisco、Intel 等科技大廠，同時還有富國銀行、摩根大通這類金融行業大鱷。截至 2016 年底，Hyperledger 項目的成員名單已經超過了 100 位。從成員陣容來看，Hyperledger 開源項目聲勢異常浩大，彙集了眾多的各行各業企業精英,集體進行合作探討解決方案,推進企業級區塊鏈平台的發展。

IBM 向 Hyperledger 項目貢獻了 44 000 行既有的 OpenBlockChain 程式碼,Digital Asset 則貢獻了企業和開發者相關資源,R3 貢獻了新的金融交易架構,Intel 也貢獻了分散式帳本相關的程式碼。

Hyperledger 項目的出現,實際上宣佈區塊鏈技術已經不單純是一個開源技術,它已經被主流機構和市場正式認可;同時,此專案首次提出和實現完備的許可權管理、創新的一致性演算法和可插拔的框架,對於區塊鏈相關技術和產業的發展都將產生深遠的影響。

4.1.2 項目簡介

Hyperledger 專案是一個大型的開源專案,希望通過各方合作,共同促進和推進區塊鏈技術在商業應用方面的發展。在組成結構上,包含了許多相關的具體子專案。這些子專案可以是一個獨立的專案,也可以是與其他項目關聯的項目,如建構工具、區塊鏈瀏覽器等。Hyperledger 對於子專案的形式並沒有太大的約束,只要是有相關的好想法,都可以向 Hyperledger 委員會發出申請提案。

專案官方位址託管在 Linux 基金會網站,程式碼託管在 Gerrit 上,並以 GitHub 提供程式碼分流。為了有效地管理子專案和發展專案,Hyperledger 專案成立了一個稱為技術指導委員會(Technical Steering Committee, TSC)的機構,這也是 Hyperledger 專案的最高權力機構,子專案的管理及整個專案生態的發展等重要決定都將由它執行。

Hyperledger 專案在管理所屬子專案時採用了一種生命週期的形式,賦予每個專案一個生命週期,方便專案的運行和管理。整個生命週期分為 5 個階段,分別是提案(proposal)階段、孵化(incubation)階段、活躍(active)階段、棄用(deprecated)階段及最後終止(End of Life)階段。每個專案在開發運行過程中,每個時間點只會對應著一個階段。當然,專案不一定會按照以上階段順序發展,專案可能會一直處於某個階段,也可能會因為一些特殊原因在多個階段之間進行變換。

截止到本書編寫時,Hyperledger 專案下共有 12 個子專案在運行中,詳細資訊如表 4.1 所示。

▼ 表 4.1　Hyperledger 子專案資訊表

項目名	狀態	依賴	描述
Blockchain Explorer	孵化	Fabric，(Sawtooth, Iroha)	區塊鏈 Web 瀏覽器
Cello	孵化	Fabric，(Sawtooth, Iroha)	管理 / 作業區塊鏈平台
Cello Analytics	孵化	Cello	區塊鏈分析工具
Composer	孵化	Fabric，(Sawtooth, Iroha)	鏈碼編輯器
Fabric	活躍		區塊鏈實作（Go）
Fabric Chaintool	活躍	Fabric	Fabric 的鏈碼工具
Fabric SDK Py	活躍	Fabric	Fabric SDK（Python）
Fabric SDK Go	孵化	Fabric	Fabric SDK（Golang）
Iroha	孵化		區塊鏈實作（C++）
Sawtooth Lake	孵化		區塊鏈實作（Python）
Burrow	孵化		模組化 EVM 合約引擎
Indy	孵化		去中心化身份

專案約定共同遵守的基本原則如下。

☑ 重視模組化設計，包括交易、合約、一致性、身份、儲存等技術情境；

☑ 程式碼可讀性，確保新功能和模組都易於添加和擴展；

☑ 發展路線，隨著商業化需求的深入和應用情境的豐富，不斷增加和演化新的項目。

接下來針對其中幾個重要子專案進行進一步的介紹。

① Fabric

Fabric 是一種區塊鏈技術的實作，也是一種交易呼叫和數位事件的分散式共用帳本技術。比起其他的區塊鏈技術實現，它採用了模組化的架構設計，支援可插拔元件的開發與使用。其總帳上的資料，由多方參與節點共同維護，並且一旦被記錄，帳本上的交易資訊永遠無法被篡改，並可利用時間戳記進行溯源查詢。

對於其他公有鏈而言，Fabric 引入了成員管理服務，因此每個參與者在進入前均需要提供對應的憑證，證明身份才能允許存取 Fabric 系統，同時引入多通道多帳本的設計以增強系統的安全性和私密性。

與乙太坊相比，Fabric 採用了強大的 Docker 容器技術來運行服務，支援比乙太坊更便捷、更強大的智慧合約服務，乙太坊只能通過提供的 Solidity 語言進行合約編寫，而 Fabric 可以支援多語言的合約便攜，例如 Go 和 Java。除此之外，Fabric 還提供了多語言的 SDK 開發介面，讓開發者可以自由、便捷地使用其所提供的區塊鏈服務。作為本章的介紹物件，後面還將會深入分析 Fabric 的架構和運行。

② Iroha

Iroha 是一個受 Fabric 架構啟發而提出的分散式帳本專案，該項目在 2016 年 10 月 13 日通過技術指導委員會的批准，進入孵化階段。它旨在為 C++ 和移動應用開發人員提供 Hyperledger 專案的開發環境。該項目希望用 C++ 實現 Fabric、Sawtooth Lake 和其他潛在區塊鏈專案的可重複使用元件，並且這些元件可以用 Go 語言進行呼叫。也就是說，Iroha 是對現有項目的一個補充，其長期的目標是實現一個健全的可重用元件庫，使 Hyperledger 技術專案在運行分散式帳本時，能自由地選擇並使用這些可重複使用的元素。

③ Sawtooth Lake

Sawtooth Lake 於 2016 年 4 月 14 日通過 TSC 批准，是一個由 Intel 發起的模組化分散式帳本平台實驗項目，它專為多功能性和可擴展性而設計。Sawtooth Lake 提供了一個建構、部署和運行分散式帳本的模組化平台，同時支援許可鏈和非許可鏈的部署。

它包含了一個新的共識演算法 PoET。PoET 與比特幣採用的工作量證明演算法類似，都是按照一定規則隨機選取出一個節點，由該節點來擔任區塊的記帳者，而其他節點則負責驗證該區塊和執行結果。不同的是，PoET 不需要消耗大量的運算力和能源，但是需要 CPU 硬體支援 SGX（Software Guard Extensions）特性。由於 PoET 演算法的硬體限制，因此目前暫時僅適合在生產環境中使用 PoET 演算法。

④ Blockchain Explorer

Blockchain Explorer 專案旨在為 Hyperledger 建立一個使用者友好的 Web 應用程式，用於查詢 Hyperledger 區塊鏈上的資訊。包括區塊資訊、交易相關資料資訊、網路資訊、鏈碼，以及分散式帳本中儲存的相關資訊。專案於 2016 年 8 月 11 日通過 TSC 批准，此後專案啟動進入到孵化階段。

⑤ Cello

Cello 項目於 2017 年 1 月 5 日通過 TSC 的批准，進入孵化狀態。Cello 專案致力於提供一種區塊鏈即服務（Blockchain as a Service，BasS），以此來減少手動操縱（建立和銷毀）區塊鏈的工作量。利用 Cello，作業者可以使用儀表板（dashboard）來簡單建立和管理區塊鏈，同時用戶（鏈碼開發者）可以通過單一請求立即取得區塊鏈資訊。也就是說，為作業者提供了一個簡易便捷的區塊鏈作業平台。

4.2 Fabric 簡介

Hyperledger Fabric 是分散式帳本技術（DLT）的獨特實作，它可在模組化的區塊鏈架構基礎上提供企業級的網路安全性、可擴展性、機密性及高效能。當前 Fabric 的最新版本為 v1.0，相比先前的 v0.6 版本，v1.0 版本針對安全、保密、部署、維護、實際業務情境需求等方面都進行了許多改進，例如架構設計上的 Peer 節點的功能分離、多通道的隱私隔離、共識的可插拔實作等，都為 Fabric 提供了更好的服務支援。因此，本書後面關於 Fabric 的內容均將以 v1.0 版本為準。

Hyperledger Fabric v1.0 具有以下特性。

- ☑ **身份管理**（**Identity management**）：Fabric 區塊鏈是一個許可鏈網路，因此 Fabric 提供了一個成員服務（Member Service），用於管理使用者 ID 並對網路上所有的參與者進行認證。在 Hyperledger Fabric 區塊鏈網路中，成員之間可以通過身份資訊互相識別，但是他們並不知道彼此在做什麼，這就是 Fabric 提供的機密性和隱私性。

☑ 隱私和保密（**Privacy and confidentiality**）：Hyperledger Fabric 允許競爭的商業組織機構，與其他任意對交易資訊有隱私和機密需求的團體，在相同的許可鏈網路中共存。利用通道來限制訊息的傳播路徑，為網路成員提供了交易的隱私性和機密性保護。在通道中的所有資料，包括交易、成員及通道資訊，對於未訂閱該通道的網路實體都是不可見且無法存取的。

☑ 高效的效能（**Efficient processing**）：Hyperledger Fabric 按照節點類型分配網路角色。為了提供更好的網路並行性，Fabric 對事務執行、事務排序、事務提交進行了有效的分離。先於排序之前執行事務可以使得每個 Peer 節點同時處理多個事務，這種並行執行極大地提高了 Peer 節點的處理效率，加速了交易到共識服務的交付過程。

☑ 函數式合約程式碼程式設計（**chaincode functionality**）：合約程式碼是通道中交易呼叫的編碼邏輯，定義了用於更改資產所有權的參數，確保數位資產所有權轉讓的所有交易都遵守相同的規則和要求。

☑ 模組化設計（**Modular design**）：Hyperledger Fabric 實作的模組化架構可以為網路設計者提供功能選擇。例如，特定的身份識別、共識和加密演算法可以當成可插拔元件插入 Fabric 網路中，基於此，任何行業或公共領域都可以採用通用的區塊鏈架構。

4.3 核心概念

☆ 錨節點

錨節點是通道中能被所有對等節點探測，且能與之進行通訊的一種對等節點。通道中的每個成員都有一個（或多個，以防單點故障）錨節點，允許屬於不同成員身份的節點來發現通道中存在的其他節點。

☆ 區塊

區塊是一組有序的交易集合，在通道中經過加密（雜湊處理）後與前序區塊連接。

☆≣ 區塊鏈

區塊鏈是一個交易區塊經過 "雜湊連接" 結構化的交易日誌。對等節點從排序服務收到交易區塊，以背書策略和並行衝突，將區塊的交易標註為有效或者無效狀態，並且將區塊追加到對等節點檔案系統的雜湊鏈中。

☆≣ 合約程式碼

合約程式碼是一個運行在帳本上的軟體，它可以對資產進行編碼，其中的交易指令（或者叫業務邏輯）也可以用來修改資產。

☆≣ 通道

通道是建構在 Fabric 網路上的私有區塊鏈，達成資料的隔離和保密。通道內特定的帳本在通道中是與所有對等節點共用的，並且交易方必須通過該通道的正確性驗證，才能與帳本進行互動。通道是由一個 "設定塊" 來定義的。

☆≣ 提交

一個通道中的每個對等節點都會驗證區塊的有序性，然後將區塊提交（寫或追加）至該通道上帳本的各個副本。對等節點也會標記每個區塊中的每筆交易的狀態是有效或者無效。

☆≣ 並行控制版本檢查

並行控制版本檢查（CCVC）是保持通道中各對等節點間狀態同步的一種方法。對等節點並行地執行交易，在交易提交至帳本之前，對等節點會檢查交易在執行期間讀到的資料是否被修改。如果讀取的資料在執行和提交之間被改變，就會引發 CCVC 衝突，該交易就會在帳本中被標記為無效，其值不會更新到狀態資料庫中。

☆≣ 設定區塊

包含系統鏈（排序服務）或通道定義成員和策略的設定資料。對某個通道或整個網路的設定修改（比如，成員離開或加入）將導致生成一個新的設定區塊並追加到適當的鏈上。這個設定區塊會包含創始區塊的內容加上增量。

☆ 共識

共識是貫穿整個交易流程的廣義術語，主要用於確認交易的排序及交易集本身的正確性。

☆ 當前狀態

總帳的當前狀態表示其區塊鏈交易日誌中所有 key 的最新值。對等節點會將最近處理過的每筆交易對應修改的 value 值更新到帳本的當前狀態，當前狀態表示通道中當前最新的 key-value 值，因此也被稱為世界狀態。合約程式碼執行交易提案就是針對的當前狀態。

☆ 動態成員管理

Fabric 支援動態新增 / 移除成員、對等節點和排序服務節點，而不會影響整個網路的作業性。當業務關係調整或因各種原因需新增 / 移除實體時，動態成員管理至關重要。

☆ 創世區塊

創世區塊是初始化區塊鏈網路或通道的設定區塊，也是區塊鏈上的第一個區塊。

☆ Gossip 協定

Gossip 資料傳輸協定有 3 項功能：管理對等節點，發現通道上的成員；通道上的所有對等節點間廣播帳本資料；通道上的所有對等節點間同步帳本資料。

☆ 帳本

帳本是通道中的區塊鏈和通道中每個節點維護的世界狀態的集合。

☆ 成員管理服務

成員管理服務在許可區塊鏈上認證、授權和管理身份。在對等節點和排序服務節點中運行成員管理服務的代理。

☆ 排序服務或共識服務

將交易排序放入區塊的節點的集合。排序服務獨立於對等節點流程之外，並以先到先得的方式，為網路上所有的通道做交易排序。排序服務支援可插拔實作，目前預設實作了 Solo 和 Kafka。

☆ 節點

維護帳本並運行合約容器來對帳本執行讀寫作業的網路實體。節點由成員擁有和維護。

4.4 架構詳解

Hyperledger 是當前業界較為認可的聯盟鏈實作，其最重要的子項目 Fabric 也備受關注。從孵化到發展至今，Fabric 的架構設計也在演進過程中逐漸地改進與完善。前面已經對 Fabric 做了基本內容與功能的介紹，接下來將開始深入探索 Fabric，對 Fabric 最新的整體架構進行分析，並通過與過往架構對比的方式來探討 Fabric 新架構的特點和優勢。

4.4.1 架構解讀

Fabric 在架構設計上採用了模組化的設計理念，從圖 4.1 所示的整體邏輯架構來看，Fabric 主要由 3 個服務模組部組成，分別是成員服務（Membership Service）、區塊鏈服務（Blockchain Service）和鏈碼服務（Chaincode Service）。其中，成員服務提供會員註冊、身份保護、內容保護、交易審計功能，以保證平台存取的安全性和許可權管理；區塊鏈服務負責節點的共識管理、帳本的分散式運算、帳本的儲存，以及節點間的 P2P 協定功能的實作，是區塊鏈的核心組成部分，為區塊鏈的主體功能提供底層支援；鏈碼服務則提供一個智慧合約的執行引擎，為 Fabric 的合約程式碼（智慧合約）程式提供部署執行環境。同時在邏輯架構圖中，還能看到事件流（Event Stream）貫穿三大服務元件間，它的功能是為各個元件的非同步通訊提供技術支援。在 Fabric 的介面部分，提供了 API、SDK 和 CLI 這 3 種介面，使用者可以用來對 Fabric 進行作業管理。

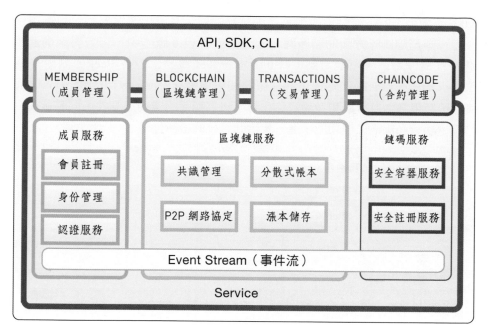

圖 4.1　邏輯架構圖

圖 4.2 和圖 4.3 示範了 Fabric 運行架構，v0.6 版本的結構非常簡單，應用 - 成員管理 -Peer 呈現三角形關係，系統所有的業務功能均由 Peer 節點完成。

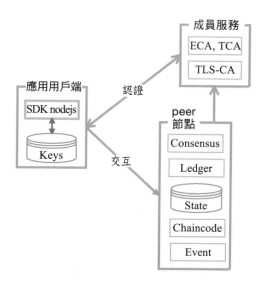

圖 4.2　運行時架構（v0.6）

在 v0.6 版本中，Peer 節點承擔了太多的業務功能，暴露出了擴展性、可維護性、安全性、業務隔離等方面的諸多問題。因此，在 v1.0 版本中，官方對架構進行了改進和重構。可以清晰地看到，v1.0 版本將共識服務部分從 Peer 節點中完全分離，獨立形成一個新的節點提供共識服務和廣播服務。同時 v1.0 版本引入了通道的概念，實現多通道結構和多鏈網路，帶來更為靈活的業務適應性。同時還支援更強的設定功能和策略管理功能，進一步增強系統的靈活性。

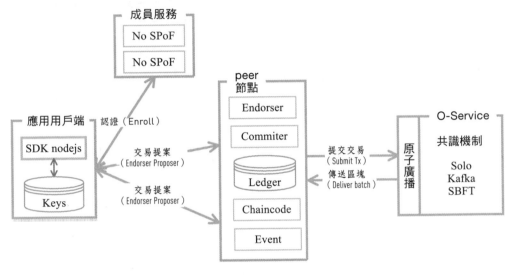

圖 4.3　運行時架構（v1.0）

相比 v0.6 版本，新的架構使得系統在許多方面有了很大的提升，主要有以下的幾大優勢。

- ☑ 合約程式碼信任的靈活性（**chaincode trust flexibility**）。v1.0 版本從架構上，將合約程式碼的信任假設（trust assumptions）與共識服務（ordering service）的信任假設進行了分離。新版本的共識服務可以由一組單獨的節點（orderer）來提供，甚至允許出現一些失效節點或惡意節點。而對於合約程式碼程式而言，它可以指定不同的背書節點，這大幅增強了合約程式碼的靈活性。

- ☑ 可擴展性（**scalability**）。在新的架構下，負責為指定合約程式碼背書的背書節點與共識節點是一種正交的關係，所以相比原來 v0.6 架構所有業務功能都在 Peer 節點上執行，v1.0 版本架構的擴展性大為提升。尤其是當不同的合約程式碼所指定的背書節點不存在交集時，系統可以同時進行多個合約程式碼程式的背書作業，這妥善提高了系統處理的效率。

☑ **機密性（confidentiality）**。Mutichannel 的設計使得對內容和執行狀態更新有機密性需求的合約程式碼的部署變得容易了。

☑ **共識模組性（consensus modularity）**。v1.0 架構將共識服務從 Peer 節點分離出來獨自成為共識節點，共識服務還被設計為可插拔的模組化元件，允許不同共識演算法的實作，應用於複雜多樣的商業情境。

4.4.2　成員服務

成員服務可以為 Fabric 的參與者提供網路上的身份管理、隱私、保密性和可審核性的服務。下面重點介紹 PKI 體系的相關內容並介紹使用者的註冊過程。

① PKI 體系

PKI（Public Key Infrastructure，公開金鑰基礎設施）的目標就是實現不同成員在不見面的情況下進行安全通訊，Fabric 當前採用的模型是基於可信的第三方機構，也就是憑證授權（Certification Authority，CA）簽發的憑證。CA 會在確認申請者的身份後簽發憑證，同時會線上提供其所簽發憑證的最新吊銷資訊，這樣使用者就可以驗證憑證是否仍然有效。

憑證是一個包含公開金鑰、申請者相關資訊及數位簽章的檔案。數位簽章確保憑證中的內容不被任何攻擊者竄改，而且驗證演算法可以發現任何偽造的數位簽章。這樣公開金鑰和身份被綁在一起，不能竄改，也不能偽造，妥善管理成員。

在非許可區塊鏈中，參與者不需要經過授權，網路上的所有節點都可以擁有平等提出交易或者記帳的權利，網路中的節點並無角色區別，都是統一的對等實體。但是成員服務把 PKI 體系和去中心化共識協定組合在一起，將非許可鏈轉變為了一個許可區塊鏈。在許可區塊鏈中，實體需要註冊來取得長期的身份憑證（例如註冊憑證），並且這個身份憑證還可以根據實體類型來進行區分。

對於使用者而言，註冊作業完成後，交易憑證授權（Transaction Certificate Authority，TCA）會為註冊用戶頒發一個匿名的憑證，而對於交易來說，需要通過交易憑證來對給需要提交的交易進行認證，並且交易憑證會一直儲存於區塊鏈上。成員服務實際上是一個認證中心，負責為用戶提供憑證認證和許可權管理的功能，對區塊鏈網路中的節點和交易進行管理和認證。

在 Fabric 的系統實現中，成員服務由幾個基本實體組成，它們互相協作來管理網路使用者的身份和隱私。這些實體，有些負責驗證使用者的身份，有些負責在系統中為使用者註冊身份，有些為使用者在進入網路或者呼叫交易時提供所需的憑證憑據。PKI 是一個使用公開金鑰加密的框架體系，它不僅可以確保網路上的資料安全交換，而且還可以用來確認管理對方的身份。同時在 Fabric 系統中，PKI 還用於管理金鑰和數位憑證的生成、分發及撤銷。

通常情況下，PKI 體系包含憑證頒佈機構（CA）、註冊機構（RA）、憑證資料庫和憑證存放區實體。其中，RA 是一個信任實體，它負責對使用者進行身份驗證，以及對資料、憑證或者其他用於支援用戶請求的材料，進行合法性審查，並負責建立註冊所需的註冊憑證。CA 則會根據 RA 的建議，為指定用戶頒發數位憑證，這些憑證由根 CA 直接或分層進行認證。成員服務的詳細實體如圖 4.4 所示。

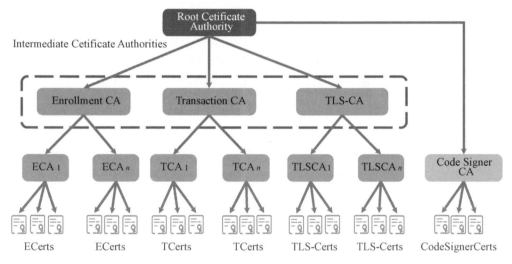

圖 4.4　成員服務實體組成

下面針對圖中的實體進行進一步介紹說明。

- ☑ **Root Certificate Authority**（**Root CA**）：根 CA，代表 PKI 體系中信任的實體，同時也是 PKI 體系結構中的最頂層認證機構。

- ☑ **Enrollment Certificate Authority**（**ECA**）：負責在驗證用戶提供的註冊憑證後發出註冊憑證（ECerts）。

☑ **Transaction Certificate Authority（TCA）**：負責在驗證使用者提供的註冊憑證後發出交易憑證（TCerts）。

☑ **TLS Certificate Authority（TLS-CA）**：負責頒發允許使用者使用其網路的 TLS（Transport Layer Security，傳輸層安全協定）憑證和憑據。

☑ **Enrollment Certificates（ECerts）**：ECerts 是長期憑證。它們針對所有角色頒發。

☑ **Transaction Certificates（TCerts）**：TCerts 是每個交易的短期憑證。它們是由 TCA 根據授權的使用者請求頒發的。此外，TCerts 可以被設定為不攜帶使用者身份的資訊。它們使得使用者不僅可以匿名參與系統，還可以防止事務的可連結性。

☑ **TLS-Certificates（TLS-Certs）**：TLS-Certs 是用於系統和元件之間進行通訊的憑證。它們攜帶其所有者的身份，並用於網路安全性。

☑ **Code Signer Certificates（CodeSignerCerts）**：負責對程式碼進行數位簽章，通過對程式碼的數位簽章來標示軟體來源及軟體發展者的真實身份，以此保證程式碼在簽名之後不被惡意篡改。

金融 IC 卡系統中也使用了 PKI 體系，它的架構如圖 4.5 所示。與 Fabric 的 PKI 體系相比，它沒有 TCert，每次交易都是使用 ECert 完成，所以這個系統中的交易是不得匿名的。

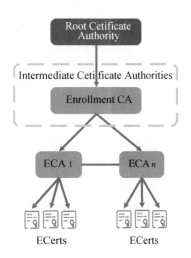

圖 4.5　金融 IC 卡 PKI 架構

② 用戶 / 用戶端註冊過程

前面介紹了成員服務的 PKI 體系的實體及其基本功能，接下來針對具體的使用者
註冊流程做一個簡單的介紹。圖 4.6 是一個使用者登記流程的高層描述，它分為兩
個階段：離線過程與線上過程。

離線程序（Offiline process）

線上程序（Online process）

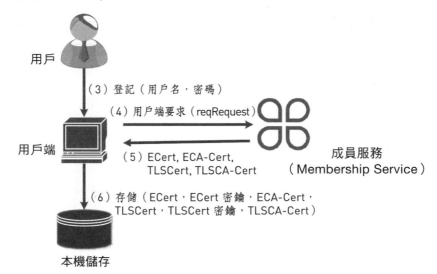

圖 4.6　用戶註冊過程

⭐ **離線過程**

（1）每個用戶或者 Peer 節點必須向 RA 註冊機構提供身份證件（ID 證明），同時這
　　個流程必須通過頻外資料（out-of-band，OOB）進行傳輸，以提供 RA 為使用
　　者建立（和儲存）帳戶所需的證據。

（2）RA 註冊機構回傳使用者有關的用戶名和密碼，以及信任錨（包含 TLS-CA Cert）。如果用戶可以存取本機用戶端，那麼用戶端可以將 TLS-CA 憑證作為信任錨的一種方式。

☆≣ 線上過程

（3）使用者連線用戶端，要求登入系統，在這一過程中，使用者將用戶名和密碼發送給用戶端。

（4）用戶端接著代表使用者向成員服務發送請求，成員服務接受請求。

（5）成員服務將包含幾個憑證的套件發送給用戶端。

（6）一旦用戶端驗證完成所有的加密材料是正確有效的，它就會將憑證存放區於本機資料庫中並通知使用者，至此，用戶註冊完成。

4.4.3 區塊鏈服務

區塊鏈服務包含 4 個模組：共識管理、分散式帳本、帳本儲存及 P2P 網路通訊協定。在多個節點的分散式複雜網路中，共識管理可使訊息達成共識，分散式帳本與帳本儲存則負責區塊鏈系統中所有的資料儲存，如交易資訊、世界狀態等。而 P2P 網路通訊協定則是網路中節點的通訊方式，負責 Fabric 中各節點間的通訊與互動。

① P2P 網路

P2P 網路是一種在對等實體之間分配任務和工作負載的分散式應用架構，是對等計算模型在應用層形成的一種網路型態。在 P2P 網路環境中，彼此連接的多台電腦之間都處於對等的地位，各台電腦有相同的功能，無主從之分。一台電腦既可擔任伺服器，設定共用資源供網路中其他電腦所使用，又可以當成工作站。一般來說，整個網路不依賴專用的集中伺服器，也沒有專用的工作站。而區塊鏈所處的分散式環境中，各個節點間本應該是平等的，與 P2P 網路通訊協定是天作之合。

在 Fabric 的網路環境中，節點是區塊鏈的通訊實體。存在三類不同的節點，分別是用戶端節點（Client）、Peer 節點（Peer）及共識服務節點（Ordering Service Node 或者 Orderer）。

用戶端節點代表終端機使用者實體。它必須連接到 Peer 節點後才可以與區塊鏈進行通訊互動。同時用戶端節點可以根據它自己的選擇，連線到任意的 Peer 節點上，建立交易和呼叫交易。在實際系統執行環境中，用戶端負責與 Peer 節點通訊提交實際交易呼叫，與共識服務通訊請求廣播交易的任務。

Peer 節點負責與共識服務節點通訊，進行世界狀態的維護和更新。它們會收到共識服務廣播的訊息，以區塊的形式接收排序好的交易資訊，然後更新和維護本機的世界狀態與帳本。

與此同時，Peer 節點可以另行擔任背書節點的角色，負責為交易背書。背書節點的特殊功能是針對特定的交易設定的，在它提交前對其進行背書作業。每個合約程式碼程式都可以指定一個包含多個背書節點集合的背書策略。這個策略將定義一個有效的交易背書（通常情況下是背書節點簽名的集合）的必要條件。需要注意的是，存在一個特殊情況，在安裝新的合約程式碼的部署交易中，（部署）背書策略是由一個系統合約程式碼的背書策略指定的，而不能自己指定。

共識服務節點（Orderer）是共識服務的組成元件。共識服務可以視為一個提供交付保證的通訊組織。共識服務節點的職責就是對交易進行排序，確保最後所有的交易是以同樣的序列輸出，並提供送達保證服務的廣播通訊服務。關於共識服務，往後將詳細介紹。

談完節點的類型，再來看看網路的拓撲結構，在 v0.6 版本中，整個網路由兩類節點構成：VP（Validating Peer）驗證節點和 NVP 非驗證節點。如圖 4.7 所示，網路

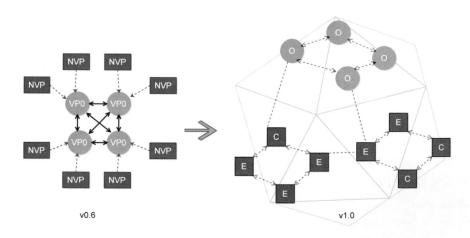

v0.6　　　　　　　　　　　　　　v1.0

圖 4.7　網路拓撲結構

中包含了 4 個驗證節點，並且每個節點還連接著 2 個非驗證節點，整個網路的共識則由 4 個驗證節點構成。在 v1.0 版本中，網路拓撲結構隨著網路節點類型的變化也發生了很大的改變，其中共識服務節點一起組成共識服務，將共識服務抽離出來，而 Peer 節點中可以分為背書節點或者提交 Peer 節點，並且它們還可以進行分組，然後整個共識服務與 Peer 節點所構成的組一起形成新的完成網路。

同時，在 v1.0 版本中，Fabric 引入了新的通道概念，在共識服務上支援多通道訊息傳遞，使得 Peer 節點可以基於應用存取控制策略來訂閱任意數量的通道；也就是說，應用程式可以指定 Peer 節點的次集合架設通道。這些 Peer 節點組成提交到該通道交易的相關者集合，而且只有這些 Peer 節點可以接收包含相關交易的區塊，與其他交易完全隔離。Fabric 支援多鏈與多通道，即系統中可以存在多個通道與多條鏈，如圖 4.8 所示。應用根據業務邏輯決定將每個交易發送到一個或多個通道，不同通道上的交易不會存在任何聯繫。

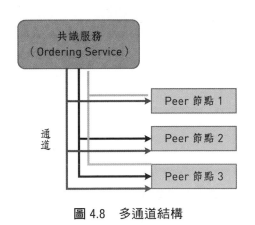

圖 4.8　多通道結構

總的來說，Fabric 在節點和網路方面的一些重構和新特性使得 Fabric 的交易處理能力有了很好的增強，而且妥善達成了隱私隔離。

② 共識服務

網路中的 Orderer 節點聚集在一起形成了共識服務。它可以看作一個提供交付保證的通訊組織。共識服務為用戶端和 Peer 節點提供了一個共用的通訊通道，還為包含交易的訊息提供了一個廣播服務的功能。用戶端連接到通道後，可以通過共識服務廣播訊息將訊息發送給所有的 Peer 節點。共識服務可以為所有訊息提供原子交付保證，也就是說，在 Fabric 中共識服務保證了訊息通訊是序列化和可靠的。換句話說，共識服務輸出給所有連接在通道上的 Peer 節點相同的訊息，並且輸出的邏輯順序也是相同的。

共識服務可以有不同的實現方式，在 v1.0 版本中，Fabric 將共識服務設計成了可插拔模組，可以根據不同的應用情境設定不同的共識選項。目前，Fabric 提供了 3 種模式實現：Solo、Kafka 和 BFT。

Solo 是一種部署在單一節點上的簡單時序服務，主要用於開發測試，它只支援單鏈和單通道。Kafka 是一種支援多通道分區的集群共識服務，可以支援 CFT（Crash Faluts Tolerance）。它容忍部分節點當機失效，但是不能容忍惡意節點。其基本實作是利用 Zookeeper 服務，使用的分散式環境中要求總節點數與失效節點數目滿足 $n>=2f+1$。

BFT 則是拜占庭容錯模式，這種模式允許在分散式環境中存在惡意節點，也允許節點當機，但是它要求分散式環境中總節點資料與失效節點數目滿足 $n>=3f+1$ 的關係。提供的 3 種設定模式，從 Solo 到 Kafka 再到 BFT，面臨的分散式的環境越來越複雜，當然這也導致共識服務處理效能有所降低，所以應該根據系統所處環境來選擇最優的設定選項。

③ 分散式帳本

區塊鏈技術從其底層構造上分析，可以將其定義為一種共用帳本技術。帳本是區塊鏈的核心組成部分，在區塊鏈的帳本中，儲存了所有的歷史交易和狀態改變記錄。在 Fabric 中，每個通道都對應一個共用帳本，而每個連接在共用帳本上的 Peer 節點，都能參與網路和查看帳本資訊，即它允許網路中的所有節點參與和查看帳本資訊。帳本上的資訊是公開共用的，並且在每個 peer 節點上，都維持著一份帳本的副本。圖 4.9 展示了 Fabric 帳本的結構。

從圖中可以看出，共用帳本以檔案系統的形式儲存於本機。共用帳本由兩個部分組成：圖中鏈式結構的 Chain 部分和圖中右邊儲存狀態資料的 State 部分。其中，Chain 部分儲存著所有交易的資訊，只可添加查詢，不可刪改。State 部分儲存著交易日誌中所有變數的最新值，因為它表示的是通道中所有變數鍵值對的最新值，所以有時稱為 "世界狀態"。

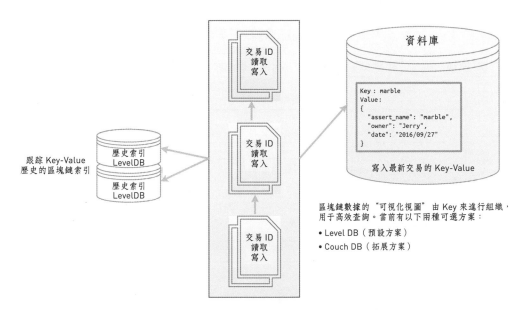

Key : marble
Value:
{
  "assert_name": "marble",
  "owner": "Jerry",
  "date": "2016/09/27"
}

資料庫

寫入最新交易的 Key-Value

區塊鏈數據的 "可視化視圖" 由 Key 來進行組織，用于高效查詢。當前有以下兩種可選方案：

• Level DB（預設方案）
• Couch DB（拓展方案）

交易 ID
讀取
寫入

歷史索引
LevelDB

歷史索引
LevelDB

跟蹤 Key-Value
歷史的區塊鏈索引

圖 4.9　共用帳本結構

合約程式碼呼叫執行交易來更改目前的狀態資料，為了使這些合約程式碼高效互動，設計將最新的鍵值對資料儲存於狀態資料庫中。預設的狀態資料庫採用的是 Level DB，但是可以設定改用 Couch DB 或者其他資料庫。

4.4.4　合約程式碼服務

合約程式碼服務提供了一種安全且羽量級的方式，沙箱驗證節點上的合約程式碼執行，提供安全容器服務及安全的合約程式碼註冊服務。其執行環境是一個 "鎖定" 和安全的容器，合約程式碼首先會被編譯成一個獨立的應用程式，運行於隔離的 Docker 容器中。在合約程式碼部署時，將會自動生成一組帶有簽名的智慧合約的 Docker 基礎鏡像。在 Docker 容器中，Peer 節點與合約程式碼互動過程如圖 4.10 所示。

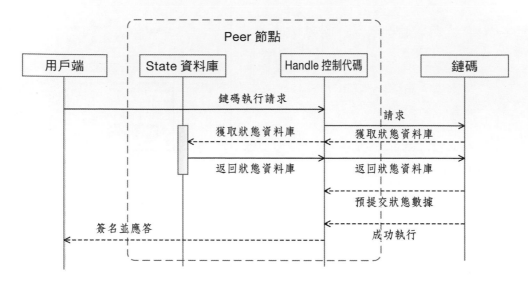

圖 4.10 鏈碼與 Peer 節點互動過程

步驟如下。

(1) 合約程式碼通過 gRPC 與 Peer 節點互動，當 Peer 節點收到請求的輸入後，會通過發送一個合約程式碼訊息物件給對應的合約程式碼。

(2) 合約程式碼呼叫 Invoke() 方法，通過 getState() 和 putState() 方法進行讀取和寫入資料，向 Peer 節點取得帳本狀態資訊和發送預提交狀態。

(3) 合約程式碼發送最終輸出結果給 Peer 節點，節點對輸入和輸出資訊進行背書簽名，完成簽名提交。

關於具體的合約程式碼分析與編寫，將在下一節進行詳細介紹。

4.5　合約程式碼分析

通過前述的架構解讀部分，可以得知合約程式碼服務是 Fabric 架構中的核心組成部分，本節將進一步研究合約程式碼服務中所運行的合約程式碼，介紹如何編寫、部署及呼叫具體的合約程式碼。

4.5.1　合約程式碼概述

合約程式碼是區塊鏈上運行的一段程式碼，是 Fabric 中智慧合約的實作方式。同時在 Fabric 中，合約程式碼還是交易生成的唯一來源。共用總帳本是由區塊連接而成的一條不斷增長的雜湊鏈，而區塊中包含了以 Merkle 樹的資料結構表示的所有的交易資訊，可以說交易是區塊鏈上最基礎的實體單元。那麼交易又是怎樣產生的呢？交易只能透過合約程式碼呼叫作業而產生，所以合約程式碼是 Fabric 的核心元件，也是與共用帳本互動的唯一管道。

目前，Fabric 支援使用 Java 或 Go 語言通過實現介面的方式來編寫合約程式碼。按照 Fabric 的設計，位於 /core/chaincode 目錄下的 shim 套件是提供合約程式碼開發的 SDK，理論上可以獨立使用，但目前或許因為需要呼叫某些其他依賴模組，還不能妥善獨立出來。

Fabric 中合約程式碼運行在 Peer 節點上，並且與合約程式碼相關的作業諸如部署、安裝、呼叫等也都是在 Peer 節點上進行的。合約程式碼經由 SDK 或者 CLI 在 Fabric 網路的 Peer 節點上進行安裝和初始化，讓使用者得以與 Fabric 網路的共用帳本之間進行互動。

目前，合約程式碼的節點運行模式有兩種：一般模式和開發模式。一般模式是系統預設模式，合約程式碼運行於 Docker 容器中。運用 Docker 容器來運行 Fabric 系統，這樣就給 Fabric 本身系統和合約程式碼的運行提供了一個隔離的環境，可以提高整個系統的安全性。

但是在這種模式下，對於開發人員而言，開發測試過程非常複雜和麻煩，因為每次修改程式碼之後都需要重新開機 Docker 容器，這會嚴重降低程式開發的效率。因此，考慮到開發人員的效率問題，Fabric 提供了另外一種運行模式，即開發模式。在開發模式下，鏈碼不再運行於 Docker 容器中，而是直接在本機部署、運行與測試，大幅簡化了開發過程。

4.5.2　合約程式碼結構

合約程式碼是 Fabric 開發中最主要的部分之一，利用合約程式碼可以實作對帳本和交易等實體的互動與作業，同時實作各種業務邏輯。目前，合約程式碼支援 Go

語言和 Java 語言進行編寫，以實現鏈碼介面編寫合約程式碼程式。下面以 Go 語言為例。

合約程式碼的結構主要包括以下 3 個方面。

① 鏈碼介面

在 Fabric v1.0 版本中，鏈碼介面包含兩個方法：Init() 方法和 Invoke() 方法。Init() 方法會在第一次部署合約程式碼時進行呼叫，有點類似於類中的建構方法。就如同其方法名所表達的，Init() 方法中一般執行一些合約程式碼需要的初始化作業。Invoke() 方法則是在呼叫合約程式碼方法進行一些實際作業時呼叫，每次呼叫會被視為一次交易執行。完整的詳細交易流程將在 4.6 節進行介紹。Go 語言中的鏈碼介面程式碼如下所示：

```
Type Chaincode interface {
    // 初始化工作，一般情況下僅被呼叫一次
    Init(stub ChaincodeStubInterface) pb.Response
    // 查詢或更新 world state，可被多次呼叫
    Invoke(stub ChaincodeStubInterface) pb.Response
}
```

② API 方法

當合約的 Init 或者 Invoke 介面被呼叫時，Fabric 傳遞給合約 shim.ChaincodeStubInterface 參數並回傳 pb.Response 結果，這些參數可以通過呼叫 API 方法去操作帳本服務，產生交易資訊或者呼叫其他的合約程式碼。

目前 API 方法定義在 /core/chaincode 目錄下的 shim 套件中，並且可以由以下命令生成：

```
godoc github.com/hyperledger/fabric/core/chaincode/shim
```

其中主要的 API 方法可以分為 5 類，分別是 State 讀寫作業、Args 讀寫作業、Transaction 讀寫作業、鏈碼相互呼叫及 Event 設定。表 4.2 是顯示這些方法及其對應的功能。

▼ 表 4.2　API 方法

API 方法	功能
GetState((key string)	取得最新 state
PutState(key string, value []byte)	新增 state
DelState(key string)	刪除 state
GetStateByRange(startKey, endKey string)	取得 state
GetStateByParGalCompositeKey (objectType string, keys []string)	取得 state
GetQueryResult (query string)	查詢結果
GetHistoryForKey(key string)	查詢歷史
CreateCompositeKey (objectType string, attributes []string)	建立複合鍵
SplitCompositeKey(compositeKey string)	切割複合鍵
GetArgs()	讀取參數
GetStringArgs()	讀取參數字串
GetFuncGonAndParameters()	讀取函數和參數
GetArgsSlice()	讀取參數切片
GetCreator()	讀取建立者
GetTransient()	讀取交易資訊
GetBinding()	讀取 Bind
GetTxTimestamp()	讀取時間戳記
GetTxID()	讀取 TxId
InvokeChaincode (chaincodeName string, args [][]byte, channel string)	呼叫鏈碼
SetEvent(name string, payload []byte)	設定事件流
NewLogger(name string) *ChaincodeLogger	新建日誌
Start(cc Chaincode)	啟動鏈碼
SetLoggingLevel(level LoggingLevel)	設定日誌等級

③ 鏈碼回傳資訊

鏈碼是以 **protobuffer** 的形式回傳的，定義如下所示：

```
message Response {
// 狀態碼
    int32 status = 1;
    // 回應碼信息
    string message = 2;
    // 回應內容
    bytes payload = 3;
}
```

鏈碼還會回傳事件資訊，包括 Message events 和 Chaincode events，定義如下：

```
messageEvent {
    oneof Event {
        Register register = 1;
        Block block = 2;
        ChaincodeEvent chaincodeEvent = 3;
        Rejection rejection = 4;
        Unregister unregister = 5;
    }
}
messageChaincodeEvent {
    string chaincodeID = 1;
    string txID = 2;
    string eventName = 3;
    bytes payload = 4;
}
```

一旦完成了鏈碼的開發，有兩種方式可以與鏈碼互動：透過 SDK 或者使用 CLI 命令列。使用 CLI 命令列的互動將在下一節進行介紹，SDK 的互動可以參考第 5 章的案例。

4.5.3 CLI 命令列呼叫

編寫完合約程式碼之後，就要瞭解如何部署合約程式碼，以及如何呼叫合約程式碼。要想進行部署合約程式碼等相關作業，必然需要啟動 Fabric 系統。Fabric 提供了 CLI 介面，支援以命令列的形式完成與 Peer 節點相關的作業。透過 CLI 介面，Fabric 支援 Peer 節點的啟動停止作業、合約程式碼的各種相關作業，以及通道的相關作業。

當前 Fabric 所支援的 CLI 命令如表 4.3 所示。

▼ 表 4.3　CLI 命令

命令列參數	功能	命令列參數	功能
Version	查看版本資訊	chaincode invoke	呼叫鏈碼
node start	啟動節點	chaincode query	查詢鏈碼
node status	查看節點狀態	channel create	建立通道
node stop	停止節點	channel join	加入通道
chaincode deploy	部署鏈碼		

以下命令可查看其他與 Peer 命令相關的資訊。

```
# 此命令需要
cd /opt/gopath/src/github.com/hyperledger/fabric
build /bin/peer

# 或者進入啟動網路後進入 cli 容器
docker exec -it cli bash
# 進入 cli 容器後運行 peer 命令
peer
```

在運行以上命令之後，將看到如圖 4.11 所示的資訊。

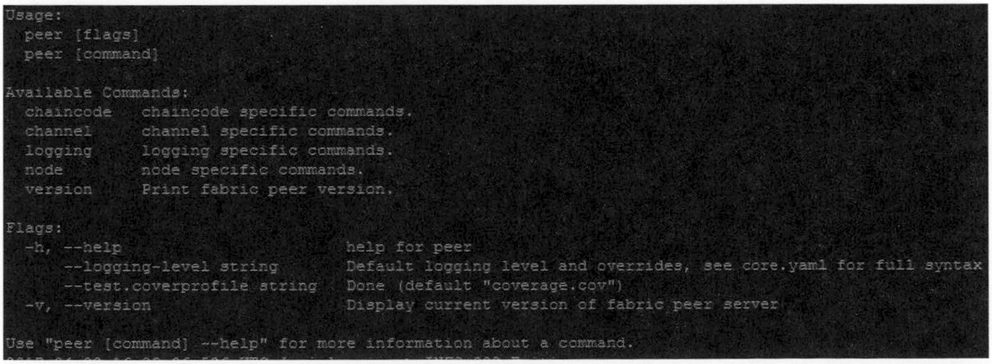

```
Usage:
  peer [flags]
  peer [command]

Available Commands:
  chaincode    chaincode specific commands.
  channel      channel specific commands.
  logging      logging specific commands.
  node         node specific commands.
  version      Print fabric peer version.

Flags:
  -h, --help                        help for peer
      --logging-level string        Default logging level and overrides, see core.yaml for full syntax
      --test.coverprofile string    Done (default "coverage.cov")
  -v, --version                     Display current version of fabric peer server

Use "peer [command] --help" for more information about a command.
```

圖 4.11　Peer 命令列參數

可以按照圖中所示，運行 peer [command] –help 命令查看更詳細的命令介紹信息。

4.5.4 鏈碼執行通道圖

鏈碼執行過程如圖 4.12 所示。

☑ 用戶端（SDK/CLI）建立交易提案，包含鏈碼函數和呼叫參數，並以 proto 訊息格式發送到背書節點。

☑ 背書節點呼叫 SHIM 包的方法建立鏈碼模擬交易執行內容。

☑ 背書節點初始化合約、呼叫參數，基於讀取和寫入的 Key 生成讀寫作業集。

☑ 背書集群節點模擬提案執行：執行讀作業，向帳本發送查詢狀態資料庫的請求；模擬寫作業，取得 Key 的 value 值版本號，模擬更新狀態資料。

☑ 若回傳執行成功，則執行背書作業；若回傳失敗，則推送錯誤碼 500。

☑ 背書節點對交易結果執行簽名，將提案結果回傳給用戶端（SDK/CLI），提案結果包括執行回傳值、交易結果、背書節點的簽名和背書結果（同意或拒絕）。

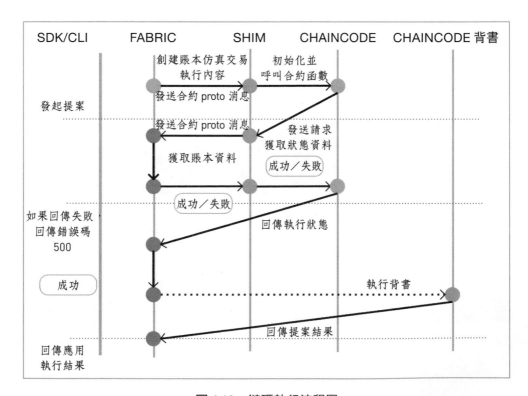

圖 4.12　鏈碼執行流程圖

關於合約程式碼編寫的內容，可以查看專案 /examples/chaincode/ 下的範例合約程式碼進一步瞭解。

4.6 交易流程

本節主要分析 Fabric 中的交易背書過程，首先介紹了 Fabric 交易背書過程的機制，然後從一個簡單的案例描述其通用流程，之後詳細分析背書過程，最後簡單介紹 Fabirc 的背書策略。

4.6.1　通用流程

在 Fabric 系統中，交易就是一次合約程式碼的呼叫，交易可能有如下兩種類型。

- ☑ **部署交易**。部署交易建立新的合約程式碼，並且用一個程式作為參數。當一個部署交易成功執行時，合約程式碼被安裝到區塊鏈上。

- ☑ **呼叫交易**。呼叫交易在先前部署的交易上下文中執行作業。呼叫交易指的是合約程式碼和它提供的一個或多個功能。當成功地執行呼叫交易時，合約程式碼執行指定的函數，這些函數執行時可能修改相應的狀態，並回傳輸出。

區塊鏈中執行的交易會打包成區塊，區塊連接起來就形成了共用帳本中的雜湊鏈。本節將介紹 Fabric 系統中一次交易的執行流程。為了理解 Fabric 系統的交易背書過程，本節將先使用一個簡單的範例來展示一次成功的交易執行過程。

首先在這個範例中，需要做一些假設，也就是真實開發時需要進行的設定工作。假設如下。

- ☑ **節點類型**：E0、E1、E2、E3、E4、E5 均為 Peer 節點，其中特殊的是 E0、E1、E2 為此次交易的背書節點，Ordering Service 為共識服務節點組成的共識服務。

- ☑ **通道設定**：本案例中存在兩個通道，其中 E0、E1、E2、E3 均連接在同一個通道 Channel1 中，而 E4 和 E5 位於另一個通道 Channel2 中。

- ☑ **背書策略**：E0、E1 必須簽名背書，E2、E3、E4、E5 則不屬於策略。

做好假設之後，開始案例流程，如圖 4.13 所示。

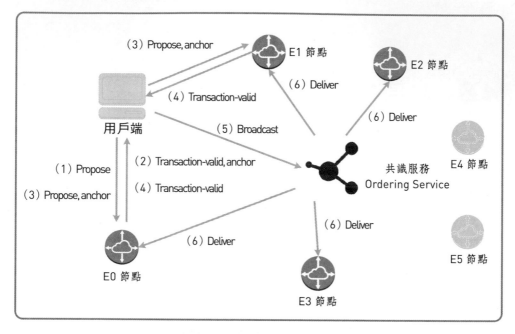

圖 4.13　交易背書通用流程

（1）用戶端應用從 SDK 發送出一個交易提案（Transaction Propose）給背書節點 E0。它用來接收智慧合約中相關功能函數的請求，然後更新帳本資料（即資產 的鍵 / 值）。同時在發送前用戶端會將這一交易提案打包為一種可識別的格式 （如 gRPC 上的 protocol buffer），並使用用戶的加密憑證為該交易提案簽名。

（2）背書節點 E0 收到用戶端發送的交易提案之後，先驗證用戶端簽名是否正確， 然後將交易提案的參數作為輸入模擬執行，執行作業會生成包含執行回傳值、 讀取作業集合和寫入作業集合的交易結果（此時不會更新帳本），再對這個交 易提案進行背書作業，附上 anchor 資訊發送回用戶端。

（3）用戶端想要進一步得到 E1 的認可，因此需要發送交易提議給 E1，並且此時可 以決定是否附上從 E0 處得到的 anchor 資訊。

（4）背書節點 E1 與先前 E0 的方式一樣，驗證用戶端簽名，驗證之後模擬執行， 再將驗證後的 Transaction-valid 資訊發送回用戶端。

（5）用戶端會一直等待，直到收集到了足夠的背書資訊之後，將交易提案和結果以廣播的形式傳給共識服務。交易中包括 readset、背書節點的簽名和通道 ID。共識服務並不會讀取交易的詳細資訊，而是對接收到的交易資訊按通道分類進行排序，打包生成區塊。

（6）共識服務會將達成一致的交易打包進區塊並傳送給連接在這一通道上的所有節點，E4 和 E5 接收不到任何訊息，因為它們沒有連接在當前交易的通道上。

（7）各節點驗證收到的區塊，驗證是否滿足背書策略，以及驗證帳本上的狀態值是否改變來判斷交易是否有效。驗證成功之後更新帳本和世界狀態 state，然後節點會透過事件機制，通知用戶端交易是否已被加入區塊鏈和交易是否有效。

4.6.2　流程詳解

在 Fabric 中，交易是就指是一次鏈碼呼叫，下面將詳細分析一次交易背書的過程。

① 用戶端發送交易提議給指定背書節點

為了呼叫一個交易，用戶端會向它所選擇的一組背書節點發送一個 PROPOSE 訊息（這些訊息可能不是同時發送的，比如上一節的例子）。對於如何選擇背書節點集合，client 可以利用 Peer，提出 chaincodeID 的背書節點集合，反之也可以利用背書策略取得背書節點集合。例如，這個交易會被用戶端通過 chaincodeID 發送給所有相關的背書節點。即便如此，某些背書節點可能離線，其他的可能反對，所以選擇不簽署該交易。提交用戶端會利用有效的背書節點，盡力滿足背書策略。

下面，本節將先詳細說明 PROPOSE 訊息的格式，然後討論提交用戶端和背書節點間可能的互動模式。

（1）**PROPOSE 訊息格式**

一條 PROPOSE 的格式為 PROPOSE = <PROPOSE, tx, [anchor]>，包含著兩個參數，tx 交易訊息欄位是必需的，而 anchor 是可選的參數。下面對這兩個參數進行詳細分析。

tx 參數包含了與交易相關的各種資訊，欄位格式如下：

tx=<clientID, chaincodeID, txPayload, timestamp, clientSig>

○ clientID：用戶端 ID

○ chaincodeID：呼叫作業合約 ID

○ txPayload：包含交易資訊的載體

○ timestamp：時間戳記

○ clientSig：用戶端簽名

而對於 txPayload 欄位，呼叫交易和部署交易的詳細資訊會有些不同。

如果當前交易是部署交易，txPayload 只包含 2 個欄位：

txPayload = <operation, metadata>

○ operation：指合約程式碼呼叫的函數和參數

○ metadata：指與此次呼叫相關的其他屬性

如果當前交易是呼叫交易，txPayload 還將還將包含一個 policies 欄位：

txPayload = <operation, metadata, policies >

○ operation：指合約程式碼呼叫的函數和參數

○ metadata：指與此次呼叫相關的其他屬性

○ policies：指與合約程式碼相關的策略，比如背書策略

anchor 參數中包含了 readset（一個從原始帳本中讀取到的版本依賴鍵值對集合），也就是世界狀態中的版本化依賴。如果用戶端發送的 PROPOSE 訊息中攜帶了 anchor 參數，那麼背書節點還需要驗證 anchor 參數中是否與本機匹配。

同時 tx 欄位的加密雜湊 tid 還會被所有節點用來作為交易的標示（tid = HASH(tx)），並且用戶端會將它儲存在記憶體中一直等待背書節點響應。

（2）訊息模式

因為用戶端的訊息是需要發送給一組背書節點的，所以對於它的發送順序是可以由用戶端控制的。例如，通常情況下，用戶端會先發送給一個背書節點不攜帶 anchor 參數的 PROPOSE 訊息，背書節點接收後，會處理訊息並加上 anchor 參數回傳給用戶端。然後用戶端將攜帶 anchor 參數的 PROPOSE 訊息發送給剩下的其他背書節點。

另一種模式，用戶端會直接將不攜帶 anchor 參數的 PROPOSE 訊息發送給背書節點集合，等待它們的回傳。用戶端可以自由選擇訊息模式來進行與背書節點間的互動。

② 背書節點模擬交易執行，然後產生一個背書簽名

背書節點收到用戶端的 `<PROPOSE,tx,[anchor]>` 訊息之後，它會先驗證用戶端的簽名，驗證通過後就會模擬執行交易的內容。需要注意的是，如果用戶端指定了 anchor 欄位，那麼需要驗證本機 KVS 中相應鍵的值，只有與 anchor 參數中的一致時，背書節點才會模擬執行交易。

模擬執行將會通過呼叫 `chaincodeId` 對應的合約程式碼來試驗性的執行 `txPayload` 中的作業，同時還會取得背書節點本機維護的世界狀態的一個副本。在執行完成後，背書節點會更新 `readset` 和 `writeset`（儲存著狀態更新）兩個鍵值對的集合的資訊，這個機制在 DB 資料庫中也被稱為 MVCC+postimage info。具體鍵值對作業如下。

給定背書節點執行交易之前的狀態 s，對於交易讀取的每個鍵 k，`(k,s(k).version)` 將會被添加到 `readset` 中。

對於交易修改的每個鍵 k，`(k,v')` 將會被添加到 `writeset` 中，其中 v' 是更新後的新值。另外，v' 也可以是相對於之前值 `(s(k).value)` 的差值。

在模擬執行之後，Peer 節點會根據所謂的背書邏輯來決定是否為這一交易進行背書，預設情況下，Peer 節點會接收 tran-proposal 訊息並簡單地為其簽名。然而背書邏輯可以被設定，例如，Peer 節點會將 tx 作為輸入，與遺留系統進行互動，來決定是否為這一交易背書。

如果背書邏輯決定背書這個交易，它就會發送 `<TRANSACTION-ENDORSED, tid, tran-proposal, epSig>` 訊息給用戶端：

> `tran-proposal := (epID,tid,chaincodeID,txContentBlob,readset,writeset)`
>
> ○　`txContentBlob`：交易資訊 txPayload
> ○　`epSig`：背書節點的簽名

如果背書邏輯決定拒絕為這個交易背書，它則會發送（`TRANSACTION-INVALID, tid, REJECTED`）訊息給用戶端。

需要注意的是，背書節點模擬執行不會更改任何的雜湊鏈與世界狀態資訊，它只是模擬執行，然後將作業所引起的狀態改變儲存於 `writeset` 中。

③ 用戶端收集交易背書後並通過共識服務廣播

在一定的時間間隔內，如果用戶端收到了"足夠的"背書節點發回的背書訊息（`TRANSACTION-ENDORSED, tid, *, *`），則背書策略被滿足，那麼這筆交易就會被認為背書成功，需要注意的是此時還沒有提交。

否則，如果一定時間內，沒有收到足夠多的背書訊息，用戶端就會拋棄該筆交易或者稍後進行重試。

對於有效的背書成功的交易，用戶端會通過 `broadcast(blob)` 方法呼叫共識服務，其中 `blob` 指的就是背書訊息。如果 `client` 沒有直接呼叫共識服務的能力，它可以選擇某個 Peer 節點代為呼叫，當然這個 Peer 節點必須是可信的，否則這個交易可能會被視為背書無效。

④ 共識服務傳送區塊給 Peer 節點

在共識服務對交易進行排序並達成區塊之後，共識服務將會觸發 `deliver(seqno, prevhash, blob)` 事件，然後將這一區塊廣播給所有連結在 Fabric 和同一通道上的 Peer 節點。

Peer 節點在收到共識服務廣播的區塊之後會進行兩類校驗。

第一類是透過（`blob.tran-proposal.chaincodeID`）所指向合約程式碼所包含的背書策略，來驗證 `blob.endorsement` 是否有效；第二類則是在完成第一類驗證之後，再驗證 `blob.endorsement.tran-proposal.readset` 集合是否正確。

針對 `readset` 集合的驗證，根據"一致性"和"隔離保證"，可以採用不一樣的方式。如果在合約程式碼中未指定相應的背書策略，那麼可序列化（Serializability）則是預設的驗證方式。對於可序列化要求每個 `readset` 中的鍵的版本要與 state 中的版本對應，然後拒絕不滿足條件的交易。

假如上面的驗證都通過了，這個交易就可以被視為有效，或者已提交。在驗證之後，Peer 節點就會在 `peerLedger` 帳本對應的位元遮罩中用 1 標記這筆交易，並將

writeset 中的更新應用到 Fabric 區塊鏈的 state 世界狀態中。而如果驗證失敗，那麼這個交易就被認為是無效的，Peer 節點則會在 peerledger 的位元遮罩中用 0 標記這筆交易，無效的交易不會引起任何改變更新。

在共識服務的保證下，上述流程會保證所有正常的 Peer 節點在執行一個 deliver 事件之後擁有相同的世界狀態。換句話說，所有正確的節點將會收到一個完全一樣的 deliver 事件的序列。至此，本次交易流程結束。

4.6.3　背書策略

Fabric 所提供的背書策略機制，是用於指定區塊鏈節點交易驗證的規則。每當背書節點收到交易請求時，系統就會以 VSCC（Validation System Chaincode，系統合約程式碼驗證）對交易的有效性進行驗證。在交易流程中，交易可能會包含來自於背書節點的一個或多個背書，而 VSCC 機制將會根據以下規則決定交易的效力。

☑ 背書的數量是否符合要求；

☑ 背書是否來自預期的來源；

☑ 所有來自背書節點的背書是否有效（即它們是否來自預期訊息上的有效憑證的有效簽名）。

背書策略就是用來指定至少所需的背書數量要求，以及背書來源預期的集合。每個背書策略由兩個部分組成，原則（principal）和定限閘（threshold gate）。原則 P 用來識別預期簽名的實體；定限閘 T 有兩個輸入參數，t 表示背書數量，n 表示背書節點列表，即滿足 t 的條件，背書節點屬於 n。例如，T(2, 'A', 'B', 'C') 表示需要獲得 2 個以上來自於 'A', 'B', 'C' 的背書。T(1, 'A', T(2, 'B', 'C')) 表示需要收到來自 'A' 的背書或者來自 'B' 和 'C' 的兩個背書。

在 CLI 命令列互動中，背書策略的表示語法是 EXPR([E, E...])，EXPR 有兩個選項 AND 或者 OR，其中 AND 表示 "與"，表示每個都需要，而 OR 則表示 "或"。比如 AND('Org1.member', 'Org2.member', 'Org3.member') 表示請求 3 個組的簽名，OR('Org1.member', 'Org2.member') 表示請求兩個組中任意一個的簽名即可。而 OR('Org1.member', AND('Org2.member', 'Org3.member')) 表示有兩種選擇，第一種是請求組織 1 的簽名，第二種是請求組織 2 和組織 3 的簽名。

在使用 CLI 與區塊鏈互動時，在命令後使用 -P 選項即可為執行的合約程式碼指定相應的背書策略，例如下面的合約程式碼部署命令：

```
peer chaincode deploy -C testchainid -n mycc -p $ORDER_CA -c '{"Args":["init","a","100",
"b","200"]}' -P "AND('Org1.member', 'Org2.member')"
```

表示部署合約程式碼 mycc 需要求組織 1 和組織 2 的簽名。

Fabric 未來對於背書策略會繼續強化，除了目前通過與 MSP 的關係來識別原則，Fabric 計畫添加 OU（Organization Unit）的形式，完成當前憑證的功能，同時計畫對背書策略的語法進行改進，使用更直觀的語法。

 4.7　本章小結

本章對 Hyperledger Fabric 進行了深入解讀，有助於讀者深入理解 Fabric 的底層實現原理。首先，介紹了 Hyperledger 及其子專案的發展現狀及管理模式，重點介紹了 Hyperledger Fabric。之後，對 Hyperledger Fabric 架構進行了深入分析，從成員服務、區塊鏈服務及合約程式碼服務三個方面探討 Hyperledger Fabric 的架構組成與特點，說明了 Fabric 架構設計和模組元件。然後，解釋鏈碼的程式碼結構、呼叫方式和執行流程。最後，對交易背書流程做出詳細分析。

Hyperledger Fabric 應用開發基礎

　　第 4 章對 HyperLedger Fabric 進行了深入解讀，讀者應對 Fabric 的核心原理有了基本的認識。在此基礎之上，本章將主要講解使用 Fabric 進行區塊鏈應用開發的最佳作法，從應用開發的角度提出 Fabric 環境部署、鏈碼開發指南及 CLI 和 SDK 應用開發實例，並以理論與實踐相結合的方式，使讀者能夠利用 Fabric 進行應用開發。

5.1　環境部署

環境部署是開發實戰的第一步，只有成功設定好開發環境，才能繼續後面的實作內容。本節將解說建立 Fabric 開發環境的詳細過程，為後面的開發實戰作準備。

5.1.1　軟體下載與安裝

需要安裝的必備軟體主要有 Oracle VM VirtualBox、Vagrant 和 Git。下面我們分別進行介紹。

❶ Oracle VM VirtualBox

Oracle VM VirtualBox 是 Oracle 公司推出的一款虛擬機器軟體，可以讓使用者在日常作業系統下，利用虛擬機器來安裝其他的作業系統。它是一個開源免費的虛擬機器軟體，可以滿足各種跨平台開發的需求，對於開發人員而言是一個很好的工具。而且它允許在一台電腦上同時運行多個虛擬作業系統（如 Windows、Linux、Solaris 等），用戶在使用時只需在不同的視窗間進行切換，就可以輕鬆在不同的系統上進行開發作業，實體電腦上安裝系統無法做到這一點。

要使用 Oracle VM VirtualBox，用戶首先要去官方網站（https://www.virtualbox.org/wiki/Downloads）下載安裝程式。VirtualBox 支援多平台，提供了各類作業系統的下載安裝方案，這裡以市佔率最高的 Windows 10 64bit 作業系統環境為例，選擇 Windows hosts 版本進行下載安裝，如圖 5.1 所示。

在下載完成之後會得到一個名稱為 VirtualBox-5.1.18-114002-Win.exe 的安裝包檔，按兩下進行安裝，按照顯示資訊選擇安裝設定，如果沒有特殊需求，選擇預設值即可。安裝成功之後進入軟體主介面，如圖 5.2 所示。

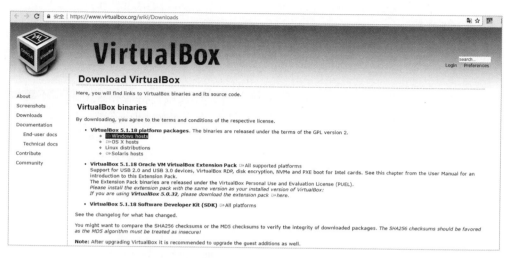

圖 5.1 選擇合適的 VirtualBox 版本下載

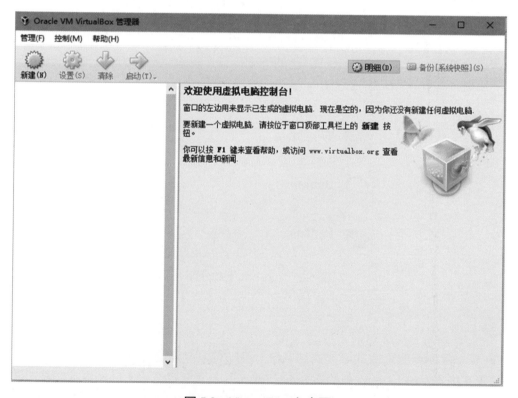

圖 5.2 VirtualBox 主介面

② Vagrant

Vagrant 是一個可建立羽量級、高複用性和便於移植的開發環境的工具,用於建立和部署虛擬化開發環境。在當前的真實開發中,要對某個專案進行開發,第一步往往都是先設定好開發環境。然而,隨著技術的不斷演進,軟體專案的體積不斷擴增,開發環境的設定越來越複雜。比如,某個專案可能需要涉及資料庫、緩存伺服器、反向代理伺服器、搜尋引擎伺服器(例如 Sunspot 或 Elastic Search)、網站伺服器、即時推送伺服器等服務。因此,許多時候完成第一步環境設定任務並非易事。Vagrant 是一個安裝了 Linux 系統的 VirtualBox 虛擬機器,配以一些套件,可以妥善輔助解決諸如安裝初始化、檔案同步、ssh、部署環境升級、功能外掛程式安裝等一系列問題。

至 https://www.vagrantup.com/downloads.html,進入如圖 5.3 所示的下載介面。選擇 Windows 選項,下載 vagrant_1.9.4.msi 安裝檔,按兩下安裝即可。

圖 5.3　Vagrant 下載介面

③ Git

Git 是一個開源的分散式版本控制系統,可以有效、高速地處理從很小到非常大的專案版本管理,Linux 創始人 Linus Torvalds 為了幫助管理 Linux 內核開發而開發,並逐漸發展成全球最受歡迎的版本控制軟體。Hyperledger Fabric 同樣基於 Git 進行開發管理,將程式碼託管於 GitHub 上。

前往 https://git-scm.com/downloads，選擇 Windows 版本進行下載安裝，同樣用預設值即可。安裝完成之後，在任意資料夾按右鍵，可以從 GitGUIHere 選項打開 Git 視覺化作業介面，也可以通過 Git Bash Here 選項打開 Git 控制台。

5.1.2　開發環境建置

在必備軟體安裝完成後，可以開始使用 Vagrant 建立開發環境的虛擬機器。首先選擇一個資料夾，使用以下命令將 Hyperledger Fabric 項目克隆（clone）到本機並啟動 Vagrant。

```
# 克隆項目
git clone https://github.com/hyperledger/fabric.git
# 進入 vagrant 虛擬機器目錄
cd fabric/devenv
# 啟動 vagrant
vagrant up
# 連接 virtualbox 虛擬機器
vagrant ssh
```

第一次執行 `vagrant up` 命令的時間會較長，因為在執行過程中包含了許多作業，例如下載所需的虛擬機器鏡像，根據腳本執行各種環境設定。如果是在 Windows 環境下，則需要透過 PuTTY 或者 XShell 等軟體才能登錄。最初的用戶名稱和密碼，會放在對應的 box 的設定檔資料夾下的 Vagrantfile 中。以下探討 `vagrant up` 執行過程中的腳本作業。

在第一次執行 `vagrant up` 命令時，系統會先尋找是否存在所需的 box 鏡像檔，如果沒有找到，則會自動進行下載，建立 VirtualBox 虛擬機器，之後就會採用 ssh 協定連接虛擬機器，執行已經寫好的 shell 腳本進行開發環境的設定。環境設定步驟如下。

（1）更新系統。

```
apt-get update
```

（2）安裝一些基礎的工具軟體。

```
apt-get install -y build-essential git make curl unzip g++ libtool
```

（3）安裝 **Docker** 和 **docker-compose**。

（4）安裝 **Go** 語言環境。

（5）安裝 **Node.js**，Node.js 是一個 JavaScript 的運行環境，可以輕鬆建立回應速度快、易於擴展的網路應用。

```
NODE_VER=6.9.5
NODE_URL=https://nodejs.org/dist/v$NODE_VER/node-v$NODE_VER-linux-x64.tar.gz
curl -sL $NODE_URL | (cd /usr/local && tar --strip-components 1 -xz )
```

（6）安裝 **Behave**，Behave 是一個基於 Python 的自動化測試框架，具體安裝可以參考 Fabric 專案根目錄 fabric/script/ 資料夾中的 install_behave.sh 腳本。

（7）安裝 **Java** 環境，因為 Fabric 支援 Java 鏈碼的編寫。

```
apt-get install -y openjdk-8-jdk maven
wget https://services.gradle.org/distributions/gradle-2.12-bin.zip -P /tmp --quiet
unzip -q /tmp/gradle-2.12-bin.zip -d /opt && rm /tmp/gradle-2.12-bin.zip
ln -s /opt/gradle-2.12/bin/gradle /usr/bin
```

（8）進行一些雜項設定，開發環境設定完成。

Vagrant 提供了一種便捷且全面的開發環境建置方式，它需要用到 VirtualBox 虛擬機器，然而最終應用往往是運行在實體伺服器上。而針對實體電腦上的 Fabric 開發環境，最核心的兩項是 Go 語言環境和 Docker 環境。Fabric 是以 Go 語言開發而成，而 Fabric 應用則均以 Docker 容器的方式運行。至於其他的工具與軟體，可以根據開發時的需求自行選擇。

5.1.3 Go 和 Docker

本節將針對 Go 語言環境和 Docekr 環境的建置進行詳細的介紹。

① Go 語言環境

Go 語言是 Google 在 2009 年發佈的第二款開源程式設計語言，專門對多處理器系統應用程式的程式設計進行了優化，使用 Go 語言編譯的程式具有媲美 C 或者 C++ 程式碼的速度，同時還更安全、支援平行作業。Go 語言是一種 Google 寄予厚望的優秀程式設計語言，其設計是讓軟體充分地發揮多核心處理器同步多工的優勢，並解決物件導向程式設計的麻煩。它有極致精簡的語法，具有現代程式設計語言的特色，如垃圾回收機制可幫助開發者處理瑣碎麻煩的記憶體管理問題。

現在的雲端平台大部分都以 Go 語言進行開發，如現在的 Docker 容器。區塊鏈技術的實作，也以 Go 語言作為主流開發語言，如乙太坊的 Go 語言用戶端 geth，還有我們正在介紹的 Hyperledger Fabric，也是使用 Go 語言進行開發的。下面我們介紹 Go 語言環境的設定。

（1）首先去官網下載 **Go** 語言安裝包，至 https://golang.org/dl/，如圖 5.4 所示。

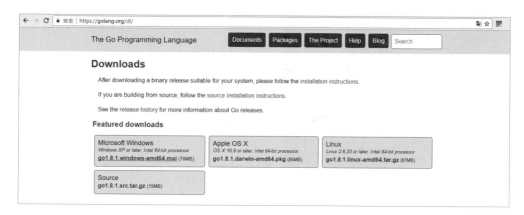

圖 5.4　Go 語言下載介面

（2）選擇 **Linux** 版本，複製下載連結，使用以下命令下載。

```
mkdir Download
cd Download
wget https://storage.googleapis.com/golang/go1.8.1.linux-amd64.tar.gz
```

（3）解壓壓縮檔 go1.8.1.linux-amd64.tar.gz 到 /usr/local/ 目錄下，安裝 Go。

```
sudo tar -C /usr/local -xzf go1.8.1.linux-amd64.tar.gz
```

（4）設定 **Go** 環境變數。

```
mkdir $HOME/go
sudo vim /etc/profile
```

在 /etc/profile 中的判斷語句下方添加下面的 Go 環境變數。

```
# go env
export PATH=$PATH:/usr/local/go/bin
export GOPATH=$HOME/go
```

修改後的 profile 檔如下所示：

```
if [ -d /etc/profile.d ]; then
    for i in /etc/profile.d/*.sh; do
if [ -r $i ]; then
    . $i
fi
    done
    unset i
fi

export PATH=$PATH:/usr/local/go/bin
export GOPATH=$GOPATH/go
```

執行 **source** 命令使其生效，然後使用 **go env** 命令輸出 Go 環境設定資訊。

```
source /etc/profile
go env
```

（5）測試 **Go** 語言。

輸入以下命令：

```
cd $GOPATH
mkdir -p src/hello
cd src/hello/
vim hello.go
```

輸入測試程式碼：

```
package main
import "fmt"
func main() {
    fmt.Printf("hello, world\n")
}
```

存檔退出，使用 **go build** 命令編譯後執行，顯示如下結果則代表 Go 環境設定成功。

```
➜  go build
➜  ls
hello hello.go
➜  ./hello
hello, world
```

② Docker 環境

Docker 是一個開源的應用容器引擎，可以讓開發者將應用及依賴包打包到一個可移植的容器中，然後發佈到任何流行的 Linux 機器上，也可以虛擬化。容器完全使用沙箱機制，互動時不會有任何介面。

Docker 是一個程式運行、測試、交付的開放式平台，它的設計目的就是讓使用者可以快速地與應用進行互動。在 Docker 中，開發人員可以將程式分為不同的基礎部分，每一個基礎部分都可以當作一個應用程式來管理。Docker 能夠幫助開發者快速地測試、快速地編碼、快速地交付，並且縮短從編碼到運行應用的週期。

本章後面的 Hyperledger Fabirc 的開發實戰，是使用 Docker 容器來管理開發的，因此需要先在 Ubuntu 作業系統上設定好 Docker 運行環境。

Docker 為 Ubuntu 提供了快速的安裝方式，只需以下幾行命令，就可以快速地安裝在虛擬作業系統中。

（1）添加遠程倉庫位址。

```
sudo apt-get -y install \
    apt-transport-https \
    ca-certificates \
    curl
curl -fsSL https://download.docker.com/linux/ubuntu/gpg | sudo apt-key add -
sudo add-apt-repository \
    "deb [arch=amd64] https://download.docker.com/linux/ubuntu \
    $(lsb_release -cs) \
    stable"
sudo apt-get update
```

（2）安裝 **docker-ce**。

```
sudo apt-get -y install docker-ce
```

（3）測試 **Docker**。

```
sudo docker run hello-world
```

如果顯示以下結果，則表示 Docker 安裝成功。

```
➜  sudo docker run hello-world
Unable to find image 'hello-world:latest' locally
latest: Pulling from library/hello-world
78445dd45222: Pull complete
Digest:sha256:c5515758d4c5e1e838e9cd307f6c6a0d620b5e07e6f927b07d05f6d12a1ac8d7
Status: Downloaded newer image for hello-world:latest

Hello from Docker!
This message shows that your installation appears to be working correctly.
```

在 Docker 安裝完成之後，還需要額外安裝 docker-compose 工具，以便使用設定檔來部署與啟動容器，docker-compose 安裝命令如下。

```
sudo curl -L "https://github.com/docker/compose/releases/download/1.11.2/docker-compose-
$(uname -s)-$(uname -m)" -o /usr/local/bin/docker-compose
sudo chmod +x /usr/local/bin/docker-compose
```

查看 Docker 和 docker-compose 的版本，如顯示以下結果，則 Docker 環境安裝完成。

```
➜ docker –v
Docker version 17.03.1-ce, build c6d412e
➜ docker-compose –v
docker-compose version 1.11.2, build dfed245
```

5.2　鏈碼開發指南

鏈碼是部署在 Hyperledger Fabric 網路節點上、可與分散式帳本進行互動的一段程式碼，即狹義範疇上的 "智慧合約"。本節將介紹如何在 Fabric 上開發鏈碼。

5.2.1　實現智慧合約的介面

Hyperledger 支援多種電腦語言實現的鏈碼，包括 Golang、JavaScript、Java 等。Go 語言主要依賴鏈碼的 `shim` 介面來實作核心業務邏輯。Fabric 1.0 的 `shim` 介面主要包含兩個核心的函數，分別是 `Init` 和 `Invoke`。功能函數都以函數名和字串結構作為輸入，主要的區別在於函數的功能用途。

（1）Init 函數

當首次部署鏈碼時，Init 函數會被呼叫。此函數用來做一些初始化的工作。

（2）Invoke 函數

呼叫鏈碼來做一些實際工作時，可以使用 Invoke 函數。發起的交易將會被鏈上的區塊獲取並記錄。

它以被呼叫的函數名作為參數，並利用此參數呼叫鏈碼中對應的 Go 函數。

Fabric 1.0 會將 Query 函數整合進 Invoke 函數，以便靈活進行查詢和呼叫。

（3）Main 函數

最後需要建立一個 Main 函數，當每個節點部署鏈碼的實例時，會呼叫該函數，但必須當鏈碼在某節點上註冊時，才會呼叫。

5.2.2　智慧合約的依賴關係

開發鏈碼需要引入如下的套件。

☑ **fmt**：包含了 Println 等標準函數。

☑ **errors**：標準的 errors 類型套件。

☑ **github.com/hyperledger/fabric/core/chaincode/shim**：與鏈碼節點互動的介面程式碼。shim 包提供了 stub.PutState() 與 stub.GetState() 等方法來寫入和查詢區塊鏈上鍵 / 值的狀態。核心的 shim 套件，以封裝 gRPC 訊息的方式到驗證節點完成作業。

5.2.3　智慧合約的資料格式

在 Fabric 0.6 中，資料永久性儲存採用 rocksdb，除了基本的鍵 / 值格式的資料支援之外，智慧合約的 Go 介面支援以 Table 的形式定義合約中的資料，但是 Fabric 1.0 中移除了 Table 相關介面。

在 Fabric 1.0 中，建議基於 JSON 格式構造智慧合約資料，在例子 marbles02 中，可定義結構體 marble 為 JSON 格式：

```
type marble struct {
    ObjectType    string `json:"docType"`
    Name          string `json:"name"`
    Color         string `json:"color"`
    Size          int    `json:"size"`
    Owner         string `json:"owner"`
}
```

此結構體定義了 marble 的類型、名稱、顏色、尺寸、擁有者等屬性。

表 5.1 所示是 Table 實作方式和 JSON 實作方式的一些比較。

▼ **表** 5.1　Table 實作方式和 JSON 實作方式比較

Table 的實作方式	基於 JSON 的實作方式
• 關係型資料庫的方式	• NoSQL 的方式：key/value(LevelDB),documentdb(CouchDB)
• 需要先行定義表結構	• 不需要事先定義表結構
• 往後合約的升級過程中很難更改表結構	• 往後合約升級過程中可以很容易地添加新的 JSON 域
• 不支援分層資料	• 支援分層資料
• 和帳本的底層資料不一致	• 和帳本的底層資料一致
• 無法滿足 Fabric 的功能，例如無法像預期的那樣隨意按列查詢資料	• 可以滿足 Fabric 的功能，可用 key 或者 partial key range 進行查詢
• 程式碼結構更複雜，導致合約程式碼複雜	• 更少的程式碼量，採用內建結構 JSON marshaling
	• 更適合下一代的帳本功能要求：
	– 可以以任何欄位查詢帳本，無論在合約內還是合約外
	– 在使用 JSON 資料庫時更有效（CouchDB）

5.2.4　智慧合約的介面解析

在 Fabric 1.0 中，移除了 Table 相關的所有讀寫介面，同時也提供了如下讀寫接口，供合約呼叫。

☑ GetState(key string) ([]byte, error)：按照給定的 key 查詢回傳對應值的 byte 陣列。

☑ PutState(key string, value []byte) error：將給定的 key 和 value 寫入帳本。

☑ DelState(key string) error：在帳本中移除給定的 key 和對應的 value 記錄。

☑ CreateCompositeKey(objectType string, attributes []string) (string, error)：建構一個由 objectType 和 attributes 組成的組合 key，其中 objectType 和 attributes 必須是有效的 utf8 字串，且不能包含 string(0) 和 string(utf8. MaxRune)。

☑ SplitCompositeKey(compositeKey string) (string, []string, error)：將建構好的組合 key 重新按照組合方式拆分成 objectType 和 attributes。

☑ PartialCompositeKeyQuery(objectType string, keys []string) (StateQueryIteratorInterface, error)：在複合鍵中查詢包含指定 objectType 和 keys 的複合鍵，回傳這些複合鍵的反覆運算器，注意 keys 必須是複合鍵的一部分，如果是全部複合鍵的話，會回傳空的反覆運算器。

☑ RangeQueryState(startKey, endKey string) (StateQueryIteratorInterface, error)：在帳本中查詢 key 值在 startKey 和 endKey 之間的記錄的反覆運算器，反覆運算器中 key 的順序是隨機的。

☑ GetQueryResult(query string) (StateQueryIteratorInterface, error)：該介面會在狀態資料庫（如 CouchDB）中執行 rich query，查詢任意欄位，參數 query 是底層狀態資料庫的查詢語法，該介面僅支援使用狀態資料庫（如 CouchDB）的情況。回傳一個包含所需記錄的反覆運算器。

5.2.5　智慧合約案例程式碼分析

本智慧合約案例利用 Fabric 1.0 實作資產（彈珠）的建立、轉讓和查詢，旨在讓開發者學習智慧合約的基礎知識，並學會在 Fabric 網路上開發一些應用。

該案例的主要功能如下。

☑ 管理員可以為用戶建立一種彈珠（資產），並將其儲存在該智慧合約的帳本中。

☑ 管理員可以讀取和查詢存儲在該智慧合約帳本上的所有彈珠（資產）資訊。

☑ 管理員可以將一位用戶的某種彈珠（資產）轉移給另一位用戶。

☑ 管理員可以刪除存儲在智慧合約帳本上的彈珠（資產）。

目前 Fabric 1.0 將 query() 方法合併至 Invoke 介面，統一了使用方式。智慧合約本身採用鍵值對的形式存儲資料，我們在本例中為了儲存更加複雜的資料結構，採用了 JSON 物件的形式。

① 將 JSON 資料寫入帳本

可通過如下命令將指定的 key 和 JSON 資料寫入帳本，其中 JSON 結構體的定義在第三部分中已經介紹。

```
// 建立 marble 物件並轉為 JSON 格式
objectType := "marble"
marble := &marble{objectType, marbleName, color, size, owner}
marbleJSONasBytes, err := json.Marshal(marble)
if err != nil {return shim.Error(err.Error())}
// 存儲 marble 物件到 state 世界狀態
err = stub.PutState(marbleName, marbleJSONasBytes)
if err != nil {return shim.Error(err.Error())}
```

其中，第 3 行實現了定義的 JSON 結構體，第 4 行以 byte 陣列的形式存儲 JSON 資料，第 7 行呼叫 Putstate 介面，將 name 作為 key，JSON 資料作為 value 寫入帳本。

② 依照查詢需求建立索引（不使用 CouchDB 等狀態資料庫）

在本例中，如果有按照顏色查詢 Marble 的需求，則需按如下方法建立索引：

```
// 輸入索引 key
indexName := "color~name"
colorNameIndexKey, err := stub.CreateCompositeKey(indexName, []string{marble.Color,
marble.Name})
// 異常處理
if err != nil {return shim.Error(err.Error())}
value := []byte{0x00}
// 更新狀態變數
stub.PutState(colorNameIndexKey, value)
```

其中，第 2 行建立了由 color 和 name 組成的複合鍵，建立了 color 和 name（主鍵）之間的索引關係，索引以名稱 "color~name" 區別於其他索引。第 9 行將這個複合鍵作為 key，一個空 character 作為 value 寫入帳本，索引資訊在 key 中。

③ 按照顏色查詢（不使用 CouchDB 等狀態資料庫）

查詢命令如下：

```go
// 根據顏色查詢 Marbles
coloredMarbleResultsIterator, err := stub.PartialCompositeKeyQuery("color~name", []
string{color})
// 異常處理
if err != nil {return shim.Error(err.Error())}
defer coloredMarbleResultsIterator.Close()
// 反覆運算查詢到的 marbles 結果
var i int
for i = 0; coloredMarbleResultsIterator.HasNext(); i++ {
    colorNameKey, _, err := coloredMarbleResultsIterator.Next()
    if err != nil { return shim.Error(err.Error()) }
}
// 通過 key 取值
objectType, compositeKeyParts, err :=stub.SplitCompositeKey(colorNameKey)
if err != nil {return shim.Error(err.Error())}
returnedColor := compositeKeyParts[0]
returnedMarbleName := compositeKeyParts[1]
// 輸出查到的 marble 資訊
fmt.Printf("- found a marble from index:%s color:%s name:%s\n",
objectType, returnedColor, returnedMarbleName)
marbleAsBytes, err := stub.GetState(returnedMarbleName)
```

其中，第 2 行呼叫 PartialCompositeKeyQuery 介面，查出包含符合顏色要求的複合鍵的反覆運算器（該函式呼叫了 RangeQueryState 介面），然後對反覆運算器做迴圈，取出符合要求的複合鍵，再用 SplitCompositeKey 介面解析出 marble 的 name（主鍵），最後用取出的 name（主鍵）查出符合顏色要求的 marble 的 JSON 資料。

④ 按照擁有者查詢（使用 CouchDB 等狀態資料庫）

使用 CouchDB 的 rich query 功能按照擁有者查詢，在該情況下無需在合約裡額外建立任何索引資訊，可以直接用 CouchDB 的查詢語法進行任意查詢：

```go
// 根據所擁有者查詢 Marbles 物件
func (t *SimpleChaincode) queryMarblesByOwner(stub shim.ChaincodeStubInterface, args []
string) pb.Response {
    // 參數格式不對
    if len(args) < 1 {
        return shim.Error("Incorrect number of arguments. Expecting 1")
    }
    owner := strings.ToLower(args[0])
    queryString :=fmt.Sprintf("{\"selector\":{\"docType\":\"marble\",\"owner\":\"%s\"}}",
owner)
```

```
    queryResults, err := getQueryResultForQueryString(stub, queryString)
    // 異常處理
    if err != nil {return shim.Error(err.Error())}
    // 回傳結果
    return shim.Success(queryResults)
}
```

其中，第 9 行的查詢語句為 CouchDB 的查詢語法，具體用法可以參考：http://docs.couchdb.org/en/2.0.0/api/database/find.html#selector-syntax。

getQueryResultForQueryString 函式定義如下所示。

```
func getQueryResultForQueryString(stub shim.ChaincodeStubInterface, queryString string)
([]byte, error) {
    // 取得結果反覆運算器
    resultsIterator, err := stub.GetQueryResult(queryString)
    if err != nil {return nil, err}
    defer resultsIterator.Close()
    // buffer 是一個包含了查詢結果的 JSON 陣列
    var buffer bytes.Buffer
    buffer.WriteString("[")
    bArrayMemberAlreadyWritten := false
    // 反覆運算遍歷結果
    for resultsIterator.HasNext() {
        queryResultKey, queryResultRecord, err := resultsIterator.Next()
        // 異常處理
        if err != nil {return nil, err}
        if bArrayMemberAlreadyWritten == true {
            buffer.WriteString(",")
        }
        // 構造 JSON 串
        buffer.WriteString("{\"Key\":")
        buffer.WriteString("\"")
        buffer.WriteString(queryResultKey)
        buffer.WriteString("\"")
        buffer.WriteString(", \"Record\":")
        buffer.WriteString(string(queryResultRecord))
        buffer.WriteString("}")
        bArrayMemberAlreadyWritten = true
    }
    buffer.WriteString("]")
    fmt.Printf("- getQueryResultForQueryString queryResult:\n%s\n", buffer.String())
    return buffer.Bytes(), nil
}
```

該函式呼叫了 GetQueryResult 介面，迴圈回傳的反覆運算器，迴圈反覆運算器中的內容，將查詢出的 key 和 value 建構為 JSON 陣列，每次反覆運算以逗號分隔，最終將全部結果以 byte 陣列的形式回傳。

5.3　CLI 應用實例

當前，Fabric 支援兩種模式的應用開發：CLI 和 SDK 介面。CLI 是 Command Line Interface 的縮寫，即命令列介面。SDK 則是 Software Development Kit 的縮寫，即軟體開發套件。本節針對 CLI 介面，介紹如何使用命令列的方式來開發、部署及呼叫鏈碼。

5.3.1　CLI 介紹

通過 CLI 命令列介面，使用者可以簡單地完成與區塊鏈的互動。目前，Fabric 支援的命令介面如表 5.2 所示。

▼ 表 5.2　Fabric 支援的命令介面

命令列參數	功能	命令列參數	功能
version	查看版本資訊	chaincode invoke	呼叫鏈碼
node start	啟動節點	chaincode query	查詢鏈碼
node status	查看節點狀態	channel create	建立通道
node stop	停止節點	channel join	加入通道
chaincode deploy	部署鏈碼		

以下命令可查詢其他 CLI 命令相關的資訊。

```
# 啟動網路後進入 cli 容器
docker exec -it cli bash
# 進入 cli 容器後運行 peer 命令
peer
```

Peer 命令參數如下所示：

```
Usage:
    peer [flags]
    peer [command]

Available Commands:
    chaincode   chaincode specific commands.
    channel     channel specific commands.
    logging     logging specific commands.
    node        node specific commands.
    version     Print fabric peer version.

Flags:
    -h, --help                          help for peer
        --logging-level string          Default logging level and overides
        --test.coverprofile string Done (default "coverage.cov")
    -v, --version                       Display current vision of fabric peer server

Use "peer [command] –help" for more information about a command
```

5.3.2　CLI 應用開發

前面已經對 Fabric 提供的 CLI 命令列進行了介紹說明，本節則將以 /fabric/ examples/e2e_cli/ 目錄下的例子來學習 CLI 命令列介面的使用。

① 準備工作

（1）取得 **docker** 鏡像

在目錄下有一個名為 download-dockerimages.sh 的指令檔，可以直接運行幫助 用戶取得 v1.0 alpha 版本的鏡像，運行腳本直接將 v1.0 alpha 版本的鏡像下載 到本機。

```
cd examples/e2e_cli/
# 將指令檔更改許可權為可執行
chmod +x download-dockerimages.sh
# 執行取得鏡像腳本
sudo ./download-dockerimages.sh ./download-dockerimages.sh
```

執行完成後會顯示一個下載的鏡像列表，結果如下所示。

```
===> List out Hyperledger docker images
```

```
Hyperledger/fabric-ca          latest              35311d8617b4   4 weeks ago   240MB
Hyperledger/fabric-ca          x86_64-1.0.0-alpha  35311d8617b4   4 weeks ago   240MB
Hyperledger/fabric-couchdb     latest              35311d8617b4   4 weeks ago   1.51GB
Hyperledger/fabric-couchdb     x86_64-1.0.0-alpha  35311d8617b4   4 weeks ago   1.51GB
Hyperledger/fabric-kafka       latest              35311d8617b4   4 weeks ago   1.3GB
Hyperledger/fabric-kafka       x86_64-1.0.0-alpha  35311d8617b4   4 weeks ago   1.3GB
Hyperledger/fabric-zookeeper   latest              35311d8617b4   4 weeks ago   1.31GB
Hyperledger/fabric-zookeeper   x86_64-1.0.0-alpha  35311d8617b4   4 weeks ago   1.31GB
Hyperledger/fabric-order       latest              35311d8617b4   4 weeks ago   182MB
Hyperledger/fabric-order       x86_64-1.0.0-alpha  35311d8617b4   4 weeks ago   182MB
Hyperledger/fabric-peer        latest              35311d8617b4   4 weeks ago   184MB
Hyperledger/fabric-peer        x86_64-1.0.0-alpha  35311d8617b4   4 weeks ago   184MB
Hyperledger/fabric-javaenv     latest              35311d8617b4   4 weeks ago   1.42GB
Hyperledger/fabric-javaenv     x86_64-1.0.0-alpha  35311d8617b4   4 weeks ago   1.42GB
Hyperledger/fabric-ccenv       latest              35311d8617b4   4 weeks ago   1.29GB
Hyperledger/fabric-ccenv       x86_64-1.0.0-alpha  35311d8617b4   4 weeks ago   1.29GB
```

也可以直接通過 docker 命令手動取得全部鏡像檔，命令如下：

```
docker pull hyperledger/fabric-orderer:x86_64-1.0.0-alpha
docker pull hyperledger/fabric-peer:x86_64-1.0.0-alpha
docker pull hyperledger/fabric-zookeeper:x86_64-1.0.0-alpha
docker pull hyperledger/fabric-couchdb:x86_64-1.0.0-alpha
docker pull hyperledger/fabric-kafka:x86_64-1.0.0-alpha
docker pull hyperledger/fabric-ca:x86_64-1.0.0-alpha
docker pull hyperledger/fabric-ccenv:x86_64-1.0.0-alpha
docker pull hyperledger/fabric-javaenv:x86_64-1.0.0-alpha
```

（2）建構 Configtxgen 工具

Configtxgen 是一個官方用於在 Fabric 中形成創世區塊規則和通道設定檔的工具。建構方法很簡單，進入專案主目錄，用 make 命令即可。

```
cd $GOPATH/src/github.com/hyperledger/fabric
# 建構 configtxgen 工具
make configtxgen
```

建構成功後會建立一個 configtxgen 二進位檔案，位於 build/bin/configtxgen 目錄下，終端機則會列印如下資訊。

```
➜ make configtxgen
build/bin/configtxgen
CGO_CFLAGS="" GOBIN=/home/blockchain/go/src/github.com/Hyperledg
er/fabric/build/bin
ata.Version=1.0.0-snapshot-d5d1293 -X github.com/Hyperledger/fab
ric/common/metadata.BaseVersion
```

```
rg.hyperledger.fabric -X github.como/Hyperledger/fabric/common/m
etadata.DockerNamespace=hyperleger
Hyperledger" github.com/Hyperledger/fabric/common/configtx/tool/
configtxgen
Binary available as build/bin/configtxgen
```

② 編寫程式碼

在本實例中，需要編寫 3 個程式碼檔案，其中包含兩個 YAML 設定檔和一個 Go 語言鏈碼檔。其中，configtx.yaml 用於設定初始區塊和通道的規則，本實例中定義了一個包含 1 個 Orderer 節點和 4 個 Peer 節點的 Fabric 區塊鏈網路。docker-compose.yaml 則是 docker-compose 工具的設定檔，用於設定容器間的各種屬性和作業。它們的詳細說明如下。

（1） **configtx.yaml**

```
# 此設定檔定義了實例網路的通道規則，運用前面建構的 Configtxgen 工具可以生成創世區塊和
通道設定檔
---
Profiles:
    TwoOrgs:
        Orderer:
<<: *OrdererDefaults
            Organizations:
                - *OrdererOrg
        Application:
<<: *ApplicationDefaults
            Organizations:
                - *Org0
                - *Org1
# 定義兩個組 Org0 和 Org1
Organizations:
    - &Org0
     Name: Org0MSP
        ID: Org0MSP
        # 成員服務路徑
        MSPDir: examples/e2e_cli/crypto/peer/peer0/localMspConfig
        # BCCSP (Blockchain crypto provider): 選擇提供的加密演算法
        BCCSP:
            Default: SW
            SW:
                Hash: SHA2
                Security: 256
                FileKeyStore:
                    KeyStore:
```

```
        AnchorPeers:
            - Host: peer0
              Port: 7051
    - &Org1
        ...
# 定義與共識服務相關的資訊
Orderer: &OrdererDefaults
    # 共識類型目前可選 solo 或者  Kafka
    OrdererType: solo
    Addresses:
        - orderer0:7050
    BatchTimeout: 2s
    BatchSize:
        MaxMessageCount: 10
        AbsoluteMaxBytes: 99 MB
        PreferredMaxBytes: 512 KB
    Kafka:
        Brokers:
            - 127.0.0.1:9092
    Organizations:
Application: &ApplicationDefaults
Organizations:
```

（2）docker-compose.yaml

```
version:  '2'
services:
    # 本網路中唯一的共識節點 orderer0，用於提供 ordering  service
    orderer0:
        container_name:  orderer0
        image:  hyperledger/fabric-orderer
        #[ 環境變數，此處略 ]
        environment:
                        #  [ 詳細請查看文件 ]
        # 工作路徑
        working_dir:  /opt/gopath/src/github.com/hyperledger/fabric
        command:  orderer
        volumes:
            -  ./crypto/orderer:/var/hyperledger/orderer
        # 埠
ports:
            -  7050:7050
#  4 個 peer 節點的設定資訊
    peer0:
        container_name:  peer0
        extends:
            file:  peer-base/peer-base.yaml
            service:  peer-base
```

```
      #[ 環境變數，此處略 ]
      environment:
                          #  [ 詳細請查看文件 ]
         #  磁碟區
volumes:
                  -  /var/run/:/host/var/run/
                  -  ./crypto/peer/peer0/localMspConfig:/etc/hyperledger/fabric/msp/
sampleconfig
         #  埠
      ports:
            -  7051:7051
            -  7053:7053
         #  依賴
      depends_on:
            -  orderer0
   peer1:
      ...
   peer2:
      ...
   peer3:
      ...
#  cli 容器，用於提供命令列作業環境
   cli:
      container_name:  cli
      image:  hyperledger/fabric-peer
      tty:  true
      #[ 環境變數，此處略 ]
      environment:
                          #  [ 詳細請查看文件 ]
         #  工作目錄
working_dir:  /opt/gopath/src/github.com/hyperledger/fabric/peer
         #  運行腳本
command:  /bin/bash  -c  './scripts/script.sh  ${CHANNEL_NAME};  '
         #  磁碟區
volumes:
                  -  /var/run/:/host/var/run/
                  -  ./examples/:/opt/gopath/src/github.com/hyperledger/fabric/examples/
                  ../chaincode/go/:/opt/gopath/src/github.com/hyperledger/fabric/examples/
                      chaincode/go
                  -  ./crypto:/opt/gopath/src/github.com/hyperledger/fabric/peer/crypto/
                  -  ./scripts:/opt/gopath/src/github.com/hyperledger/fabric/peer/scripts/
         #  依賴
depends_on:
               -  orderer0
               -  peer0
               -  peer1
               -  peer2
               -  peer3
```

（3）example_chaincode02.go

```go
package main
// 需要的依賴套件
import (……)
// SimpleChaincode 實現鏈碼介面
type SimpleChaincode struct {}
// Init 介面實現，用於初始化
func (t *SimpleChaincode) Init(stub shim.ChaincodeStubInterface) pb.Response {
    fmt.Println("ex02 Init")
    _, args := stub.GetFunctionAndParameters()
    var A, B string     // 實體 A,B
    var Aval, Bval int  // 實體對應的值
    var err error       // 錯誤
    # 參數太多
if len(args) != 4 {
        return shim.Error("Incorrect number of arguments. Expecting 4")
    }
    // 產生實體鏈碼物件，A 賦值作業
    A = args[0]
    Aval, err = strconv.Atoi(args[1])
    if err != nil {
        return shim.Error("Expecting integer value for asset holding")
    }
    // 產生實體鏈碼物件，B 賦值作業
    B = args[2]
    Bval, err = strconv.Atoi(args[3])
    if err != nil {
        return shim.Error("Expecting integer value for asset holding")
    }
    fmt.Printf("Aval = %d, Bval = %d\n", Aval, Bval)
    // 將 A 寫入到狀態變數中
    err = stub.PutState(A, []byte(strconv.Itoa(Aval)))
    if err != nil {
        return shim.Error(err.Error())
    }
    // 將 B 寫入到狀態變數中
    err = stub.PutState(B, []byte(strconv.Itoa(Bval)))
    if err != nil {
        return shim.Error(err.Error())
    }
    return shim.Success(nil)
}
// Invoke 實現方法
func (t *SimpleChaincode) Invoke(stub shim.ChaincodeStubInterface) pb.Response {
    fmt.Println("ex02 Invoke")
    function, args := stub.GetFunctionAndParameters()
```

```go
    if function == "invoke" {
        // 呼叫 invoke 方法
        return t.invoke(stub, args)
    } else if function == "delete" {
        // 呼叫 idelete 方法
        return t.delete(stub, args)
    } else if function == "query" {
        // 呼叫 idelete 方法
        return t.query(stub, args)
    }
    return shim.Error("Invalid invoke function name. Expecting \"invoke\" \"delete\"
\"query\"")
}
// invoke 方法
func (t *SimpleChaincode) invoke(stub shim.ChaincodeStubInterface, args []string)
pb.Response {
    var A, B string      // 實體 A,B
    var Aval, Bval int   // A,B 對應的值
    var X int            // 交易需要轉移的值
    var err error        // 錯誤
    if len(args) != 3 {
        return shim.Error("Incorrect number of arguments. Expecting 3")
    }
    // 賦值 A,B
    A = args[0]
    B = args[1]
    // 獲取 A 的狀態變數
    Avalbytes, err := stub.GetState(A)
    if err != nil { return shim.Error("Failed to get state") }
    if Avalbytes == nil { return shim.Error("Entity not found") }
    Aval, _ = strconv.Atoi(string(Avalbytes))
    Bvalbytes, err := stub.GetState(B)
    if err != nil { return shim.Error("Failed to get state") }
    if Bvalbytes == nil { return shim.Error("Entity not found") }
    Bval, _ = strconv.Atoi(string(Bvalbytes))
    // 執行呼叫
    X, err = strconv.Atoi(args[2])
    if err != nil { return shim.Error("Invalid transaction amount, expecting a
integer value") }
    // 值作業，A 減少，B 增加
    Aval = Aval - X
    Bval = Bval + X
    fmt.Printf("Aval = %d, Bval = %d\n", Aval, Bval)
    // 將 A 寫入狀態變數
    err = stub.PutState(A, []byte(strconv.Itoa(Aval)))
    if err != nil { return shim.Error(err.Error()) }
```

```
    //　將 B 寫入狀態變數
    err = stub.PutState(B, []byte(strconv.Itoa(Bval)))
    if err != nil { return shim.Error(err.Error()) }
    return shim.Success(nil)
}
// 刪除狀態變數方法
func (t *SimpleChaincode) delete(stub shim.ChaincodeStubInterface, args []string)
pb.Response {
    if len(args) != 1 { return shim.Error("Incorrect number of arguments. Expecting
1") }
    A := args[0]
    // 根據 key 刪除狀態變數
    err := stub.DelState(A)
    if err != nil { eturn shim.Error("Failed to delete state") }
    return shim.Success(nil)
}
// 根據 key 查詢值查詢鏈碼方法
func (t *SimpleChaincode) query(stub shim.ChaincodeStubInterface, args []string)
pb.Response {
    var A string // Entities
    var err error
    if len(args) != 1 { eturn shim.Error("Incorrect number of arguments. Expecting
name of the person to query") }
    A = args[0]
    // 獲取 A 的狀態變數
    Avalbytes, err := stub.GetState(A)
    if err != nil {
        jsonResp := "{\"Error\":\"Failed to get state for " + A + "\"}"
        return shim.Error(jsonResp)
    }
    if Avalbytes == nil {
        jsonResp := "{\"Error\":\"Nil amount for " + A + "\"}"
        return shim.Error(jsonResp)
    }
    // JSON 格式回應
    jsonResp := "{\"Name\":\"" + A + "\",\"Amount\":\"" + string(Avalbytes) + "\"}"
    fmt.Printf("Query Response:%s\n", jsonResp)
    return shim.Success(Avalbytes)
}
// 主函數
func main() {
    err := shim.Start(new(SimpleChaincode))
    if err != nil {
        fmt.Printf("Error starting Simple chaincode: %s", err)
    }
}
```

③ 啟動網路與鏈碼呼叫

（1）生成創世區塊和通道設定檔

根據相應的設定檔，使用者可以使用 Configtxgen 工具，通過下面的命令生成創世區塊 order.block 和通道設定檔 channel.tx。

```
# 當前應位於根目錄
# 使用 Configtxgen 工具生成創世區塊 order.block
./build/bin/configtxgen -profile TwoOrgs -outputBlock orderer.block
mv orderer.block examples/e2e_cli/crypto/orderer/orderer.block
# 建立通道設定 channel.tx
./build/bin/configtxgen -profile TwoOrgs -outputCreateChannelTx channel.tx -channelID
mychannel
mv channel.tx examples/e2e_cli/crypto/orderer/channel.tx
```

（2）腳本自動啟動網路，並執行指定作業

在官方程式碼的例子 examples/e2e_cli/ 目錄中，提供了一個腳本執行檔，包括建立通道、部署鏈碼等所有作業。執行 **docker-compose** 命令即可完成一站式的體驗。使用以下命令啟動網路。

```
# 進入例子目錄
cd examples/e2e_cli/
# 啟動網路，注意通道名要與前面生成設定資訊時相同
CHANNEL_NAME=mychannel docker-compose -f docker-compose.yaml up -d
# 動態列印日誌
docker logs -f cli
```

運行之後，終端機會動態列出所有作業的資訊，如果最後顯示如下結果，則代表運行成功。

```
2017-04-10 13:47:19:225 UTC [logging] InitFromViper -> DEBU 001 Setting default
logging level to DEBUG for command 'chaincode'
2017-04-10 13:47:19:228 UTC [map] GetLocalMSP -> DEBU 002 Return
ing existing local MSP
2017-04-10 13:47:19:228 UTC [map] GetDefaultSigningIdentity-> DE
BU 003 Obtaining default signing identity
2017-04-10 13:47:19:228 UTC [map] Sign -> DEBU 004 Sign: plaintest
:0A8F050A59080322096D796368616E6E6E…6D7963631A0A0A0571756572790A02017-04-10 13:47:19:228
UTC [map] Sign -> DEBU 005 Sign: digest:
AC78351F08FFD681EF3D1F853E1601DA0859D66E18C752908CE18A6F0F65E14
Query Result: 90
2017-04-10 13:47:19:228 UTC [map] main -> INFO 006 Exiting…
======Querry on PEER# on channel 'mychannal' is successful=====
======All GOOD, End-2-End execution completed======
```

（3）手動執行交易

前面是以寫好的腳本執行所有的作業，接下來需要手動進行以上作業，比如建立通道、加入通道、安裝鏈碼、呼叫鏈碼等。要開始手動執行作業，首先得將前面所啟動的網路關掉，examples/e2e_cli/ 中提供了便捷方式，直接使用一條命令即可清理整個網路和容器。

```
./network_setup.sh down
```

下面將通過命令手動進行上面的作業，首先需要在 docker-compose.yaml 命令中將 script.sh 腳本標上註釋符號，不使用它來執行作業，如下所示。

```
2017-04-10 13:47:19:225 UTC [logging] InitFromViper -> DEBU 001 Setting default logging
level to DEBUG for command 'chaincode'
2017-04-10 13:47:19:228 UTC [map] GetLocalMSP -> DEBU 002 Returning existing local MSP
2017-04-10 13:47:19:228 UTC [map] GetDefaultSigningIdentity-> DE
BU 003 Obtaining default signing identity
2017-04-10 13:47:19:228 UTC [map] Sign -> DEBU 004 Sign: plaintest
:0A8F050A59080322096D796368616E6E6E···6D7963631A0A0A0571756572790A02017-04-10 13:47:19:228
UTC [map] Sign -> DEBU 005 Sign: digest:
AC78351F08FFD681EF3D1F853E1601DA0859D66E18C752908CE18A6F0F65E14
Query Result: 90
2017-04-10 13:47:19:228 UTC [map] main -> INFO 006 Exiting···
======Querry on PEER# on channel 'mychannal' is successful=====
======All GOOD, End-2-End execution completed======
    working_dir:/opt/gopath/src/github.com/Hyperledger/fabric/peer
    #commond: /bin/bash -c './sscripts/script.sh ${CHANNEL_NAME};'
    #commond: /bin/bash
    Volumes:
        /var/run/:/host/var/run/
```

重新開機網路，在啟動前需要先清理開始的網路。部署和呼叫步驟如下。

（1）運用 docker-compose 命令啟動網路。

```
CHANNEL_NAME=mychannel docker-compose -f docker-compose.yaml up -d
```

（2）進入 cli 控制台。

```
docker exec -it cli bash
```

（3）設定 orderer0 的全域環境變數。

```
# 定義節點的成員服務對應的數位簽章路徑 CORE_PEER_MSPCONFIGPATH
CORE_PEER_MSPCONFIGPATH=$GOPATH/src/github.com/hyperledger/fabric/peer/crypto/
orderer/localMspConfig
```

```
# 定義成員服務的標示 CORE_PEER_LOCALMSPID
CORE_PEER_LOCALMSPID="OrdererMSP"
# 定義 CA 的路徑 ORDERER_CA
ORDERER_CA=$GOPATH/src/github.com/hyperledger/fabric/peer/crypto/orderer/
localMspConfig/cacerts/ordererOrg0.pem
```

（4）**建立通道**，orderer0 使用 peer channel create 命令建立了一個 mychannel 通道。

```
peer channel create -o orderer0:7050 -c mychannel -f crypto/orderer/channel.tx --tls
$CORE_PEER_TLS_ENABLED --cafile $ORDERER_CA
```

（5）**Peer 節點加入 mychannel 通道**，在每次使用 peer channel join 命令時，需要
設定全域環境變數，指定需要加入的 Peer 節點。

```
# 設定 peer0 環境變數，指定當前以 peer0 為作業物件
CORE_PEER_MSPCONFIGPATH=$GOPATH/src/github.com/hyperledger/fabric/peer/crypto/peer/
peer0/localMspConfig
CORE_PEER_ADDRESS=peer0:7051
CORE_PEER_LOCALMSPID=Org0MSP
CORE_PEER_TLS_ROOTCERT_FILE=$GOPATH/src/github.com/hyperledger/fabric/peer/crypto/
peer/peer0/localMspConfig/cacerts/peerOrg0.pem
# peer0 加入 channel
peer channel join -b mychannel.block
# 設定 peer1 環境變數，指定當前以 peer1 為作業物件
CORE_PEER_MSPCONFIGPATH=$GOPATH/src/github.com/hyperledger/fabric/peer/crypto/peer/
peer1/localMspConfig
CORE_PEER_ADDRESS=peer1:7051
CORE_PEER_LOCALMSPID="Org0MSP"
CORE_PEER_TLS_ROOTCERT_FILE=$GOPATH/src/github.com/hyperledger/fabric/peer/crypto/
peer/peer1/localMspConfig/cacerts/peerOrg0.pem
# peer1 加入 channel
peer channel join -b mychannel.block
# 設定 peer2 環境變數，指定當前以 peer2 為作業物件
CORE_PEER_MSPCONFIGPATH=$GOPATH/src/github.com/hyperledger/fabric/peer/crypto/peer/
peer2/localMspConfig
CORE_PEER_ADDRESS=peer2:7051
CORE_PEER_LOCALMSPID=Org1MSP
CORE_PEER_TLS_ROOTCERT_FILE=$GOPATH/src/github.com/hyperledger/fabric/peer/crypto/
peer/peer2/localMspConfig/cacerts/peerOrg1.pem
# peer2 加入 channel
peer channel join -b mychannel.block
# 設定 peer3 環境變數，指定當前以 peer3 為作業物件
CORE_PEER_MSPCONFIGPATH=$GOPATH/src/github.com/hyperledger/fabric/peer/crypto/peer/
peer3/localMspConfig
CORE_PEER_ADDRESS=peer3:7051
CORE_PEER_LOCALMSPID=Org1MSP
CORE_PEER_TLS_ROOTCERT_FILE=$GOPATH/src/github.com/hyperledger/fabric/peer/crypto/
peer/peer3/localMspConfig/cacerts/peerOrg1.pem
# peer3 加入 channel
peer channel join -b mychannel.block
```

（6）在所有 **Peer** 節點加入 **channel** 之後，就可以指定 Peer 節點安裝鏈碼，安裝鏈
　　碼的命令為 peer chaincode install。

```
# 設定鏈碼路徑變數，方便呼叫
CHAINCODE_DIR=github.com/hyperledger/fabric/examples/chaincode/go/chaincode_
example02
```

　　在 Peer0 和 Peer2 上安裝鏈碼。

```
# 首先依照上面的方法設定 peer0 和 peer2 的環境變數，因為相同，此處省略，後面都以
setEnv + peer 節點編號來代表設定全域變數
# setEnv 0
peer chaincode install -n mycc -v 1.0 -p $CHAINCODE_DIR
# setEnv 2
peer chaincode install -n mycc -v 1.0 -p $CHAINCODE_DIR
```

（7）在 **Peer** 節點安裝成功後，就可以在對應節點上產生實體鏈碼，取得鏈碼物件。
　　下面先在 Peer2 節點上產生實體鏈碼物件 mycc，同時寫入參數初始化 a 和 b 的
　　值，並指定背書策略為 "OR('Org0MSP.member','Org1MSP.member')"。

```
# setEnv 2
peer chaincode instantiate -o orderer0:7050 --tls $CORE_PEER_TLS_ENABLED --cafile
$ORDERER_CA -C mychannel -n mycc -v 1.0 -p $CHAINCODE_DIR -c '{"Args":["init","a","1
00","b","200"]}' -P "OR('Org0MSP.member','Org1MSP.member')"
```

（8）在 **Peer0** 節點上查詢 **a** 的值，會得到結果為 100。

```
# setEnv 0
peer chaincode query -C mychannel -n mycc -c '{"Args":["query","a"]}'
```

（9）在 **Peer0** 上發送呼叫交易，呼叫 invoke 方法從 a 轉移 10 到 b。

```
peer chaincode invoke -o orderer0:7050  --tls $CORE_PEER_TLS_ENABLED --cafile
$ORDERER_CA  -C mychannel -n mycc -c '{"Args":["invoke","a","b","10"]}'
```

（10）在 **Peer3** 上安裝鏈碼 **mycc**。

```
setEnv 3
peer chaincode install -n mycc -v 1.0 -p $CHAINCODE_DIR
```

（11）在 **Peer3** 上呼叫 **mycc** 查詢方法查詢回傳的值，取得結果為 90，正確。

```
peer chaincode query -C mychannel -n mycc -c '{"Args":["query","a"]}'
```

（12）程式執行完成。

5.4　SDK 應用實例

Hyperledger Fabric SDK 為開發人員提供了一個結構化的庫環境,用於編寫和測試鏈碼應用程式。Fabric 提供的 SDK 是完全可設定的,並可利用標準介面進行擴展。SDK API 使用基於 gRPC 的協定緩衝區(protocol buffer)提供交易處理、成員服務管理和節點搜尋等功能。本節將重點介紹如何利用 SDK API,開發 Fabric 的區塊鏈應用。

5.4.1　SDK 介紹

Hyperledger Fabric SDK 用戶端有多種實作選擇,當前包括 Go、Node.js、Java 及 Python 這 4 種。本範例使用 Node.js,Node.js 的 Hyperledger Fabric SDK 是物件導向的程式設計風格設計,其模組化使應用程式開發人員可自行利用基礎 API,實作核心函數,如加密演算法、state 的永久儲存和日誌記錄。Hyperledger Fabric Node.js SDK 用戶端提供的 API 介面可以分為兩類:`fabric-ca-client` 和 `fabric-client`。

`fabric-ca-client` 負責和 `fabric-ca` 元件進行互動,提供成員管理服務。其提供的方法如表 5.3 所示。

▼ 表 5.3　fabric-ca-client 介面

命令列參數	功能
`NewFabricCAClient()`	新建 Fabric 用戶端
`Enroll(enrollmentID, enrollmentSecret)`	登記一個註冊的用戶
`Reenroll(user)`	登記一個已經登記過的用戶
`Register(register, request)`	註冊
`Revoke(registrar, request)`	撤銷憑證
`createSigningIdentity(user)`	建立一個簽名身份

fabric-client 負責同 Hyperledger Fabric 的核心元件進行互動，如 Peer 節點、Orderer 節點和事件流。提供的部分介面如表 5.4 所示。

▼ 表 5.4　fabric-client 介面

命令列參數	功能
newChain(name)	新建一條鏈
getChain(name)	用 name 獲取鏈
newPeer(url, opts)	新建 Peer 節點
newOrderer(url, opts)	新建 Orderer 節點
newMSP(msp_def)	新建成員服務
createChannel(request)	建立通道
updateChannel(request)	更新通道
queryChainInfo(name, peers)	查詢鏈資訊
queryChannels(peer)	查詢 Peer 節點加入的通道
queryInstalledChaincodes(peer)	查詢 Peer 節點上安裝的鏈碼
installChaincode(request)	安裝鏈碼
setStateStore(keyValueStore)	設定鍵值存儲的
saveUserToStateStore()	保存用戶到 State
setUserContext(user, skipPersistence)	設定用戶關聯
getUserContext(name, checkPersistence)	獲取用戶關聯
loadUserFromStateStore(name)	從 State 中載入用戶
getStateStore()	獲取 State
buildTransactionID(nonce, userContext)	建構交易
createUser(opts)	建立用戶
setLogger(logger)	記錄日誌
setMSPManager(msp_manager)	設定成員服務管理
getMSPManager()	獲取當前的成員服務管理

（續上頁表）

命令列參數	功能
addPeer(peer)	添加 Peer
removePeer(peer)	移除 Peer
getPeers()	獲取 Peer 節點集合
addOrderer(orderer)	添加 Orderer
removeOrderer(orderer)	移除 Orderer
getGenesisBlock(request)	獲取創世區塊
joinChannel(request)	加入通道
queryBlockByHash(blockHash)	查詢區塊
queryBlock(blockNumber)	查詢區塊
queryTransaction(transactionID)	查詢交易
queryInstantiatedChaincodes()	查詢產生實體的鏈碼
sendTransactionProposal(request)	發送交易提案
sendTransaction(request)	發送交易

更多詳細的 SDK 介面實現請參考 https://github.com/hyperledger/fabric-sdk-node/tree/
master/fabric-client/lib。

5.4.2 SDK 應用開發

前面我們介紹了如何使用 CLI 命令列去啟動網路和作業鏈碼。本節將介紹一個
彈珠資產轉移的例子。本範例的倉庫位址為 https://github.com/IBM-Blockchain/
marbles.git。

① 編寫程式碼

marbles.go 是此應用實例的智慧合約實作鏈碼，程式碼如下：

```go
package main
import (
    ...
)
// 鏈碼實作
type SimpleChaincode struct { }
// 實體物件定義，Marbles 和 Owners
// ----- Marbles 物件 ----- //
type Marble struct {
    ObjectType string          `json:"docType"`    // 用於 couchdb
    Id         string          `json:"id"`         // id
    Color      string          `json:"color"`      // marble 顏色
    Size       int             `json:"size"`       // marble 大小
    Owner      OwnerRelation `json:"owner"`        // 擁有者
}
// ----- Owners 物件 ----- //
type Owner struct {
    ObjectType string `json:"docType"`             // 用於 couchdb
    Id string `json:"id"`                          // id
    Username string `json:"username"`              // 用戶名
    Company string `json:"company"`                // 用戶公司
}
// Mables 和持有者關係表，用於查詢
type OwnerRelation struct {
    Id string `json:"id"`                          // id
    Username string `json:"username"`              // 用戶名
    Company string `json:"company"`                // 公司
}
// Main 方法
func main() {
    err := shim.Start(new(SimpleChaincode))
    if err != nil { fmt.Printf("Error starting Simple chaincode - %s", err) }
}
// Init 方法
func (t *SimpleChaincode) Init(stub shim.ChaincodeStubInterface) pb.Response {
    fmt.Println("Marbles Is Starting Up")
    // 獲取參數
    _, args := stub.GetFunctionAndParameters()
    var Aval int
    var err error
    if len(args) != 1 { return shim.Error("Incorrect number of arguments. Expecting 1") }
    // 將 numeric 轉為 integer
    Aval, err = strconv.Atoi(args[0])
    if err != nil { return shim.Error("Expecting a numeric string argument to Init()") }
    // 寫入 state marbles_ui
    err = stub.PutState("marbles_ui", []byte("3.5.0"))
    if err != nil { return shim.Error(err.Error()) }
```

```go
        // 啟動一個測試
        err = stub.PutState("selftest", []byte(strconv.Itoa(Aval)))
        if err != nil {
            // 測試失敗
            return shim.Error(err.Error())
        }
        // 測試通過
        fmt.Println(" - ready for action")
        return shim.Success(nil)
    }
    // Invoke 方法
    func (t *SimpleChaincode) Invoke(stub shim.ChaincodeStubInterface) pb.Response {
        function, args := stub.GetFunctionAndParameters()
        fmt.Println(" ")
        fmt.Println("starting invoke, for - " + function)
        // 處理不同的方法呼叫
        if function == "init" {                     // 初始化鏈碼狀態
            return t.Init(stub)
        } else if function == "read" {              // 形成 readset
            return read(stub, args)
        } else if function == "write" {             // 形成 writeset
            return write(stub, args)
        } else if function == "delete_marble" {     // 從 state 中刪除 marbles
            return delete_marble(stub, args)
        } else if function == "init_marble" {       // 建立一個新的 marble
            return init_marble(stub, args)
        } else if function == "set_owner" {         // 更改 marble 的擁有者
            return set_owner(stub, args)
        } else if function == "init_owner"{         // 建立一個新的 marble 擁有者
            return init_owner(stub, args)
        } else if function == "read_everything"{    // 讀取（owners + marbles + companies）
            return read_everything(stub)
        } else if function == "getHistory"{         // 讀取 marble 的歷史資訊
            return getHistory(stub, args)
        } else if function == "getMarblesByRange"{  // 讀取 marbles 集合
            return getMarblesByRange(stub, args)
        }
        // 出錯
        fmt.Println("Received unknown invoke function name - " + function)
        return shim.Error("Received unknown invoke function name - '" + function + "'")
    }
```

接下來這段程式碼，示範了如何使用 HFC 用戶端與 Hyperledger 區塊鏈進行互動。

```javascript
enrollment.enroll = function (options, cb) {
    var chain = {};
    var client = null;
```

```
    try {
// Step 1 建立 HFC 用戶端
client = new HFC();
        chain = client.newChain(options.channel_id);
    }
    catch (e) {
    }
    if (!options.uuid) { ...  }
    ...
// Step 2 建立 ECert kvs (Key Value Store)
HFC.newDefaultKeyValueStore({
// 在 kvs 目錄中存儲 eCert
        path: path.join(os.homedir(), '.hfc-key-store/' + options.uuid) //store eCert in
the kvs directory
    }).then(function (store) {
        client.setStateStore(store);
// Step 3
        return getSubmitter(client, options);
    }).then(function (submitter) {
// Step 4
        chain.addOrderer(new Orderer(options.orderer_url, {
          pem: options.orderer_tls_opts.pem,
          'ssl-target-name-override': options.orderer_tls_opts.common_name  //can be null
if cert matches hostname
        }));
// Step 5
        try {
            for (var i in options.peer_urls) {
                // 新建 peer 節點
                chain.addPeer(new Peer(options.peer_urls[i], {
                    pem: options.peer_tls_opts.pem,
                    'ssl-target-name-override': options.peer_tls_opts.common_name
                })); logger.debug('added peer', options.peer_urls[i]);
            }
        }
        catch (e) { }
        ...
// Step 6
// 列出日誌
        logger.debug('[fcw] Successfully got enrollment ' + options.uuid);
        if (cb) cb(null, { chain: chain, submitter: submitter });
        return;
    }).catch(
        function (err) { ... return; }
    );
};
```

SDK 呼叫過程如下。

☑ **Step 1**：建立一個 SDK 實例。

☑ **Step 2**：用 `newDefaultKeyValueStore` 建立一個鍵值儲存，以儲存登記憑證。

☑ **Step 3**：登記用戶。這時候要用登記 ID 和等級金鑰，至 CA 獲取認證，CA 會發佈登記憑證，SDK 將其存在鍵值庫中。若使用預設的鍵值庫，則會被存在本機檔案系統中。

☑ **Step 4**：成功登記後，設定 orderer URL。Orderer 目前還不需要，但是當呼叫鏈碼時會需要。"ssl-target-name-override" 業務只有在你已經給憑證簽名的情況下需要。把這個欄位設定為和你以前建立的 PEM 檔的 "common name" 一樣。

☑ **Step 5**：設定 Peer 的節點。這些暫時也不需要，但需要設定好 SDK 的 `chain` 物件。

☑ **Step 6**：SDK 已經完全設定好，開始準備與區塊鏈互動。

② 應用運行

Marbles 的應用互動流程如圖 5.5 所示。

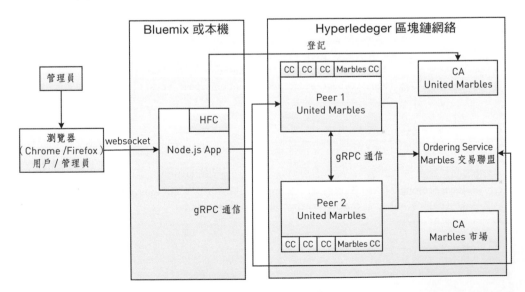

圖 5.5　應用互動流程

（1）瀏覽器與 Node.js 應用透過 websocket 服務進行通訊。

（2）Node.js 應用與 Hyperledger 區塊鏈網路間以 FabricNodeSDK（即 HFC）進行互動。

（3）HFC 與 CA 機構之間的通訊使用 HTTP 協定。

（4）HFC 作為 Hyperledger 區塊鏈網路中的用戶端節點，區塊鏈網路中的節點互相之間，使用 gRPC 協定進行通訊。

應用運行步驟如下。

☑ **Step 1**：參照範例 1 中的步驟設定網路和啟動網路。

☑ **Step 2**：設定 JSON 檔：/config/marbles1.json 和 /config/blockchain_creds1.json。

☑ **Step 3**：安裝和產生實體鏈碼，鏈碼路徑為 /chaincode/src/marbles。

☑ **Step 4**：啟動應用。

```
npm install gulp -g
npm install
gulp
# 成功後會看到以下顯示結果
----------- Server Up - localhost:3000 ------------
```

完成之後就可以在瀏覽器中輸入 localhost:3000 連線。

5.5 本章小結

本章主要介紹如何在 Hyperledger Fabric 平台上開發區塊鏈應用，首先講述 Hyperledger Fabric 的開發運行環境的建置過程，然後講解鏈碼開發和部署流程，最後介紹 CLI 應用介面和 SDK 介面，並以範例說明了如何使用這兩種介面開發 Hyperledger Fabric 的區塊鏈應用。

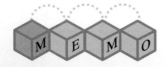

企業級區塊鏈平台核心原理剖析

企業級區塊鏈（也稱聯盟鏈）主要針對大型公司、政府機構和產業聯盟的區塊鏈技術需求，提供企業級的區塊鏈網路解決方案。聯盟鏈的各個節點通常對應一個實體的機構組織，節點的加入和退出需要經過授權。各個機構組成利益相關的聯盟，共同維護區塊鏈網路的健康運轉。

與私有鏈和公有鏈不同，企業級區塊鏈更著重於區塊鏈技術的落實，在區塊鏈的效能速度和安全性、隱私性保護上有著更高的要求。除此之外，企業級區塊鏈的研發往往直接和實際業務情境相關聯，更加貼近行業需求，為企業聯盟提供一套更加完善的一體化區塊鏈解決方案。圖 6.1 是聯盟鏈平台和區塊鏈應用之間的相互促進關係。一方面，聯盟鏈平台為實際行業應用研發、落實提供了底層技術支援；另一方面，行業應用及概念的驗證，也推動著聯盟鏈平台的不斷發展成熟。

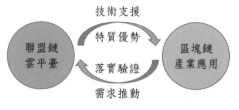

圖 6.1　聯盟鏈雲平台和行業應用的關係

Hyperchain 是企業級區塊鏈服務平台，對於企業、政府機構和產業聯盟的區塊鏈技術需求，提供企業級的區塊鏈網路解決方案。本章將以 Hyperchain 為例，闡述企業級區塊鏈平台設計的核心原理。

6.1 Hyperchain 整體架構

Hyperchain 可利用企業現有雲端平台，進行快速部署、擴展和設定管理區塊鏈網路，對區塊鏈網路的運行狀態進行即時視覺化監控，是符合 ChinaLedger 技術規範的區塊鏈核心系統平台。Hyperchain 具有驗證節點授權機制、多級加密機制、共識機制、圖靈完備的高效能智慧合約執行引擎等核心特性，是一個功能完善、效能高效的聯盟鏈基礎技術平台。

在企業和產業聯盟需求的應用情境中，Hyperchain 能夠為資產數位化、資料存證、供應鏈金融、數位票據、支付清算等多中心應用提供優質的底層區塊鏈支援技術平台和便捷可靠的一體化解決方案。Hyperchain 的整體系統架構如圖 6.2 所示。

首先，Hyperchain 透過多種 API 與 SDK 對上層應用提供服務，應用開發者無須煩惱於區塊鏈底層實作細節。目前提供了 Restful、JSON-RPC 等 API，以及 Java、JavaScript、Go 等語言的 SDK。這些外部程式設計介面經由內部的 HTTP 伺服器，與 Hyperchain 平台進行互動。

其次，圖 6.2 的中間部分為 Hyperchain 平台的核心元件，包括基於 PBFT 改進的可靠高效能共識演算法 RBFT，高效能圖靈完備的智慧合約執行引擎，支援動態成員加入與退出、許可權控制與多級加密的企業級安全模組。除此之外，Hyperchain 還包含用於交易、區塊儲存的相關儲存管理元件。

最後，為了企業級區塊鏈平台的管理及智慧合約的開發，Hyperchain 提供了一套視覺化監管平台 Hypervision。Hyperchain 既支援直接實體電腦的安裝部署，也可以使用 Docker、Kubernetes 等集群管理工具進行資源管理方式的部署。平台可以部署在實體電腦及 OpenStack、Aliyun、AWS 等主流的雲平台上，搭配各種伺服器設定，適用各種主流作業系統。

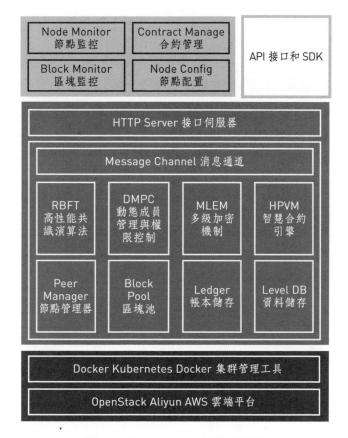

圖 6.2　Hyperchain 系統架構圖

本章接下來就以 Hyperchain 為例，闡述構成企業級區塊鏈平台的核心技術模組，主要就共識演算法、智慧合約、帳本、安全機制及視覺化監控平台的實作原理進行深入分析。

6.2　共識演算法

共識演算法是保證區塊鏈平台各節點帳本資料一致的關鍵，目前常見的分散式系統一致性演算法包括 PoW、PoS、Paxos、Raft、PBFT 等。其中 PoW 依賴機器的計算能力取得帳本的記帳權，資源消耗較高且可監管性弱，每次交易共識的達成需要全網共同參與計算，因此不適合聯盟鏈對監管及效能的要求。PoS 的主要思想是節點獲得記帳權的難度與其持有的權益數量成反比，相比 PoW 效能較好，但是依然存在可監管性弱的問題。Paxos 和 Raft 是傳統分散式系統的一致性成熟解決方案，此類型演算法的效能高、消耗資源低，但是不具備對拜占庭節點的容錯。

PBFT 演算法與 Paxos 演算法的處理流程類似，是一種許可投票、少數服從多數的共識機制。該演算法具備容忍拜占庭錯誤的能力，且能夠允許強監管節點的參與，演算法效能較高，適合企業級平台的開發。

目前主流的企業級區塊鏈解決方案 Fabric 和 Hyperchain，都提供了 PBFT 的實作方案。然而原生 PBFT 演算法在可靠性與靈活性方面不夠完善，Hyperchain 平台對可靠性與靈活性進行了增強，改良了 PBFT 的演算法，即 RBFT（Robust Byzantine Fault Tolerant）。

6.2.1　RBFT 概述

Hyperchain 的共識模組，採用可拔插的模組化設計，能夠針對不同的業務情境需求選擇設定不同的共識演算法，目前支援 PBFT 的改良演算法 RBFT。Hyperchain 改善了 PBFT 的執行過程，增加主動恢復與動態節點增刪等機制，大幅提高了傳統 PBFT 的可靠性與效能。RBFT 能夠將交易的延時控制在 300 ms，並且最高可以支援每秒上萬筆的交易量，為區塊鏈的商業應用提供了穩定高效能的演算法保障。下面就 RBFT 的核心演算法進行詳細闡述。

6.2.2　RBFT 常規流程

RBFT 的常規流程，可確保區塊鏈各節點對於來自用戶端的交易，採用相同的連續處理方式。RBFT 與 PBFT 的容錯能力相同，需要至少 3f+1 個節點才能容忍 f 個拜占庭錯誤。圖 6.3 中的範例為最少集群節點數，其 f 的值為 1。圖中的 Primary 為區塊鏈節點中動態選舉出來的主節點，負責對用戶端訊息的排序打包，Replica 節點為備份節點，所有 Replica 節點與 Primary 節點執行交易的邏輯相同，Replica 節點能夠在 Primary 節點失效時參與新 Primary 節點的選舉。

RBFT 的共識保留了 PBFT 原有的三階段處理流程（PrePrepare、Prepare、Commit），但是添加了重要的交易驗證環節。

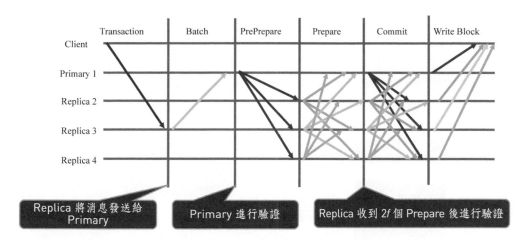

圖 6.3　RBFT 常規共識流程

RBFT 演算法的常規共識流程如下所示。

（1）Client 將交易發送到區塊鏈中的任意節點。

（2）Replica 節點接收到交易之後轉發給 Primary 節點，Primary 自身也能直接接收交易訊息。

（3）Primary 會將收到的交易進行打包，生成 batch 進行驗證，剔除其中的非法交易。

（4）Primary 將驗證通過的 batch 結構 PrePrepare 訊息廣播給其他節點。

（5）Replica 接收來自 Primary 的 PrePrepare 訊息之後構造 Prepare 訊息發送給其他 Replica 節點，表明該節點接收到來自主節點的 PrePrepare 訊息，並認可主節點的 batch 排序。

（6）Replica 接收到 $2f$ 個節點的 Prepare 訊息之後對 batch 的訊息進行合法性驗證，驗證通過之後向其他節點廣播 Commit 訊息，表示自己同意了 Primary 節點的驗證結果。

（7）Replica 節點接收到 $2f+1$ 個 Commit 之後執行 batch 中的交易並同主節點的執行結果進行驗證，驗證通過將會寫入本機帳本。

由以上的 RBFT 常規流程可以看出，RBFT 將交易的驗證流程穿插於共識演算法的整個流程中，做到了對寫入區塊結果的共識。首先，Primary 節點接收到交易之後首先進行驗證，確保平台的運算力不會被非法交易所消耗，使 Replica 節點能夠有效處理 Primary 節點的拜占庭失效。其次，Replica 節點在接收到 $2f$ 個 Prepare 訊息之後對 Primary 節點的驗證結果進行驗證，若驗證不通過則會觸發 ViewChange 訊息，再次確保了系統的安全性。圖 6.4 是 RBFT 的共識流程與傳統 PBFT 演算法驗證的具體流程對比圖。

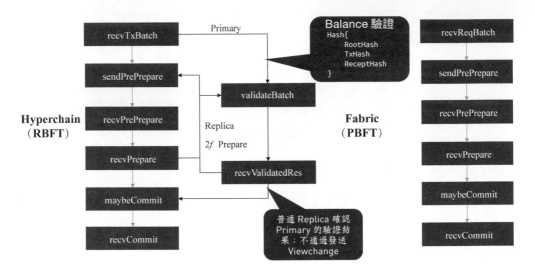

圖 6.4　RBFT 流程與 PBFT 流程對比

6.2.3　RBFT 視圖更換

在 PBFT 演算法中，參與共識的節點可根據角色分為主節點（Primary）和從節點（Replica），從節點會將自己收到的交易轉發給主節點，主節點最重要的功能，就是將收到的所有交易按照一定策略打包成塊，讓所有節點參與共識驗證。

那麼，現在很自然有個問題，如果主節點發生當機、系統錯誤或者被攻佔（即成為拜占庭節點），其他從節點如何才能及時發現主節點的異常，並選舉產生新的 Primary 繼續共識？對於 BFT 類演算法的穩定性，這是必須要解決的問題。

在 PBFT 及 RBFT 中都引入了視圖（View）的概念，每次更換一個 Primary 節點同時切換視圖，ViewChange（視圖更換）機制是保證整個共識演算法健壯性的關鍵。

目前能夠檢測到的主節點的拜占庭行為有 3 種情境：（1）節點停止工作，不再發送任何訊息；（2）節點發送錯誤的訊息，錯誤可能是訊息內容不正確、包含惡意交易的訊息等，需要注意的是，這裡的訊息類型不僅是 batch，也有可能是用於 ViewChange 的功能性訊息；（3）偽裝正常節點，發送正確的訊息。

對於情境（1），可以由 nullRequest 機制保證，行為正確的主節點會在沒有交易發生時，向所有從節點發送 nullRequest 來說明這一情況的屬實性，如果從節點在規定時間內沒有收到主節點的 nullRequest，則會引發 ViewChange 行為選舉新的 Primary。

對於情境（2），從節點在接收主節點的訊息時，通過驗證機制檢測，都會對內容進行相應的判斷，如果發現主節點的交易包含不符合相應格式的交易或者惡意交易，即驗證不通過時，會發起 ViewChange 選舉新的 Primary。

對於情境（3），無需考慮，一個極端的情形是，如果一個拜占庭節點在行為上一直像正常節點那樣工作，那麼可以當作它不是一個拜占庭節點，由整個系統保證結果的正確性。

Replica 節點檢測到主節點有以上異常情況，或者接收來自其他 $f+1$ 個節點的 ViewChange 訊息之後，會向全網廣播 ViewChange 訊息。當新主節點收到 $N-f$ 個 ViewChange 訊息時，會發送 NewView 訊息。Replica 節點接收到 NewView 訊息之後進行訊息的驗證和比對，驗證 View 的切換資訊相同之後正式更換 ViewChange 並列印 FinishVC 訊息，進而完成整個 ViewChange 流程，如圖 6.5 所示。

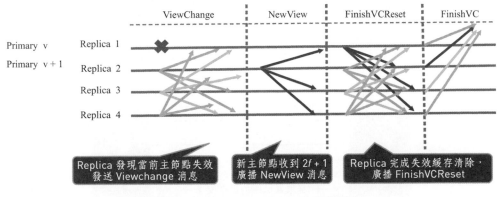

圖 6.5　RBFT ViewChange 示意圖

6.2.4　RBFT 自動恢復

區塊鏈網路在運行過程中由於網路不穩、突然斷電、磁碟故障等原因，可能會導致部分節點的執行速度落後於大多數節點，甚至直接當機。在這種情境下，節點需要能夠做到自動恢復，並將帳本同步到當前區塊鏈的最新帳本狀態，才能參與後續的交易執行。為了解決這類資料恢復工作，RBFT 演算法提供了一種動態資料自動恢復機制。

RBFT 的自動恢復機制會主動索取區塊和正在共識的區塊資訊，使自身節點的儲存儘快和系統中的最新儲存狀態一致。自動恢復機制大幅增強了整個區塊鏈系統的可用性。RBFT 為了恢復的方便，對執行的資料設定 checkpoint（檢查點），checkpoint 是通過全網共識的結果，其格式如圖 6.6 所示。這樣就能保障每個節點上的 checkpoint 之前的資料都是一致的。

圖 6.6　RBFT checkpoint 示意圖

除了 checkpoint 之外，還有部分資料儲存的是當前還未共識的本機執行進度。這樣在恢復的過程中，首先需要本節點的 checkpoint 點與區塊鏈其他正在正常服務節點的 checkpoint 同步。其次，需要恢復檢查點之外的部分資料。圖 6.6 為 checkpoint 的示意圖，左邊為 checkpoint 部分，右邊為當前執行檢查點之外的部分。圖 6.7 所示是自動恢復機制的基本處理流程圖。

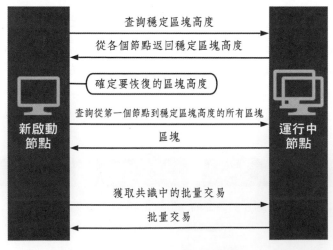

圖 6.7　RBFT 自動恢復流程

圖 6.7 中的 newly launched peer，是剛重啟的節點或者其他需要做資料自動恢復的節點，running peers 為集群中其他正常運行的節點。

6.2.5 RBFT 節點增刪

在聯盟鏈的情境下，由於聯盟的擴展或者某些成員的退出，需要聯盟鏈支援成員的動態進出服務，而傳統的 PBFT 演算法不支援節點的動態增刪。RBFT 為了能夠更加方便地控制聯盟成員的准入和准出，為 PBFT 添加了保持集群非停機的情況下動態增刪節點的功能。如圖 6.8 所示，RBFT 為新節點加入演算法處理流程。

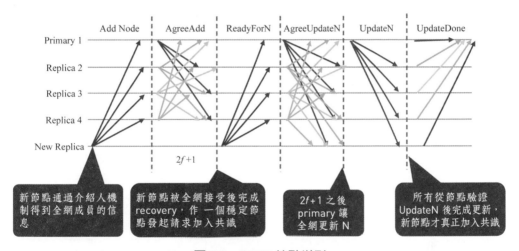

圖 6.8　RBFT 節點增刪

首先，新的節點需要得到憑證授權頒發的憑證，然後向聯盟中的所有節點發送請求。各個節點確認同意後會向聯盟中的其他節點進行全網廣播，當一個節點得到 $2f+1$ 個同意加入的回復後會與新的節點建立連接。

隨後，當新的節點和 $N-f$（N 為區塊鏈聯盟節點總數）個節點建立連接後，就可以執行主動恢復演算法，同步區塊鏈聯盟成員的最新狀態。新節點接著又向主節點請求加入常規共識流程。最後，主節點確認過新節點的請求後會定義在哪個塊號後需要改變節點總數 N 來共識（確保新節點的加入不會影響原有的共識，因為新節點的加入會導致全網共識 N 的改變，這表示 f 值可能改變）。

RBFT 節點的動態刪除和節點的動態增加流程類似，其主要處理函數如圖 6.9 所示，其主要流程如下。

(1) 退出節點需要呼叫 RPC，要求得到本節點的雜湊值，然後向全網所有節點發起退出要求。

(2) 接收到刪除請求的節點的管理員確認同意該節點退出，然後向全網廣播 DelNode 訊息，表明自己同意該節點退出整個區塊鏈共識的請求。

(3) 當現有節點收到 2f+1 條 DelNode 訊息後，該節點更新連接資訊，斷開與請求退出的節點間的連接；並在斷開連接之後向全網廣播 AgreeUpdateN 訊息，表明請求整個系統暫停執行交易的處理行為，為更新整個系統參與共識的 N-view 做準備。

(4) 當節點收到 2f+1 個 AgreeUpdateN 訊息後，更新節點系統狀態。

至此，請求退出節點正式退出區塊鏈系統。

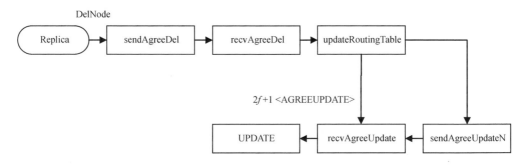

圖 6.9 動態節點退出函式呼叫

以上便是 Hyperchain 改進版的共識演算法 RBFT 的主要演算法流程。RBFT 通過增加常規共識流程中的驗證步驟，增加節點自動恢復機制，增加動態節點加入及刪除等功能，比傳統 PBFT 演算法更加穩定、靈活、高效，可以滿足企業級聯盟鏈的生產環境需求。

6.3 智慧合約

智慧合約是一段可自動執行程式,部署在區塊鏈上;廣義的智慧合約包含程式設計語言、編譯器、虛擬機器、事件、狀態機、容錯機制等。其中,對應用程式開發影響較大的是程式設計語言及智慧合約的執行引擎,即虛擬機器。虛擬機器被封裝成沙箱,整個執行環境都被完全隔離。虛擬機器內部執行的智慧合約不能接觸網絡、檔案系統或者系統中的其他執行緒等系統資源。合約之間只能進行有限呼叫。

目前智慧合約的編寫及其執行環境,有 3 種典型實作範例:(1)IBM 的 Hyperledger Fabric 專案用 Docker 作為智慧合約的執行環境;(2)R3 Corda 專案中的智慧合約使用 JVM 作為合約的底層執行環境;(3)Ethereum 項目中的智慧合約採用 Solidity 進行編寫,並使用內嵌型的 Solidity 虛擬機器執行。

6.3.1 智慧合約執行引擎

智慧合約本質上就是一段程式,存在出錯的可能性,甚至會引發嚴重問題或連鎖反應。因此,智慧合約的執行引擎的安全性,對企業區塊鏈的安全性來說至關重要。

Solidity 是一種語法與 JavaScript 相似的高階語言,專為智慧合約的編寫而設計。編寫十分簡單,是一門圖靈完備的語言,更重要的是它只能用來實作合約的邏輯功能,不提供任何存取系統資源的介面(例如開啟檔案、存取作業系統底層資源等),這在語言層面上,確保用 Solidity 編寫的智慧合約只能運行在一個獨立於作業系統的沙箱中,無法操縱任何系統資源。而 Fabric 中 Docker 形式的虛擬機器,對語言並未進行特殊限制,因此安全上不能做到完全保證。

除此之外,與 Docker 和 JVM 相比,Solidity 語言及其智慧合約執行引擎在程式體積上更小,對資源的控制更加細微,並且採用 Solidity 語言能夠妥善利用開源社群在智慧合約技術和經驗方面的積累,提高智慧合約的再使用性。因此 Hyperchain 平台在智慧合約的實作上選擇了 Solidity 語言,並設計研發了支援 Solidity 執行的高效智慧合約執行引擎 HyperVM。

HyperVM 是基於 Solidity 虛擬機器的改進版本，Hyperchain 在此基礎上做了充分的容錯機制，具備系統等級的優化手段，結合環境隔離能夠保證合約在有限時間內安全執行，並且完全相容 EVM 上開發的智慧合約。

6.3.2　HyperVM 設計原理

HyperVM 的設計如圖 6.10 所示，主要包括用於合約編譯的編譯器，用於程式碼執行優化的優化器，用於合約位元組碼執行的解譯器，用於合約執行引擎安全性控制的安全模組，以及用於虛擬機器和帳本互動的狀態管理模組。

圖 6.10　HyperVM 組件圖

6.3.3　HyperVM 執行流程

圖 6.11 是 HyperVM 執行交易的標準流程圖，HyperVM 執行交易之後會回傳一個執行結果，系統將其保存在被稱為交易回執的變數中，往後平台用戶端可以根據本次的交易雜湊進行交易結果的查詢。

HyperVM 的具體執行流程如下。

（1）HyperVM 接收到上層傳遞的 transaction，並進行初步的驗證。

（2）判斷 transaction 的類型，如果是部署合約則執行步驟（3），否則執行步驟（4）。

（3）HyperVM 新建一個合約帳戶，儲存合約位址及合約編譯之後的程式碼。

（4）HyperVM 解析 transaction 中的交易參數等資訊，並呼叫其執行引擎，執行對應的智慧合約位元組碼。

（5）指令執行完成之後，HyperVM 會判斷其是否停機，未停機就跳至步驟（2），否則執行步驟（6）。

（6）判斷 HyperVM 的停機狀態是否正常，正常則結束執行，否則執行步驟（7）。

（7）進行 Undo 作業，狀態回溯到本次交易執行之前，交易結束。

圖 6.11 中的執行指令集模組是 HyperVM 執行模組的核心，指令的執行模組有兩種實作方式，分別是執行位元組碼，以及更複雜、效能更好的即時編譯（Just-in-time compilation，JIT）。

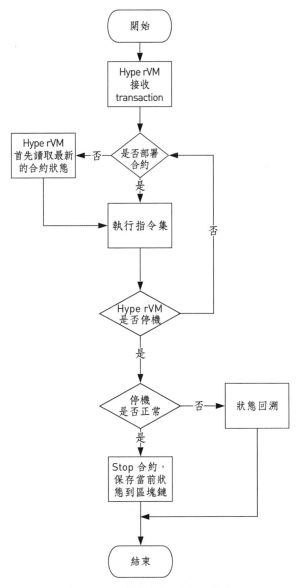

圖 6.11　HyperVM 執行流程圖

位元組碼執行的方式比較簡單，HyperVM 實現的虛擬機器會有指令執行單元。該指令執行單元會一直嘗試執行指令集，當指定時間未執行完成時，虛擬機器會中斷計算邏輯，回傳逾時錯誤資訊，以此防止智慧合約中的惡意程式碼執行。

JIT 方式的執行相對複雜，即時編譯也稱為及時編譯、即時編譯，是動態編譯的一種形式，是一種提高程式運行效率的方法。通常程式有兩種運行方式：靜態編譯與動態直譯。靜態編譯的程式在執行前全部被翻譯為機器碼，而直譯執行則是邊翻譯邊執行。即時編譯器則混合了這二者，一句一句地編譯原始程式碼，但是會將翻譯過的程式碼緩存起來以降低效能損耗。相對於靜態編譯程式碼，即時編譯的程式碼可以處理延遲綁定並增強安全性。JIT 模式執行智慧合約主要包含以下步驟。

（1）將所有同智慧合約相關的資訊封裝在合約物件中，然後通過該程式碼的雜湊值去查詢該合約物件是否已經儲存編譯。合約物件有 4 種常見狀態，即合約未知、合約已編譯、合約準備好通過 JIT 執行、合約錯誤。

（2）如果合約狀態是合約準備好通過 JIT 執行，則 HyperVM 會選擇 JIT 執行器來執行該合約。執行過程中，虛擬機器將會對編譯好的智慧合約進一步編譯成機器碼，並對 push、jump 等指令進行深度優化。

（3）如果合約狀態處於合約未知的情況下，HyperVM 首先需要檢查虛擬機器是否強制 JIT 執行，如果是則順序編譯並通過 JIT 的指令進行執行。否則，開啟單獨執行緒進行編譯，當前程式仍然通過普通的位元組碼編譯。當下次虛擬機器執行過程中再次遇到相同編碼的合約時，虛擬機器會直接選擇經過優化的合約。這樣合約的指令集由於經過了優化，該合約的執行和部署的效率會更好。

6.4 帳本資料儲存機制

區塊鏈本質上是一個分散式帳本系統，因此區塊鏈平台的帳本體系設計至關重要。Hyperchain 的帳本設計主要包含 3 個部分：首先對客戶的交易資訊通過區塊鏈這種鏈式結構進行儲存，保證了客戶交易的不可篡改以及可追溯性；其次，採用帳戶體系模型維護區塊鏈系統的狀態，即圖 6.12 中的合約狀態部分；最後，為了快速判斷帳本資訊、交易資訊等關鍵資訊是否存在，帳本採用了改進版的 Merkle 樹進行相關資訊儲存。本節接下來，詳細分析這些與帳本相關的重要資料結構設計。

圖 6.12　帳本儲存結構

6.4.1　區塊鏈

區塊鏈是區塊鏈帳本中的重要資料結構，儲存著核心交易資訊。區塊鏈是由包含交易資訊的區塊，從後往前有序連結起來的資料結構。所有區塊被從後向前有序連結在這個鏈條裡，每一個區塊都指向其父區塊。

區塊鏈經常被視為一個垂直的堆疊，第一個區塊作為堆疊底的首區塊，隨後每個區塊都被放置在其他區塊之上。用堆疊形容區塊依次連結的概念後，我們便可以使用一些術語，例如，"高度" 表示最新區塊與首區塊之間的距離，"頂部" 或 "頂端" 表示最新添加的區塊。

如圖 6.13 所示，區塊結構中分為兩部分：區塊頭和交易清單。區塊頭中記錄了一些固定大小的區塊中繼資料資訊，在交易清單中記錄了所有被收錄在該區塊的交易資訊。區塊中相應儲存內容的具體定義，如表 6.1 至表 6.3 所示。

對每個區塊頭進行 SHA256 雜湊計算，可以生成一個雜湊值，該值可以用作在區塊鏈中唯一標示該區塊的數位指紋。同時，在區塊頭資訊中引用了上一個產生區塊的雜湊值，即在每一個區塊中，都包含其父區塊的雜湊值。如此一來，所有的區塊都被串聯成一個垂直的鏈式結構，通過不斷反覆運算存取父區塊，最終可以追溯至區塊鏈的創世區塊（第一個區塊）。

正是由於這種特殊的鏈式結構設計，父區塊有任何改動時，父區塊的雜湊值也會發生變化，迫使子區塊中的 "父區塊雜湊值" 欄位發生變化，導致產生的子區塊雜湊值變化。Hyperchain 節點之間每隔一個 checkpoint 會進行一次最新區塊雜湊的比較，如果本機維護的最新區塊雜湊值與區塊鏈網路維護的最新區塊雜湊值一致，則能確定本機維護的區塊鏈資訊是合法的，否則表示本機節點已經成為了一個 "拜占庭節點"。

圖 6.13 區塊鏈結構

▼ 表 6.1 Hyperchain 區塊定義

字段名	描述	大小
區塊頭	區塊中繼資料集	203byte
交易清單	收錄在區塊裡的交易資訊	可變

▼ 表 6.2 Hyperchain 區塊頭定義

字段名	描述	大小
版本資訊	區塊結構定義版本資訊	3byte
父區塊雜湊	父區塊雜湊值	32byte
區塊雜湊	區塊內容的雜湊標示	32byte
區塊編號	區塊高度	8byte
區塊時間戳記	主節點構造區塊的近似時間	8byte
合約狀態雜湊	所有合約帳戶狀態的雜湊標示	32byte

（續上頁表）

字段名	描述	大小
交易集雜湊	區塊中收錄的交易清單雜湊標示	32byte
回執集雜湊	執行交易產生的回執清單雜湊標示	32byte
其他	區塊執行時間戳記，區塊入鏈時間戳記等	24byte

區塊的交易清單中，儲存了被收錄的交易資料，每條交易包含以下欄位，如表 6.3 所示。

▼ 表 6.3 交易結構定義

字段名	描述	大小
版本資訊	交易結構定義版本資訊	3byte
交易雜湊值	根據交易內容生產的雜湊標示	32byte
交易發起者位址	長度為 40 的 16 進制字串，用於標示發起者	20byte
交易接收者位址	長度為 40 的 16 進制字串，用於標示接收者	20byte
合約呼叫資訊	呼叫合約函數標誌及呼叫參數編碼後的內容	不定
交易時間戳記	Hyperchain 節點收到交易的近似時間	8byte
亂數	隨機產生的 64 位元整數	8byte
用戶簽名	使用者對交易內容簽名生成的簽名資訊	65byte

6.4.2 合約狀態

Hyperchain 系統除了維護區塊鏈資料以外，還維護了系統當前的狀態資訊。與比特幣系統採用 UTXO 模型不同，Hyperchain 採用了帳戶模型來表示系統狀態。

當 Hyperchain 節點收到一筆 "待執行" 的交易後，會首先交由執行模組執行。執行交易結束後，會更改相關合約帳戶的狀態，例如某使用者 A 發起一筆交易呼叫已部署的合約 B，使得合約 B 中的變數值 b 由 0 變為 1，並至合約狀態中永久儲存。

每一筆交易的執行，即意味著合約帳戶狀態的一次轉移，也代表著系統帳本的一次狀態轉移。因此，Hyperchain 也可以被認為是一個狀態轉移系統。

在 Hyperchain 帳本中，會記錄鏈上所有合約的狀態資訊。合約狀態中繼資料共有以下幾個欄位，如表 6.4 所示。

▼ 表 6.4　合約帳戶定義

字段名	描述	大小
合約位址	用於標示合約帳戶的唯一標示	20byte
合約儲存空間雜湊標示	利用 Merkle 樹計算合約儲存空間的所得的標示	32byte
合約程式碼雜湊標示	合約可執行程式碼雜湊產生的標示	32byte
建立者	建立該合約的帳戶位址	20byte
建立區塊高度	合約被部署時的區塊高度	8byte
合約狀態	當前合約的可存取狀態（正常或凍結）	1byte

除以上中繼資料以外，合約帳戶還有兩個資料欄位：可執行程式碼及變數儲存空間。可執行程式碼就是一段用 byte 陣列編碼的指令集，每一次合約的呼叫其實就是一次可執行程式碼的運行。合約中定義的變數，則會被儲存在合約所屬的儲存空間中，合約帳戶儲存空間示意圖如圖 6.14 所示。

儲存空間

0x0	槽 1（32 字節）
0x1	槽 2
…	槽 1（32 字節）
0xN	槽 *N*（32 字節）

圖 6.14　合約帳戶儲存空間示意圖

儲存空間與標準的儲存結構類似，在邏輯上是由一片位址連續的儲存單元組成的（為了節省磁碟儲存空間，空的儲存單元不被寫入磁碟）。每一個儲存單元稱為一個槽，大小為 32byte。合約變數會在合約編譯階段獲得儲存空間的索引位址，內容儲存在相應的槽中。

一個簡易的合約狀態資料示意圖如圖 6.15 所示。

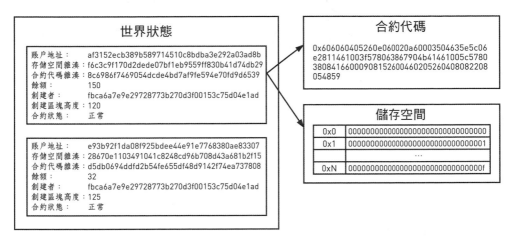

圖 6.15　合約狀態資料示意圖

6.4.3　Merkle 樹

將區塊中收錄的交易依次處理之後，合約帳戶從原先的狀態轉移至一個新的狀態，為了快速生成一個雜湊值以標示所有合約帳戶的新狀態，Hyperchain 系統中引入了 Merkle 樹進行雜湊計算，接下來先簡單介紹 Merkle 樹的結構和作用。

Merkle 樹是一種雜湊二叉樹，它是一種資料結構，用於快速歸納和校驗大規模資料完整性。這種二叉樹包含加密雜湊值，在比特幣網路中，Merkle 樹被用來歸納一個區塊中的所有交易，同時生成整個交易集合的數位指紋，且提供了一種校驗區塊是否存在某交易的高效途徑。但是傳統的 Merkle 樹效能較差，在面對巨量資料時，計算效能不能達到聯盟鏈的需求。因此在 Hyperchain 中，設計了一種融合了 Merkle 樹和雜湊表兩種資料結構各自優勢的 HyperMerkle 樹，大幅提升了帳本雜湊計算的速率。

傳統的 Merkle 樹是自底向上建構的，如圖 6.16 所示，從 L1、L2、L3、L4 這 4 個資料塊開始建構 Merkle 樹。首先對這 4 個資料塊的資料雜湊化，然後將雜湊值儲存至相應的葉節點。這些葉節點分別是 Hash0-0、Hash0-1、Hash1-0 和 Hash1-1。

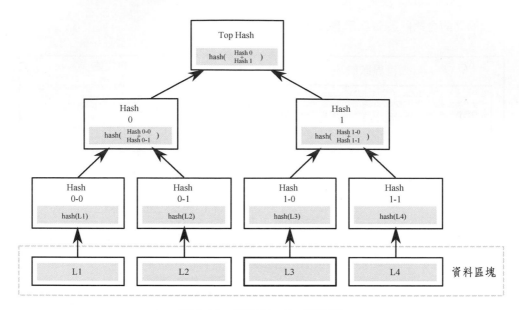

圖 6.16　傳統 Merkle 樹範例

完成最底層葉節點的賦值之後，開始計算非葉節點的值，計算方法為串聯相鄰葉節點的雜湊值，並以此為輸入計算雜湊，所得結果即為這對葉節點父節點的雜湊值。

重複此作業，直到只剩下頂部的一個節點，即 Merkle 根。根節點的雜湊值即代表著這一批資料區塊的標示。

這種傳統的 Merkle 樹，只適用於像比特幣系統中對批量交易資料進行雜湊的情境，而無法滿足聯盟鏈中快速計算帳本雜湊的需求。因此在 Hyperchain 中重新設計了結合雜湊表特性的 HyperMerkle 樹。

HyperMerkle 樹是一棵建構在雜湊表上的多叉樹，雜湊表的每個儲存單元均是 HyperMerkle 樹的一個葉節點，所有的葉節點稱為 n 層節點。將相鄰若干個葉節點歸納為一個父節點，生成的父節點集合稱為 n-1 層節點。遞迴上述作業，直到只剩下頂部的一個節點，即為 HyperMerkle 樹的根節點。每個父節點維護著子節點雜湊值列表。HyperMerkle 樹結構如圖 6.17 所示。

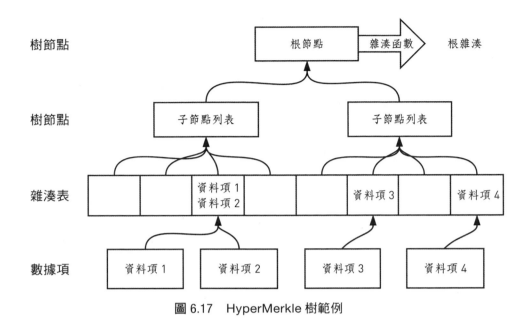

圖 6.17　HyperMerkle 樹範例

HyperMerkle 樹的一次計算過程如下所示。

（1）將輸入資料集中的每一個元素，按照 key 值雜湊到不同的位置，產生雜湊衝突時採用拉鍊法進行處理。

（2）對每一個涉及改動的葉節點進行雜湊重新計算，輸入為葉節點的內容；計算完成後將計算結果寫入相應父節點的子節點雜湊列表中。

（3）對每一個涉及改動的 n-1 層節點進行雜湊重新計算，輸入為節點的子節點雜湊列表（本次計算未涉及的子節點，雜湊值使用上次計算的值）；計算完成後將計算結果，寫入相應父節點的子節點雜湊列表中。

（4）重複步驟（3），直至計算至 1 層節點。1 層節點也稱為根節點，帳本的當前雜湊值用根節點雜湊值表示。

（5）永久儲存本次重新計算的所有節點的內容。

一棵 HyperMerkle 樹維護一批資料，且每次修改後只針對被修改的部分進行雜湊重新計算，這種機制可以大幅提升計算效率。

HyperMerkle 樹在 Hyperchain 中具體進行兩部分內容的雜湊計算：合約帳戶儲存空間的雜湊計算；合約帳戶集的雜湊計算。

對於每個合約帳戶，儲存空間的內容是 HyperMerkle 樹的輸入，輸出保存在合約帳戶的中繼資料中；對於合約帳戶集，每個合約的內容是 HyperMerkle 樹的輸入，輸出保存在區塊中，視作當前合約帳戶集狀態的標示。

6.5 安全與隱私機制

企業級區塊鏈平台也即聯盟鏈，聯盟鏈這個名詞具備兩層含義，首先它是區塊鏈，其次它是有限成員聯盟性質的。因此，在企業區塊鏈安全性機制的設計上，既需要考慮傳統區塊鏈面對的各成員之間的信任問題，同時還要解決聯盟成員的准入准出的安全管理機制。為此，Hyperchain 平台提出了利用密碼學的多級加密機制，在交易網路、交易雙方及交易實體等多個層面使用安全加密演算法，對使用者資訊進行了全方位加密，此外還提出了採用 CA 的許可權控制機制，本節接下來將就這兩個機制進行詳細介紹。

6.5.1 多級加密機制

Hyperchain 平台採用的多級加密機制應用了密碼學，並且在一些具體加密層級的演算法選擇上，實作了模組化可拔插的架構模式，讓企業用戶能按照業務需求，同時保障系統的安全性和高效性。

① 雜湊演算法

雜湊是一種散列函數，把任意長度的輸入值傳入雜湊演算法，變換成固定長度的輸出值（雜湊值），雜湊值的容量通常遠小於輸入值的容量，且雜湊函數具有不可逆性，根據雜湊值無法反推輸入原文的內容。

雜湊演算法在 Hyperchain 平台中廣泛運用，例如交易的摘要、合約的位址、用戶位址等都運用了雜湊演算法。Hyperchain 提供了可拔插的、不同安全等級的雜湊演算法選項。安全等級由低到高分別有 SHA2-256、SHA3-256、SHA2-384、SHA3-384 等，這些雜湊演算法都可以為訊息生成容量固定、不可逆推的數位指紋。

② ECDSA 交易簽名

為了防止交易被篡改，Hyperchain 平台採用了成熟的橢圓曲線數位簽章演算法（ECDSA）對交易進行簽名。橢圓曲線密碼機制的安全性，來自於橢圓曲線離散對數問題（ECDLP）的難解性。因此在位元數相同的情況下，橢圓曲線密碼系統的強度遠高於傳統的離散對數系統。橢圓曲線密碼系統（ECC）的主要優勢是在某些情況下比其他方法使用更小的金鑰，計算參數更小，金鑰更短，運算速度更快，簽名也更短小。

在橢圓曲線加密標準與實現上，不同於 Fabric 直接採用 Go 官方函式庫 crypto 的 ECDSA 橢圓曲線數位簽章演算法，Hyperchain 平台採用橢圓曲線 secp256k1 標準，實作數位簽章演算法。考慮到在數位簽章及簽名驗證過程中，涉及複雜且大量的計算，Hyperchain 平台採取 C 語言封裝的橢圓曲線加密標準，在簽名和驗證的效能上有更好的表現。

③ 基於 ECDH 的金鑰協商

在網路通訊過程中，使用工作階段金鑰對傳輸的資訊進行加密，可以防止駭客竊聽機密訊息進行欺詐。然而，工作階段金鑰的建立和網路中各使用者之間的相互認證，需要認證金鑰協定來完成。因此，區塊鏈平台各個節點之間的金鑰對需要特殊的協定進行協商。

Hyperchain 通過實現橢圓曲線 Diffic-Hellman（ECDH）金鑰協商協定，確保通訊雙方可以在不安全的公共媒體上建立共用的機密協定，而不必事先交換任何私有資訊。任何截獲交換的組織，都能夠複製公共參數和通訊雙方公開金鑰，但無法從公開共用值生成共用機密協定。Hyperchain 在通訊雙方協商出一個機密共用金鑰後，再利用 AES 對稱加密演算法，將通訊內容加密通過 gRPC 進行傳輸。這樣可使計算破解傳輸內容更困難，確保訊息傳輸的高安全性。

④ 同態加密

除此之外，Hyperchain 還支援加法同態加密。以智慧合約的方式，確保交易過程中或者智慧合約中的數值可以被交叉驗證，同時卻不暴露給驗證方。這進一步保護了客戶的資料隱私安全，更符合經濟活動的基本要求。

⑤ 國密演算法

相比於其他區塊鏈平台，Hyperchain 在加密演算法上有一個很大的優勢，即 Hyperchain 完全支援國密演算法的集合。目前 Hyperchain 集合了國密演算法 SM2 和 SM3。其中，SM2 是使用橢圓曲線密碼的公開金鑰密碼演算法標準，包含數位簽章、金鑰交換和公開金鑰加密，用於替換 RSA/DiffieHellman/ECDSA/ECDH 等國際演算法；SM3 為密碼雜湊演算法，用於替代 MD5/SHA-1/SHA-256 等國際演算法。

6.5.2 基於 CA 的許可權控制

我們在 6.5.1 節中介紹了 Hyperchain 如何設計多級加密機制來保障企業區塊鏈的交易安全、資料安全及通訊鏈路的安全。本節將介紹企業區塊鏈中聯盟成員的許可權控制，以及聯盟成員的准入准出機制。Hyperchain 的平台許可權控制主要通過 CA 體系保證。Hyperchain 的憑證頒發體系如圖 6.18 所示。

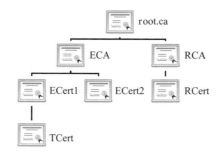

圖 6.18　Hyperchain 憑證頒發體系

首先簡要介紹一下圖中涉及的縮略詞，ECA（Enrollment Certificate Authority）為准入憑證授權，該機構能夠向下頒發准入憑證。ECert（Enrollment Certificate）准入憑證，由准入憑證授權頒發，持有 ECert 的節點才能夠與 Hyperchain 鏈上服務互動。

從圖 6.18 還可以看出，Hyperchain 的 ECert 設計上有兩種實作方式。持有 ECert1 的機構不僅擁有同 Hyperchain 鏈上服務互動的許可權，還能夠向下頒發 TCert（Transaction Certificate）交易憑證。交易憑證用於偽匿名交易，主要在客戶發起交易時使用，用戶端會使用 TCert 相匹配的私密金鑰對 Transaction 進行加密。TCert 可以實作線上申請，由各個節點簽發，每一條 Transaction 都可以用一個新的 TCert 進行簽名，可達成每條交易的相對匿名，且可由簽發方審查。

RCA（Role Certificate Authority）為角色憑證認證機構，該機構有許可權頒發 RCert（Role Certificate）。RCert 主要是用於區分區塊鏈節點中的驗證節點和非驗證節點，擁有 RCert 才會被認為是區塊鏈中的驗證節點，參與區塊鏈節點之間的共識。RCert 和 TCert 同樣只能作為身份證明的憑證存在，不能向下頒發憑證。

6.6 視覺化監管平台

區塊鏈監控管理平台是企業級區塊鏈平台的關鍵組成部分，即時監控區塊鏈平台健康狀態，即時查詢節點的區塊生成狀態，是確保企業區塊鏈健康穩定的關鍵。Hyperchain 設計使支援區塊鏈平台監控、智慧合約編寫等功能結合於一體，方便部署於主流公有雲端、私有雲端或者實體電腦的企業級管控平台 Hypervision。

6.6.1　Hypervision 概觀

Hypervision 的啟動概觀介面如圖 6.19 所示。

圖 6.19　Hypervision 概觀

概覽主要包括以下 5 個組成部分。

☆ 區塊鏈監控

此模組顯示了最新區塊編號、區塊鏈整體交易量、當前的 TPS，以及交易的延遲時間等資訊。

☆ 伺服器

該模組是伺服器狀態的整體狀態顯示，顯示了處於不同狀態的伺服器的數量，用戶可以按更多按鈕，跳到具體伺服器狀態細節的介面。

☆ 交易數

顯示最近 24 小時、最近 7 天、最近 30 天的交易數（橫座標為時間，縱座標為交易數量）。

日報表分 24 小時，展示每小時的交易總數；週報表分 7 天，展示每天的交易總數；月報表分 30 天，展示每天的交易總數。

☆ 容器

顯示容器數量與各種狀態的容器數量。當滑鼠移動至容器某一圓形圖切片時，會顯示該部分的容器數量。當按下該部分的 "更多" 時，會跳至 "區塊鏈 >> 作業" 介面。

☆ 智慧合約

顯示智慧合約的具體資訊；當滑鼠移動至合約的進度條某一位置，會顯示該合約資料。按下該部分的 "更多" 時，會進入 "智慧合約" 的詳細管理介面。

6.6.2 Hypervision 區塊鏈管理

Hypervision 的區塊鏈管理包括設定、作業、監控和瀏覽 4 個方面，相關作業介面如下所示。

☆ 設定介面

該設定介面能夠展示 Hyperchain 的設定資訊，能夠方便靈活地對 RBFT 演算法等關鍵元件的屬性進行設定。

✿ 作業介面

作業介面能夠對容器進行相應管理，包括展示已添加的容器列表、添加並部署容器節點、清空容器，以及查看 Hyperchain 節點日誌。

✿ 監控介面

監控全域網路節點的即時狀態，使用者可隨時查看全域區塊鏈網路節點。當滑鼠游標停留在區塊時間、交易數及交易處理時間的柱狀圖時，會顯示縱座標資訊，如圖 6.20 所示。

圖 6.20　區塊鏈監控介面

✿ 瀏覽介面

顯示區塊列表、區塊詳情、交易清單和交易詳情頁面。

✿ 區塊清單介面

當使用者按下瀏覽模組，進入區塊清單頁面時，顯示區塊的編號、雜湊、寫入時間、平均交易處理時間和交易數等資訊。

6.6.3　Hypervision 合約管理

為了方便智慧合約的編寫、部署、管理，Hypervision 為智慧合約管理提供了相應的管理模組。合約管理模組主要包含以下功能的管理介面。

⭐ 合約編輯介面

合約編輯的介面為使用者提供了方便的、高亮顯示的智慧合約編寫頁面，除此之外，該介面還能夠實現合約的編譯，進而生成相應的位元組碼檔，如圖 6.21 所示。

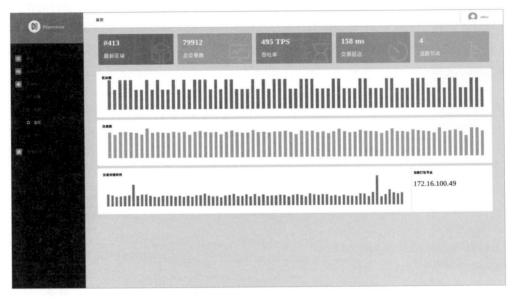

圖 6.21　編寫合約介面

⭐ 合約部署介面

合約部署頁面提供了視覺化的智慧合約部署方式，根據合約部署方式的不同分為建立型和載入型兩種。其中建立型合約用戶可以直接編輯，而載入型則需要使用者上傳編譯好的位元組碼檔。

⭐ 合約查詢介面

合約查詢可以展示合約的具體資訊，包括合約所在的項目名稱、合約類型、合約狀態、合約位址，以及可以執行的相關作業。

☆≡ 合約呼叫介面

合約呼叫頁面提供了利用 Hypervision 直接呼叫合約方法的介面，可選擇具體的合約方法並傳入相關參數，完成合約的方法呼叫。

6.7 本章小結

本章以企業級區塊鏈平台 Hyperchain 為例，介紹了構成企業級區塊鏈平台的核心組件的實作原理。企業級區塊鏈同公有鏈和私有鏈不同，它直接面對企業級應用的需求，對區塊鏈系統的安全性、靈活性及效能有著更加嚴格的要求。Hyperchain 企業級區塊鏈平台分別從以下幾點出發，建構滿足企業需求的區塊鏈平台。

首先，Hyperchain 平台在優化傳統 PBFT 的基礎上，設計了靈活、高效、穩定的共識演算法 RBFT，為企業級區塊鏈平台提供了堅實的演算法基礎。其次，在智慧合約的支援上選擇了支援開源領域活躍的 Solidity 語言，並執行虛擬機器進行了系統層面的優化，大幅提高了智慧合約的執行速度。而且，在區塊鏈帳本的設計上選擇了與比特幣不同的帳本體系，更適合企業區塊鏈的應用特性。再者，Hyperchain 平台對交易、交易鏈路、應用開發包等多層面進行了加密處理，系統性地加強企業級區塊鏈的安全等級。最後，為了企業級區塊鏈的運維監控的便捷，Hyperchain 還設計實現了支援系統監控、合約編寫、合約編譯等多功能的企業級區塊鏈管控平台。

Hyperchain 應用開發基礎

在第 6 章中，本書對 Hyperchain 平台的系統核心元件進行了介紹。Hyperchain 是一個滿足產業需求的聯盟區塊鏈技術基礎平台，它吸收了區塊鏈開源社群和研究領域的最先進技術，結合了高效能的可靠共識演算法，相容於開源社群的智慧合約開發語言和執行環境；同時，Hyperchain 還強化了記帳授權機制和交易資料加密等關鍵特性，並且提供了功能強大的視覺化 Web 管理主控台，對區塊鏈節點、帳簿、交易和智慧合約等進行高效管理。

對於這樣一個企業級區塊鏈核心平台，如何在 Hyperchain 上進行應用開發是開發者最關心的問題，也是本章介紹的重點。本章將先介紹平台所提供的基本功能與平台的設定部署，然後以實際案例描述如何使用 Hyperchain 平台進行區塊鏈應用的開發。

7.1 平台功能

企業級區塊鏈 Hyperchain 是一種分散式一致性的帳本系統，主要以交易處理的形式對外提供服務。Hyperchain 中的交易分為兩種：普通交易和智慧合約交易。普通交易功能較為單純，只能提供相對基本的轉帳功能；而利用智慧合約的交易則能夠達成使用者自訂的複雜邏輯，將交易邏輯封裝於智慧合約內部，因此更加靈活和安全。此外，Hyperchain 還提供了許多有關區塊鏈資料管理的相關功能，方便使用者進行區塊鏈資料的查詢。

Hyperchain 平台在應用介面方面對外提供了 JSON-RPC、Java、Go 等相關的軟體發展服務。本章接下來將以 JSON-RPC 為例，分別就 Hyperchain 的主要服務交易呼叫、合約管理及區塊管理等方面進行詳細說明。

7.1.1 JSON-RPC 格式

JSON-RPC 是一種以 JSON 為資料傳輸格式的無狀態、羽量級遠端程序呼叫（RPC）協定。Hyperchain 底層平台對外以 JSON-RPC 的方式提供了應用存取區塊鏈平台的作業入口，因此用戶能夠按照自身需求，使用各種語言進行介面呼叫，與區塊鏈互動通訊。每次利用 JSON-RPC 的方式發送一個請求物件至伺服器端，均代表一個 RPC 呼叫，而每個 RPC 呼叫的請求物件都需要包含下列成員欄位。

- ☑ **jsonrpc**：指定 JSON-RPC 協定版本的字串，如果是 2.0 版本，則必須準確寫為 2.0（Hyperchain 使用的是 JSON-RPC 2.0 版本）。

- ☑ **method**：表示所要呼叫方法名稱的字串。以 RPC 開頭的方法名，用英文句號（U+002E or ASCII 46）連接 RPC 內部預留的方法名及副檔名，且不能在其他地方使用。

- ☑ **params**：呼叫方法所需要的結構化參數值，該成員參數可以被省略。

- ☑ **id**：已建立用戶端的唯一標示 ID，該值必須包含一個字串、數值或 NULL 值。如果不包含，該成員則被認定為是一次通知呼叫。該值一般不可為 NULL，若為數值則應為整數。當發起一次 RPC 呼叫時，伺服器端必須回傳一個 JSON 物件作為響應，回傳物件包含下列成員。

○ **result**：該成員在 RPC 呼叫成功時必須被包含，當呼叫方法失敗時必須不包含該成員。伺服器端中的被呼叫方法決定了該成員的值。

○ **error**：該成員在 RPC 呼叫失敗時必須被包含，當沒有錯誤發生時，不包含該成員。若發生錯誤，則該成員物件將包含 `code` 和 `message` 兩個屬性。

○ **id**：該成員必須被包含。該成員值必須與請求物件中的 id 成員值一致。

7.1.2 交易呼叫

交易呼叫是 Hyperchain 應用主要使用的服務介面，與交易呼叫相關的介面主要包括兩類：一類是用於查詢交易的查詢介面，支援取得交易資訊、查詢交易詳情、查詢交易處理時間等查詢作業；另一類則是發起交易的呼叫，主要是使用 `tx_sendTansaction` 方法完成呼叫，此方法能夠封裝交易，使得交易在區塊鏈上執行，並使得交易的結果以共識的方式儲存在分散式各個 Hyperchain 節點上。表 7.1 展示了 Hyperchain 提供的所有交易相關介面，其中 `tx_sendTransaction`、`tx_getTransactionReceipt`、`tx_getTransactionByHash` 這 3 個方法最為常用，下面將以這 3 個介面為例，講述 Hyperchain 中交易相關介面的呼叫方式。

▼ 表 7.1　交易服務介面概覽表

RPC 方法	功能
tx_getTransactions	取得所有交易
tx_getDiscardTransactions	取得所有非法交易
tx_getTransactionByHash	根據交易雜湊值查詢交易詳情
tx_getTransactionByBlockHashAndIndex	根據區塊雜湊值查詢交易詳情
tx_getTransactionByBlockNumberAndIndex	根據區塊編號查詢交易詳情
tx_sendTransaction	發送交易
tx_getTransactionsCount	查詢鏈上所有交易量
tx_getTxAvgTimeByBlockNumber	查詢指定區塊中交易平均處理時間
tx_getTransactionReceipt	查詢指定交易回執資訊
tx_getBlockTransactionCountByHash	查詢區塊交易數量
tx_getSighHash	取得用於簽名演算法的雜湊值

發送交易介面的方法 tx_sendTransaction 的詳細說明如表 7.2 所示，該介面僅
支援非智慧合約的交易，比如使用者之間的轉帳交易等普通交易。在呼叫 tx_
sendTransaction 介面之前，需要先呼叫 tx_getSighHash 介面，取得用於用戶端簽
名用的雜湊，然後在用戶端簽名生成 signature 之後，再呼叫 tx_sendTransaction
介面方法，發送交易到區塊鏈平台。

▼ 表 7.2　發送交易介面

RPC 方法	參數	傳回值

tx_sendTransaction	{
	from：\<string> 發起者位址
	to：\<string> 接收者位址
	value：\<number> 交易量值
	timestamp：\<number> 交易時間戳記
	signature：\<string> 簽名
	}
		transactionHash：\<string>
		交易的雜湊值，32byte 的
		十六進位字串

下面的 Example 1 展示了一個從帳戶 0xb60e8dd61c5d32be8058bb8eb970870f07233155
向另一個帳戶 0xd46e8dd67c5d32be8058bb8eb970870f07244567 轉帳 2441406250 的呼
叫實例。如果該呼叫成功，則系統將會回傳該交易的雜湊值，後續用戶端可以通過
該雜湊值查詢該交易的詳細資訊。

Example 1（發送交易介面呼叫實例）：

```
// 請求
curl -X POST --data '{
"jsonrpc":"2.0",
"method":"tx_sendTransaction",
"params": [{
    "from": "0xb60e8dd61c5d32be8058bb8eb970870f07233155",
    "to": "0xd46e8dd67c5d32be8058bb8eb970870f07244567",
    "value": 2441406250,
    "timestamp": 1477459062327000000,
    "signature": "your signature"
}],"id":71}'
// 回傳結果
{
    "id":71,
    "jsonrpc": "2.0",
    "result":"0xe670ec64341771606e55d6b4ca35a1a6b75ee3d5145a99d05921026d1527331"
}
```

表 7.3 為根據雜湊值查詢交易資訊的介面的詳細描述，上述的發送介面發送交易成功之後，會回傳一個表示本次交易的雜湊，往後可以利用此雜湊值，查詢交易的具體資訊。

▼ 表 7.3 根據雜湊查詢交易介面表

RPC 方法	參數	傳回值
tx_getTransactionByHash	transactionHash <string> 交易的雜湊值，32byte 的十六進位字串	<TransactionResult>TransactionResult 物件

TransactionResult 物件：

```
{
    hash：<string> 交易的雜湊值，32byte 的十六進位字串
    blockNumber：<number> 交易所在的區塊高度
    blockHash：<string> 交易所在區塊雜湊值
    txIndex：<number> 交易在區塊中的交易清單的位置
    from：<string> 交易發送方的位址，20byte 的十六進位字串
    to：<string> 交易接收方的位址，20byte 的十六進位字元
    amount：<number> 交易量
    timestamp：<number> 交易發生時間（單位 ns）
    executeTime：<string> 交易的處理時間（單位 ms）
    invalid：<boolean> 交易是否不合法
    invalidMsg：<string> 交易的不合法資訊
}
```

下面的 Example 2 展示了一個按照交易雜湊查詢交易資訊的例子，從交易的回傳結果來看，查詢交易能夠查詢該交易的雜湊值、交易儲存的區塊編號以及交易的具體資訊、交易執行時間等交易相關詳細資訊。

📖⓲ Example 2（根據交易雜湊查詢交易實例）：

```
// 請求
curl -X POST --data '{
"jsonrpc": "2.0",
"method": "tx_getTransactionByHash",
"params": ["0x658406ea4edf92f4b9d1589c3ea84d75c07f4179908e899
703eae0e3ea54caa2"],
"id": 71
}'
// 回傳結果
{
    "jsonrpc": "2.0",
```

```
    "id": 71,
    "result": {
    "hash": "0x658406ea4edf92f4b9d1589c3ea84d75c07f4179908e89970
    3eae0e3ea54caa2",
        "blockNumber": "0x1",
        "blockHash": "0x9e330e8890df02d22a7ade73b5060db6651658b676dc
        9b30e54537853e39c81d",
        "txIndex": "0x9",
        "from": "0x000f1a7a08ccc48e5d30f80850cf1cf283aa3abd",
        "to": "0x0000000000000000000000000000000000000003",
        "amount": "0x1",
        "timestamp": 1477459062327000000,
        "executeTime": "0x3ee",
        "invalid": false,
        "invalidMsg": ""
    }
}
```

根據交易雜湊查詢交易的方法，回傳的交易結果為一個 TransactionResult 物件，它只是包含了交易詳細資訊，但是並未包含交易執行結果資訊。交易的成功與否以及相應的回傳結果，需要通過交易回執資訊介面方法 tx_getTransactionReceipt 進行查詢，表 7.4 為 tx_getTransactionReceipt 呼叫的詳細描述。

▼ 表 7.4　根據交易雜湊回傳交易回執資訊介面

RPC 方法	參數	傳回值
tx_getTransactionReceipt	transactionHash：<string> 交易雜湊	<Receipt>

<Receipt> 物件：

```
{
txHash：<string> 交易雜湊
postState：<string> 交易狀態
contractAddress：<string> 合約位址
ret：<string> 執行的結果
}
```

Example 3（根據交易雜湊查詢交易回執資訊實例）：

```
// 請求
curl -X POST --data '{
"jsonrpc": "2.0",
"method": "tx_getTransactionReceipt",
"params": ["0xb60e8dd61c5d32be8058bb8eb970870f07233155"],
```

```
"id": 71
}'
// 回傳結果
{
    "id":71,
    "jsonrpc": "2.0",
    "result": {
    "txHash":    "0x9e330e8890df02d22a7ade73b5060db6651658b676dc9b30e54537853e39c81d ",
    "postState": '1',
    "contractAddress": '0xe04d296d2460cfb8472af2c5fd05b5a214109c25688d3704aed5484f'
"ret": "0x606060405260e060020a60003504633ad14af3811460305780
63569c5f6d146056578063d09de08a14606d575b6002565b34600257600
0805460043563ffffffff8216016024350163ffffffff19909116179055
5b005b3460025760005463ffffffff166060908152602090f35b3460025
760546000805463ffffffff19811663ffffffff9091166001011790555"
    }
}
```

7.1.3 合約管理

智慧合約是區塊鏈系統的核心組成部分，利用智慧合約，應用開發者能夠自訂更複雜靈活的鏈上資產處理邏輯。Hyperchain 平台為合約管理提供了一套相關的 API，包括合約的編譯、部署、呼叫等。Hyperchain 提供的智慧合約介面清單如表 7.5 所示。

▼ 表 7.5 智慧合約服務介面概覽表

RPC 方法	功能
contract_compileContract	編譯合約
contract_deployContract	部署合約
contract_invokeContract	呼叫合約
contract_getCode	取得合約編碼
contract_ getContractCountByAddr	取得合約數量
contract_encryptoMessage	取得同態餘額及轉帳金額
contract_checkHmValue	取得同態交易的驗證結果
contarct_maintainContract	維護合約（升級、凍結、解凍）
contract_getStatus	查詢合約狀態

（續上頁表）

RPC 方法	功能
contract_getCreator	查詢合約部署者
contract_getCreateTime	查詢合約部署時間
contract_getDeployedList	查詢指定帳戶已部署合約的列表

接下來就合約管理介面的幾個關鍵函數編譯、部署和呼叫進行詳細介紹。表 7.6 所示為智慧合約編譯的呼叫介面的詳細描述，編譯智慧合約介面只需要將本機寫好的智慧合約原始碼以參數的形式上傳即可。至於合約如何編寫的相關內容將在 7.3.1 節中介紹。

compileCode 是介面回傳的編譯結果，從描述中可以看出合約編譯回傳了 ABI、bin 及 types 幾個欄位。其中 ABI 為 Application Binary Interface（應用程式二進位介面）為合約中具體呼叫的介面及參數資訊；bin 為合約的編譯之後二進位位元組碼檔，若程式碼中有多個合約，則 bin 為頂層合約的位元組碼；types 中則保存了編譯的相關合約的名字。

▼ 表 7.6　編譯合約原始碼

RPC 方法	參數	傳回值
contract_compileContract	<string> 合約原始碼	<compileCode>

說明：合約實際上是在本機編譯，務必確認本機已經安裝 solidity 環境，否則無法編譯。

<compileCode> 物件：

```
{
    abi：<Array> 合約程式碼對應的 abi 陣列
    bin：<Array> 合約編譯而成的位元組碼
    types：<Array> 對應合約的名稱
}
```

📖💡 **Example 4：**

```
// 請求
{
    "jsonrpc": "2.0",
    "method": "contract_compileContract",
    "params": ["contract Accumulator{ uint sum = 0; function increment(){ sum = sum + 1; }
```

```
        function getSum() returns(uint){ return sum; }}"],
    "id": 1
}

// 回傳結果
{
    "jsonrpc": "2.0",
    "id": 1,
    "result": {
        "abi": ["[{\"constant\":false,\"inputs\":[],\"name\":\"getSum\",\"outputs\":
[{\"name\":\"\",\"type\":\"uint256\"}],\"payable\":false,\"type\":\"function\"},{\"const
ant\":false,\"inputs\":[],\"name\":\"increment\",\"outputs\":[],\"payable\":false,\"type
\":\"function\"}]"],
        "bin": ["0x60606040526000600060005055604a8060186000396000f3606060405260e060020a60
00350463569c5f6d81146026578063d09de08a146037575b6002565b346002576000546060908152602090f3
5b34600257604860008054600101905556565b00"],
        "types": ["Accumulator"]
    }
}
```

在合約編譯完成之後，下一步則是將合約部署到鏈上，要求合約能夠以共識的方式
部署到區塊鏈的各個節點。表 7.7 所示為合約部署介面方法的詳細參數資訊，其中
from 指合約部署者自己在區塊鏈的帳戶位址。值得注意的是，合約部署也是一個
交易，與 sendTransaction 介面類別似，也是回傳該交易的雜湊值。如果希望進一
步確認合約部署的結果，則需要通過此雜湊值查詢交易的詳細內容，交易內容包含
了合約部署成功與否的資訊，以及該合約的部署位址，合約位址則用於唯一定位及
在合約呼叫時使用。

▼ 表 7.7　部署合約

RPC 方法	參數	傳回值

contract_deployContract	{
	from：\<string\> 合約部署者位址
	timestamp：\<number\> 交易時間戳記
	（單位 ns）
	payload：\<string\> 合約編碼 contract_
	complieContract 方法回傳的 bin
	signature：\<string\> 交易簽名
	}
		transactionHash：
		\<string\> 交易的
		雜湊值，32byte
		的十六進位字串

說明：若合約建構函數需要傳遞參數，則 payload 為編譯合約回傳的 bin 與建構函數參數編碼的字
串拼接。

Example 5（部署合約呼叫實例）：

```
// 請求
curl -X POST --data '{
    "jsonrpc":"2.0",
    "method":" contract_deployContract ",
    "params": [{
        "from": "0xb60e8dd61c5d32be8058bb8eb970870f07233155",
        "timestamp": 1477459062327000000,
        "signature": "your signature"
        "payload": "0x605880600c6000396000f3006000357c010000000000000000000000000000000
0000000000000000000000000000090048063c6888fa114602e57005b603d60048035906020015060047565b80600052
60206000f35b6000600782029050506053565b91905056",
        }],
    "id":71}'
// 回傳結果
{
    "id":71,
    "jsonrpc": "2.0",
    "result": "0xe670ec64341771606e55d6b4ca35a1a6b75ee3d5145a99d05921026d1527331"
}
```

表 7.8 為呼叫合約的介面詳細資訊，合約呼叫中有兩個關鍵參數 to 及 payload。
這裡的 to 為合約編譯之後的合約位址，表示該交易將會呼叫哪個具體的合約。
payload 為合約中具體函數及其參數值的編碼後資訊。合約交易呼叫和普通的交易
呼叫一樣只會回傳交易的雜湊值，若要查詢交易結果，同樣需要以此雜湊值查詢交
易回執。

▼ 表 7.8　呼叫合約

RPC 方法	參數	傳回值

contract_invokeContract	{
	from：\<string\> 合約呼叫者位址
	to：\<string\> 合約位址
	payload：\<string\> 方法名和方法參數經過編碼後的 input 位元組碼
	signature：\<string\> 交易簽名
	timestamp：\<number\> 交易時間戳記
	}
		transactionHash：
		\<string\> 交易的雜湊值，32byte 的十六進位字串

說明：to 合約位址需要在部署完合約以後，呼叫 tx_getTransactionReceipt 方法來取得。

Example 6（合約呼叫實例）：

```
// 請求
curl -X POST --data '{
    "jsonrpc":"2.0",
    "method":"contract_invokeContract",
    "params": [{
        "from": "0xb60e8dd61c5d32be8058bb8eb970870f07233155",
        "to":"0xe670ec64341771606e55d6b4ca35a1a6b75ee3d5145a99d05921026d1527331",
"payload": "0xcdcd77c000000000000000000000000000000000000000000000
00000000000000000000000045000000000000000000000000000000000000000000000000000000000000001",
        "timestamp": 1477459062327000000,
        "signature": "your signature"
    }],"id":71}'
// 回傳結果
{
    "id":71,
    "jsonrpc": "2.0",
    "result": "0xe670ec64341771606e55d6b4ca35a1a6b75ee3d5145a99d05921026d1527331"
}
```

7.1.4　區塊查詢

資料按照區塊儲存，並形成鏈式結構，這是區塊鏈平台保持其資料不可篡改的關鍵措施。區塊查詢介面提供了一套方法，可按照不同規則來查詢區塊鏈上的區塊資訊。利用這些查詢介面，使用者能夠查詢最新區塊資訊、按照區塊高度查詢區塊、按照時間範圍查詢區塊等等。

表 7.9 為區塊服務結構的部分介面清單。

▼ 表 7.9　區塊服務介面概覽表

RPC 方法	功能
block_latestBlock	取得最新區塊
block_getBlocks	查詢指定區塊區間的所有區塊
block_getPlainBlocks	查詢指定區塊區間的所有區塊，但不包含區塊中交易的資訊
block_getBlockByHash	根據區塊的雜湊值回傳區塊資訊

（續上頁表）

RPC 方法	功能
block_getBlockByNumber	根據區塊編號回傳區塊資訊
block_getAvgGenerateTimeByBlockNumber	根據區塊區間計算出區塊的平均生成時間
block_getBlocksByTime	查詢指定時間區間內的區塊數量

接下來，以 block_getBlockByNumber 和 block_getPlainBlocks 為例，詳述區塊服務結構的使用方法。block_getBlockByNumber 介面方法能夠根據區塊編號查詢對應區塊內部的儲存資訊，表 7.10 為此介面的詳細描述。回傳值 blockResult 中包含了區塊中儲存的主要資訊，其中最主要的資訊為 transactions，為該區塊中保存的所有交易詳細資訊。

▼ 表 7.10　根據區塊編號查詢區塊詳細資訊

RPC 方法	參數	傳回值
block_getBlockByNumber	blockNumber：<blockNumber> 區塊編號	<blockResult>

blockNumber 可以是十進位整數或者十六進位字串，也可以是 latest 字串，表示最新的區塊。

<blockResult> 物件：

```
{
    version：<string> 平台版本號
    number：<string> 區塊的高度
    hash：<string> 區塊的雜湊值，32byte 的十六進位字串
    parentHash：<string> 父區塊雜湊值，32byte 的十六進位字串
    writeTime：<number> 區塊的生成時間（單位 ns）
    avgTime：<number> 當前區塊中交易的平均處理時間（單位 ms）
    txCounts：<number> 當前區塊中打包的交易數量
    merkleRoot：<string> Merkle 樹的根雜湊
    transactions：[<TransactionResult>] 區塊中的交易清單
}
```

Example 7（根據區塊編號查詢區塊資訊實例）：

```
// 請求
curl -X POST --data '{
"jsonrpc": "2.0",
"method": "block_getBlockByNumber",
"params": ["0x3"],
"id": 1
}'
// 回傳結果
{
    "jsonrpc": "2.0",
    "id": 1,
    "code": 0,
    "message": "SUCCESS",
    "result": {
        "version": "1.0",
        "number": "0x3",
"hash": "0x00acc3e13d8124fe799d55d7d2af06223148dc7bbc723718
bb1a88fead34c914",
"parentHash": "0x2b709670922de0dda68926f96cffbe48c980c4325d
416dab62b4be27fd73cee9",
        "writeTime": 1481778653997475900,
        "avgTime": "0x2",
        "txcounts": "0x1",
"merkleRoot": "0xc6fb0054aa90f3bfc78fe79cc459f7c7f268af7eef2
3bd4d8fc85204cb00ab6c",
        "transactions": [
            {
                "version": "1.0",
                "hash": "0xf57a6443d08cda4a3dfb8083804b6334d17d7af51c94a5
f98ed67179b59169ae",
                "blockNumber": "0x3",
                "blockHash": "0x00acc3e13d8124fe799d55d7d2af06223148dc7b
bc723718bb1a88fead34c914",
                "txIndex": "0x0",
                "from": "0x17d806c92fa941b4b7a8ffffc58fa2f297a3bffc",
                "to": "0xaeccd2fd1118334402c5de1cb014a9c192c498df",
                "amount": "0x0",
                "timestamp": 1481778652973000000,
                "nonce": 3573634504790373,
                "executeTime": "0x2",
                "payload": "0x81053a700000000000000000000000000000000000000000000000000
0000000000004000000000000000000000000000000000000000000000000c00000000000
0000000000000000000000000000000000000000000000300000000000000000000000000
0000000000000000000000000001000000000000000000000000000000000000000000000
0000020000000000000000000000000000000000000000000000000500000000000000000
```

```
00000000000000000000000000000000000000000000010000000000000000000000000000000000000000000000000000
00000000000000000001c8",
            "invalid": false,
            "invalidMsg": ""
        }
    ]
  }
}
```

表 7.11 所示為按照指定的區塊區間查詢該區間內區塊資訊的介面詳情。該介面的回傳值為一個區塊資訊清單，但不同於上述例子，回傳值中的區塊資訊只是簡單資訊，並不包含區塊的全部資訊。具體情況如 Example 8 所示。

▼ 表 7.11　查詢指定區塊區間的所有區塊介面

RPC 方法	參數	傳回值

block_getPlainBlocks	{
	from：<blockNumber> 起始區塊編號
	to：<blockNumber> 終止區塊編號
	}
		[<plainBlockResult>]

blockNumber 可以是十進位整數或者十六進位字串，可以是 latest 字串，表示最新的區塊。from 必須小於等於 to，否則會回傳 error。

<plainBlockResult> 物件：

```
{
    version：<string> 平台版本號
    number：<string> 區塊的高度
    hash：<string> 區塊的雜湊值，32byte 的十六進位字串
    parentHash：<string> 父區塊雜湊值，32byte 的十六進位字串
    writeTime：<number> 區塊的生成時間（單位 ns）
    avgTime：<number> 當前區塊中，交易的平均處理時間（單位 ms）
    txCounts：<number> 當前區塊中打包的交易數量
    merkleRoot：<string> Merkle 樹的根雜湊
}
```

Example 8（區間區塊查詢介面實例）：

```
// 請求
curl -X POST --data '{
"jsonrpc": "2.0",
"method":
"block_getPlainBlocks",
"params": [{"from":2,"to":3}],
"id": 1
}'

// 回傳結果
{
    "jsonrpc": "2.0",
    "id": 1,
    "code": 0,
    "message": "SUCCESS",
    "result": [
        {
            "version": "1.0",
            "number": "0x3",
            "hash": "0x00acc3e13d8124fe799d55d7d2af06223148dc7bbc723718bb
1a88fead34c914",
            "parentHash": "0x2b709670922de0dda68926f96cffbe48c980c4325d41
6dab62b4be27fd73cee9",
            "writeTime": 1481778653997475900,
            "avgTime": "0x2",
            "txcounts": "0x1",
            "merkleRoot": "0xc6fb0054aa90f3bfc78fe79cc459f7c7f268af7eef23
bd4d8fc85204cb00ab6c"
        },
        {
            "version": "1.0",
            "number": "0x2",
            "hash": "0x2b709670922de0dda68926f96cffbe48c980c4325d416dab62
b4be27fd73cee9",
            "parentHash": "0xe287c62aae77462aa772bd68da9f1a1ba21a0d044e2c
c47f742409c20643e50c",
            "writeTime": 1481778642328872960,
            "avgTime": "0x2",
            "txcounts": "0x1",
            "merkleRoot": "0xc6fb0054aa90f3bfc78fe79cc459f7c7f268af7eef23
bd4d8fc85204cb00ab6c"
        }
    ]
}
```

7.2 平台部署

Hyperchain 區塊鏈平台使用改良自 PBFT 的演算法 RBFT，作為平台的共識演算法。該演算法要求 Hyperchain 集群至少需要 4 台機器才能夠正常啟動。Hyperchain 平台部署機器的設定需求如表 7.12 所示。

▼ 表 7.12　Hyperchain 基本設定需求表

硬體及網路設施	設定需求
處理器	Intel Xeon CPU E5-26xx v3 2GHz，4 核及其以上
記憶體	8GB 及其以上
硬碟	1TB HDD
頻寬	1000Mbit/s

7.2.1　Hyperchain 設定

在正式部署 Hyperchain 系統之前，需要對其相關參數進行設定。解壓 Hyperchain 安裝套件 hyperchain.tar.gz 之後，修改其主要設定檔。

✬ **peerconfig.json：設定節點 IP 及埠號**

設定 4 個節點的 IP 位址及 gRPC 通訊埠（預設 8001），確保所有的埠均為可用。

✬ **pbft.yaml：設定共識演算法**

修改對應的節點數目 Nodes（預設值為 4），修改 batch size 大小（預設為 500），表示 500 條 tansaction 打包成一個區塊；修改 timeout:batch 大小（預設值為 100ms），即當並行交易數量未達到 batch size 上限時，節點每隔 100ms 打包一個區塊。

☆☰ **global.yaml：全域設定**

請在瞭解了每個設定項的意義後，根據需求修改。如無特殊需求，可以直接使用預設值。

☆☰ **LICENSE：Hyperchain 授權憑證**

由 Hyperchain 公司頒發，合法授權使用，有一定的使用期限，如果獲得更高級的授權憑證，可以將預設的 LICENSE 檔覆蓋。

其他設定資訊可以根據企業要求、硬體環境等資訊進行選擇。

7.2.2　Hyperchain 部署

Hyperchain 的部署分為兩種情況：初次部署和動態新增節點。

對於初次部署的情況，首先將 Hyperchain 的二進位套件分發到的幾個初始節點上，並按照 7.2.1 節的方式進行設定即可。

對於動態新增節點而言，還需要額外對準入憑證及 peerconfig.json 檔進行設定。憑證的設定檔為 caconfig.toml，其相關設定如下所示：

```
# 入鏈節點都需要以下設定
[ecert]
# eca 的路徑，用於驗證 ecert
ca = "config/cert/eca.ca"
# ecert 的路徑
cert = "config/cert/ecert.cert"
# ecert 的私密金鑰路徑
priv = "config/cert/ecert.priv"
# 若該節點為非驗證節點，則可以為空
[rcert]
# rca 的路徑，用於驗證 rcert
ca = "config/cert/rca.ca"
# rcert 的路徑
cert = "config/cert/rcert.cert"
# rcert 的私密金鑰路徑
priv = "config/cert/rcert.priv"
# 若所有節點都需要，否則無法進行網路通訊
[tlscert]
# tlsca 的路徑，用於驗證 tlscert
ca = "config/cert/tlscert/tlsca.ca"
# tlscert 的路徑
cert = "config/cert/tlscert/tls_peer1.cert"
```

```
# tlscert 私密金鑰的路徑
priv = "config/cert/tlscert/tls_peer1.priv"
serverhostoverride = "hyperchain.cn"
[check]
# 用於設定該節點是否開啟 rcert 驗證開關
checkercert = false
# 用於設定該節點是否開啟 tcert 驗證開關
checktcert  = false
```

除此之外，還需要對 peerconfig.json 檔進行修改，確保新增節點設定檔正確，新增節點的 peerconfig.json 檔結構應該如下。

```
{
    "self":{
        "is_reconnect":false,
        "is_origin":false,
        "is_vp":true,
        "node_id":5,
        "grpc_port":8005,
        "local_ip":"127.0.0.1",
        "jsonrpc_port":8085,
        "restful_port":9005,
        "introducer_ip":"127.0.0.1",
        "introducer_port":8001,
        "introducer_id":1
    },
    "maxpeernode":4,
    "nodes":[
        {
            "id":1,
            "address":"127.0.0.1",
            "port":8001,
            "rpc_port":8081
        },
        {
            "id":2,
            "address":"127.0.0.1",
            "port":8002,
            "rpc_port":8082
        },
        {
            "id":3,
            "address":"127.0.0.1",
            "port":8003,
            "rpc_port":8083
        },
        {
```

```
            "id":4,
            "address":"127.0.0.1",
            "port":8004,
            "rpc_port":8084
        }
    ]
}
```

本設定檔中需要注意的地方有以下幾點。

☑ `is_origin` 欄位表示該節點是否為創世節點，動態新增的節點均不是創世節點，因此設定為 `false`；

☑ `is_vp` 表示新增節點的角色為共識驗證節點（VP）或非共識驗證節點（NVP）；

☑ `introducer` 為介紹人節點的相關資訊，一般選擇創世節點為介紹人；

☑ `maxpeernodes` 填充新節點未加入前區塊鏈網路的節點數；

☑ `nodes` 只需要填創世節點的資訊即可。

7.2.3 Hyperchain 運行

Hyperchain 平台的運行方式比較簡便，初次啟動的 Hyperchain 平台，只需分別進入 4 台 Hyperchain 節點的 hyperchain 目錄下運行 ./start.sh ，啟動對應的 Hyperchain 服務，啟動成功的標誌如圖 7.1 所示。

```
[NOTIC] 16:51:44.595 GRPCPeerManager.go:113 ┌──────────────────────────────────────┐
[NOTIC] 16:51:44.595 GRPCPeerManager.go:114 │  All NODES WERE CONNECTED             │
[NOTIC] 16:51:44.595 GRPCPeerManager.go:115 └──────────────────────────────────────┘
[CRITI] 16:51:44.596 pbftprotocal.go:676 ======== Replica 1 finished negotiating view=0 / N=4
[CRITI] 16:51:44.614 pbftprotocal.go:698 ======== Replica 1 finished recovery, height: 0
```

圖 7.1　Hyperchain 開機記錄

Hyperchain 啟動時，日誌可能會顯示某些異常情況，下列是一些啟動異常情況及其處理方案。

⭐ 通訊異常

當單一節點出現圖 7.2 中的錯誤時，說明 Hyperchain 集群中有一個節點當機或者網路通訊出現問題，這時可以用 restart.sh 腳本重啟該節點，如圖 7.2 所示，可以從 IP 得知出現問題的節點。

```
2016/12/20 19:51:56 grpc: addrConn.resetTransport failed to create client transport: connection er
ror: desc = "transport: dial tcp 127.0.0.1:8002: getsockopt: connection refused"; Reconnecting to
{"127.0.0.1:8002" <nil>}
[ERROR] 19:51:56.531 peer.go:68 cannot establish a connection
[ERROR] 19:51:56.531 gRPCPeerManager.go:137 Node: 127.0.0.1 : 8002  can not connect!
[ERROR] 19:51:56.531 gRPCPeerManager.go:107 Node: 127.0.0.1 : 8002  con not connect!
rpc error: code = 14 desc = grpc: the connection is unavailable
```

圖 7.2　Hyperchain 通訊異常

當多個節點都出現以上問題時，需要停止發送交易，先關閉所有節點（stop.
sh），在所有節點上運行 start.sh 重啟。

☆ **ViewChange 異常**

如圖 7.3 所示，當在所有節點上看到這條訊息，且訊息都是來自相同的節點
（例如節點 2）時，表示節點 2 發生了異常情況，觸發了 ViewChange，這時候
不用做額外處理，當節點 2 發送 10 次 ViewChange 都不成功時，會自動觸發
recovery，最終達成一致。

```
Replica 1 already has a view change message for view 3 from replica 2
```

圖 7.3　Hyperchain ViewChange 異常

當在所有節點都看到類似訊息而且不斷出現時，先關閉所有節點（stop.sh），
再用 start.sh 一一啟動。

☆ **Ignore duplicate 異常**

如果偶爾出現如圖 7.4 所示的資訊，是正常情況，可能肇因於某個節點的 CPU
負荷過高或網路通訊不順。

```
Replica 2 ignoring prepare for view=2/seqNo=10: not in-wv, in view 1, low water mark 20
```

圖 7.4　Hyperchain Ignore duplicate 異常

如果持續出現，可能是某個節點處理速度過慢，處理落後，可以等節點自動發
現後恢復（需要等待一段時間，落後 50 個區塊時會觸發恢復），也可以通過將
落後的節點重啟來恢復。

7.3 第一個 Hyperchain 應用

前面介紹了 Hyperchain 平台對外提供的相關服務，本節會以實例分析如何使用 Hyperchain 平台建構區塊鏈應用。

假設我們有一個模擬銀行的案例，要求能夠模擬銀行內部的存款、取款及儲戶之間的轉帳業務。這種核心金融業務，我們需要將使用者資產相關資料的作業處理都通過區塊鏈進行作業，並記錄在區塊鏈上。本案例使用智慧合約管理用戶資產，智慧合約內部實作存款、取款和轉帳邏輯。

7.3.1 編寫智慧合約

Hyperchain 平台目前支援使用 Solidity 語言開發智慧合約。Solidity 是一種類似 JavaScript 語言的智慧合約語言，在 Solidity 中，合約由一組函數及資料定義組成，用資料定義對使用者資產作抽象描述；並以合約函數制定使用者數位資產作業規則。詳情請參考 Solidity 語法規範。

Solidity 智慧合約的每個合約都標上 contract 關鍵字。這和 Java 語言中的 class 概念類似，在 contract 程式碼內可以定義該 contract 的資料和作業器資料的相關函數。本例中宣告了銀行相關的屬性：銀行名（bankName）、銀行編號（bankNum）及銀行狀態欄位（isInvalid）等。除此之外，合約中還儲存了一個 Address 欄位修飾的合約建立者位址，記錄合約建立者可以控制合約呼叫的許可權。合約程式碼如下：

```
contract SimulateBank{
    address owner;
    bytes32 bankName;
    uint bankNum;
    bool isInvalid;
    mapping(address => uint) public accounts;
    function SimulateBank(bytes32 _bankName, uint _bankNum, bool _isInvalid) {
        bankName = _bankName;
        bankNum = _bankNum;
        isInvalid = _isInvalid;
        owner = msg.sender;
    }
```

```
function issue(address addr, uint number) return (bool) {
    if(msg.sender == owner) {
        accounts[addr] = accounts[addr] + number;
        return true;
    }
    return false;
}
function transfer(address addr1, address addr2, uint amount) return (bool) {
    if(accounts[addr1] >= amount) {
        accounts[addr1] = accounts[addr1] - amount;
        accounts[addr2] = accounts[addr2] + amount;
        return true;
    }
    return false;
}
function getAccountBalance(address addr) return(uint) {
    return accounts[addr];
}
}
```

上述程式碼中使用了一個 map 結構維護使用者及其資產的映射關係，issue 函數實作使用者存款的業務，transfer 實作用戶之間的資產轉帳的業務，而 getAccountBalance 函數實作使用者餘額的查詢功能。至此，模擬銀行合約的編寫結束，接下來繼續說明如何對該合約進行編譯、部署和呼叫。

7.3.2 部署與合約呼叫

智慧合約的部署和呼叫，都應該以區塊鏈平台的共識演算法部署到區塊鏈上，且合約資產狀態的改變應能多節點同步。Hyperchain 對外提供的 Java SDK 能夠方便地進行智慧合約的呼叫，下面是利用 Hyperchain 的 Java SDK 進行 SimulateBank 的 issue 方法呼叫的範例。

```
String contractSourceCode = "SimulateBank source code";
String ownerAddr = "0x00acc3e13d8124fe799d55d7d2af06223148dc7bbc723718bb1a88fead34c914"
//1. 編譯合約
HyperchainAPI api = new HyperchainAPI("http://localhost:8081", HttpProvider.INTERNET, false);
    ComplileReturn result = api.ComplileContract(contractSourceCode, 1);
//2. 部署合約
SingleValueReturn deployRs = api.deployContract(
    ownerAddr, result.getBin().get(0), null, "password123", 1);
String contractAddr = api.getTransactionReceipt(
    deployRs.toString(), 1).getContractAddress();
```

```
//3. 呼叫合約
FuncParamReal addr = new FuncParamReal(
    "address", "0x23acc3e13sd8124fe799d55d7d2af06223148dc7bbc7723718bb1a88fead34c914");
FuncParamReal number = new FuncParamReal("uint", "10000");
String input = FuncParamReal.encodeFunction("issue", addr, number);
api.invokeContrat(ownerAddr, contractAddr, input, null, "password123", 1);
```

如上程式碼所示，首先需要產生一個 HyperchainAPI 的實例，接著使用該實例進行合約的編譯、部署和呼叫。合約編譯之後只能回傳一個交易雜湊，查詢交易的結果會用到，如上述程式碼部署合約中取得的交易回執合約位址。合約位址是呼叫合約的必須參數。此外，在進行方法呼叫之前，首先要將需呼叫的方法及其參數進行編碼，最後以 invokeContract 方法呼叫合約。

7.4 本章小結

本章主要介紹了 Hyperchain 區塊鏈上應用開發的相關內容。首先，本章從交易呼叫、合約管理及區塊查詢等方面介紹了 Hyperchain 平台對外提供的主要介面；其次，從 Hyperchain 集群的設定、部署和運行等方面介紹了如何建置一個可運行的企業級區塊鏈系統 Hyperchain；最後，以模擬銀行為例，介紹了如何在 Hyperchain 平台上進行智慧合約應用的開發。

乙太坊應用實戰案例詳解

區塊鏈技術是當前最有潛力觸發顛覆性革命浪潮的核心技術，在金融領域的應用，將有可能改變現形的交易流程和記錄保存方式，進而大幅降低交易成本、提升效率。由於區塊鏈安全、透明及不可篡改的特性，金融體系間的信任模式不再依賴仲介，許多業務都將"去中心化"，達成即時數位化的交易。

乙太坊是知名的圖靈完備的開源區塊鏈平台，乙太坊智慧合約可以實作所有可計算的邏輯作業。眾多區塊鏈創新應用和新創公司的產品，都使用乙太坊平台開發，本書前面的章節已經對乙太坊的核心原理和開發實踐進行了詳細介紹，本章將更進一步實作，介紹兩個使用乙太坊的區塊鏈實際應用項目案例：通用積分系統和電子優惠券系統。其中，通用積分系統案例直接在乙太坊底層平台上開發 DApp 應用，利用乙太坊提供的 web3.js 介面，直接呼叫智慧合約的方法，發送交易或讀取資料，並在網頁上顯示給用戶；而電子優惠券系統，整體架構是一個使用 SSM 框架的 Java Web 項目，在應用層引入區塊鏈技術，自主封裝與乙太坊平台互動的介面工具，使用乙太坊平台和資料庫互相配合儲存資料，並開發智慧合約，將實際的後台業務邏輯作為交易記錄到區塊鏈上。

8.1 利用乙太坊的通用積分系統案例分析

獎勵積分是銀行、大型超市、證券公司等用以提高用戶忠誠度的行銷手段，這種傳統的積分機制使用限制多、兌換煩瑣、難以流通，不適合現代人的消費習慣。本積分系統利用區塊鏈技術，使不同用戶之間的積分得以轉讓，並且引入傳統商家，提供豐富的積分兌換獎品和服務。乙太坊是目前最為流行的底層區塊鏈平台之一，已經有大量的專案使用乙太坊開發。結合乙太坊平台與銀行積分系統，有一定的實際意義。

8.1.1 項目簡介

區塊鏈是一種不可篡改的分散式資料庫帳本技術，所儲存的資料分佈於網路的每一個節點，提升了安全性。每一個區塊鏈上的用戶都將擁有自己的私密金鑰，每一筆交易都使用私密金鑰簽名，經過全網節點認證後方可存入區塊鏈，並且一經儲存將不得修改，保證流通過程中的安全性，使得積分設計不再“雞肋”，大幅改善了用戶體驗，增加了用戶黏性。

本系統的核心業務為銀行積分的流通，簡要流程為：銀行可以向本行內的客戶發行積分，客戶可以將自己帳戶內的積分轉讓給其他客戶或者商家，同時可以使用積分購買積分商城中的商品。商家可以向積分商城發佈商品，每售出一件商品都可以獲得相應的積分，商家可以向銀行發起積分清算，把積分兌換成貨幣。系統的整體流程圖如圖 8.1 所示。

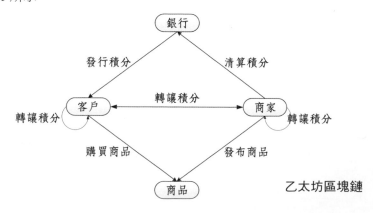

圖 8.1　積分系統流程圖

8.1.2 系統功能分析

本系統主要涉及三類使用者：客戶、商家和銀行。銀行可以直接和商家進行互動，銀行可以進行積分的發行，商家可以向銀行發起積分清算。商家和客戶之間也可以直接進行積分的流通，客戶 - 客戶、商家 - 商家、商家 - 客戶彼此之間都可以進行積分的轉讓，同時客戶可以購買商家的商品，對應額度的積分會從客戶帳戶流入商家帳戶。所有用戶都可以進行常見的查詢作業。各用戶的具體功能如表 8.1 所示。

▼ 表 8.1　通用積分系統需求要點

	需求要點	備注
客戶	註冊	客戶註冊帳戶
	登錄	客戶登錄積分系統
	轉讓積分	客戶轉讓積分給其他使用者（客戶或商家）
	兌換商品	客戶使用積分兌換商品
	查詢已購買商品	客戶查詢已購買的商品陣列
	查詢積分	客戶查詢積分餘額
商家	註冊	商家註冊帳戶
	登錄	商家登錄積分系統
	轉讓積分	商家轉讓積分給其他使用者（客戶或商家）
	發起清算	商家與銀行進行積分清算
	發佈商品	商家發佈商品
	查詢已發佈商品	商家查詢已發佈的商品陣列
	查詢積分	商家查詢積分餘額
銀行	註冊	銀行註冊管理員帳戶
	登錄	銀行登錄積分系統
	發行積分	銀行發行積分給客戶
	查詢已發行積分	銀行查詢已發行積分總額
	查詢已清算積分	銀行查詢已經與商家清算的積分總額

8.1.3 系統整體設計

本案例的整體設計主要包括方案選擇規格和整體架構設計。方案選擇規格包括乙太坊用戶端的選擇規格、開發框架的選擇規格和乙太坊介面的選擇規格；整體架構設計主要是底層區塊鏈平台與上層業務之間的設計。良好的系統整體設計，能為後續的智慧合約設計和系統實作提供保障。

① 方案選擇規格

方案選擇規格主要包括乙太坊用戶端、開發框架和介面質性資料（亦稱類別型）。

（1）乙太坊用戶端

在目前開發去中心化應用（DApp）中，TestRPC 和 geth 這兩種乙太坊用戶端使用較為普遍，本案例可以同時運行部署在 TestRPC 和 geth 中。但是在測試開發階段，推薦 TestRPC。

TestRPC 是以 Node.js 開發的乙太坊用戶端，整個區塊鏈的資料駐留在記憶體，發送給 TestRPC 的交易會被馬上處理，不需要等待挖礦時間。TestRPC 可以在啟動時建立多個存有資金的測試帳戶，運行速度也更快，因此更適合開發和測試。打開 TestRPC 的命令列介面如下：

```
→  ~ testrpc
Secp256k1 bindings are not compiled. Pure JS implementation will be used.
EthereumJS TestRPC v3.0.2

Available Accounts
==================
(0) 0x89af9f619b0e5394b545cecf38ced700abab10fd
(1) 0x13ae921ad067fd7ab50357442c33472b937529f7
(2) 0x2029ff200482fdbf9d3c1a20aff25b42fcc2b6c6
(3) 0x41b760eb63e1d008a2ad8ff7200f274c4c593872
(4) 0xb88f3ef664033279c3e507167c777c202703bf17
(5) 0xc41c5d74b4810d730080f4173529e2db8a9cf5aa
(6) 0x597ba89a34e3f3493a6f088bf87d598857d62207
(7) 0xbdb44c059820e2e3c2d8d221e312d39df6813a32
(8) 0xe59b4470d9845cf432f36242c731beb6530888d6
(9) 0xe8162329102720a910860742142b25651dfd5e17

Private Keys
==================
(0) 271341ed1ff19ca09bc6ea32257da73f372c28adf40856b4016f72cd2525d3ab
```

```
(1) 4cc0a47df621c094a3bd208e78be9def49e4fc1047ed9309dc7e2afc9bd9d97b
(2) 5ceffd1e45fe546d8c8d7e86a0438d3368d1e3a89d1ee37159659e30bd5e3101
(3) 628cbdef808fb05931498b6416c84087b60eb8ee3abaaf9c08b5c6be5746aafe
(4) a97db67a68d80ba7d0ff13fbfd4cb1a12c284f0acf152c91e4d0022eb028553b
(5) 59fc5632606f308659a2efeaa60f68c7719d6d17a9f55563c6a0d724b92276fe
(6) 3e24ccde811d513b51e6941bd59bf01161ba5d05f49bc43cd5462abe800dad5f
(7) f66edd09d75285243e10cae880140269c77ca1b9ee820b1d09e3c13234511458
(8) a5b11d8daab082e07a1070a5aabc7a0c483c47eb525be029d27abc9ad0d8503e
(9) c93a6529b762e4cc6b3efc37a422797b3ba2958144267ac6a43172490c50409c

HD Wallet
==================
Mnemonic:      umbrella abandon tunnel fault cigar flag position snap now moment follow
               matrix
Base HD Path: m/44'/60'/0'/0/{account_index}

Listening on localhost:8545
```

（2）開發框架

本案例使用 Truffle 開發工具。Truffle 是使用乙太坊的智慧合約開發工具，可對合約程式碼進行單元測試，非常適合測試驅動開發。同時內建了智慧合約編譯器，只要使用指令碼命令就可以完成合約的編譯、部署、測試等工作，大幅縮短了合約的開發週期。

（3）乙太坊介面

目前乙太坊提供有 JSON-RPC 和 web3.js 兩種介面。如果我們使用了 Truffle 框架，預設就會用 web3.js 介面，因為 Truffle 包裝了 web3.js 的一個 JavaScript Promise 框架 ether-pudding，可以非常方便地使用 JavaScript 程式碼，非同步呼叫智慧合約中的方法。

② 整體架構

本案例的系統架構如圖 8.2 所示，底層使用乙太坊區塊鏈，本機使用 TestRPC 來開啟乙太坊，利用 Truffle 工具，把智慧合約部署在乙太坊上。積分系統使用 web3.js 介面來呼叫智慧合約中的方法。使用者可以使用前端頁面來非常方便地使用積分系統中的功能。

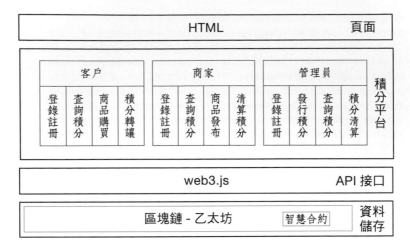

圖 8.2 　系統架構圖

8.1.4　智慧合約設計

乙太坊智慧合約可以使用多種語言來編寫，如 Solidity、Serpent、LLL 等，目前官方推薦使用 Solidity。智慧合約的設計一般有兩種方案：第一種方案就是專案中的每個實體對應一個合約，這樣專案中可能就會有多個合約，比如對客戶實體、商家實體、銀行實體分別設計 3 個合約，這樣比較符合物件導向概念；另一種方案是只設計一個合約，不同的物件通過結構體和映射的方式儲存在同一個合約中。相對來說，第二種方案較為容易理解，測試較為簡單，後續的擴展維護也方便，因此本案例使用第二種方案。

① 工具合約

在該案例中，因為合約會不斷與前端頁面互動，涉及一些資料類型轉換，前端傳進來的常常是 `string` 類型，而在合約中使用 `bytes32` 較多，所以要在合約中處理 `string` 和 `bytes32` 的相互轉化。這裡我們建立一個工具類別合約，之後的工具方法可以直接加入該合約，然後讓真正的主合約繼承這個工具類別合約即可：

```
contract Utils {
    //string 類型轉化為 bytes32 類型
    function stringToBytes32(string memory source) constant
internal returns (bytes32 result) {
        assembly {
```

```
            result := mload(add(source, 32))
        }
    }
    //bytes32 類型轉化為 string 類型
function bytes32ToString(bytes32 x)constant internal returns
(string) {
        bytes memory bytesString = new bytes(32);
        uint charCount = 0;
        for (uint j = 0; j < 32; j++) {
            byte char = byte(bytes32(uint(x) * 2 ** (8 * j)));
            if (char != 0) {
                bytesString[charCount] = char;
                charCount++;
            }
        }
        bytes memory bytesStringTrimmed = new bytes(charCount);
        for (j = 0; j < charCount; j++) {
            bytesStringTrimmed[j] = bytesString[j];
        }
        return string(bytesStringTrimmed);
    }
}
```

② 合約狀態設計

目前合約中的物件有客戶、商家、管理員和商品。由於只有一個主合約,我們把管理員作為該主合約的 "擁有者",把管理員的狀態作為這個合約的公共狀態:

```
address owner; // 合約的擁有者,銀行
uint issuedScoreAmount; // 銀行已經發行的積分總數
uint settledScoreAmount; // 銀行已經清算的積分總數
```

客戶、商家和商品使用 struct 結構體進行封裝,把這些物件的屬性加入結構體中。客戶有帳戶位址、密碼、積分餘額、已購買的商品陣列 4 種屬性;商家有帳戶位址、密碼、積分餘額、已發佈的商品陣列 4 種屬性;商品有 ID、價格、所屬的商家位址 3 種屬性。

```
struct Customer {
    address customerAddr; // 客戶 address
    bytes32 password; // 客戶密碼
    uint scoreAmount; // 積分餘額
    bytes32[] buyGoods; // 購買的商品陣列
}
struct Merchant {
```

```
    address merchantAddr; // 商家 address
    bytes32 password; // 商家密碼
    uint scoreAmount; // 積分餘額
    bytes32[] sellGoods; // 發佈的商品陣列
}
struct Good {
    bytes32 goodId; // 商品 ID;
    uint price; // 價格;
    address belong; // 商品屬於哪個商家 address;
}
```

合約中應該建立映射，從帳戶位址可以查詢到客戶和商家，或者從 ID 找到商品。
Solidity 提供了這種映射的鍵值對的查詢方式：

```
mapping (address=>Customer) customer; // 根據客戶的 address 查詢某個客戶
mapping (address=>Merchant) merchant; // 根據商家的 address 查詢某個商家
mapping (bytes32=>Good) good; // 根據商品 ID 查詢該件商品
```

同時建立客戶、商家和商品陣列，儲存全部已註冊或已添加的物件：

```
address[] customers; // 已註冊的客戶陣列
address[] merchants; // 已註冊的商家陣列
bytes32[] goods; // 已經上線的商品陣列
```

③ 合約方法設計

合約的方法設計，主要是針對每個功能模組中對外提供的方法進行設計，包括客戶
/ 商家註冊方法、判斷是否註冊的方法、商家 / 客戶登錄方法、轉讓積分方法等。

(1) 建構方法

每個合約會有一個預設的建構函數，建構函數會在合約被初始化時呼叫。我們
也可以重寫建構方法，對參數做初始化作業，本案例把合約的呼叫者設為銀行
管理員的帳戶位址，重寫建構方法如下：

```
// 建構函數
function Score() {
    owner = msg.sender;
}
```

(2) 客戶 / 商家註冊

智慧合約中有兩種方法：交易方法和 constant 方法。交易方法會修改區塊鏈
上的狀態變數，在區塊上產生一次真正的交易記錄。constant 方法一般用於

取得變數的作業，不會修改變數，也不會在區塊上產生交易記錄，一般 get 方法都是 constant 方法。

註冊客戶方法應該是一個交易方法，並使用 event 事件把值回傳。在使用 web3.js 介面時，交易方法無法直接使用 returns 回傳值，預設的回傳值是交易雜湊，所以我們只能使用 event 發送事件的方式回傳值。與此相反，constant 方法可以使用 returns 直接回傳資料，所以 constant 方法一般不寫 event 事件。客戶／商家註冊實作如下：

```
// 註冊一個客戶
event NewCustomer(address sender,bool isSuccess,string message);
function newCustomer(address _customerAddr, string _password) {
    // 判斷是否已經註冊
    if(!isCustomerAlreadyRegister(_customerAddr)) {
        // 還未註冊
        customer[_customerAddr].customerAddr = _customerAddr;
        customer[_customerAddr].password = stringToBytes32(_password);
    customers.push(_customerAddr);
        NewCustomer(msg.sender, true, " 註冊成功 ");
        return;
    }else {
        NewCustomer(msg.sender, false, " 該帳戶已經註冊 ");
        return;
    }
}
// 註冊一個商家
event NewMerchant(address sender,bool isSuccess,string message);
function newMerchant(address _merchantAddr, string _password) {
    // 判斷是否已經註冊
    if(!isMerchantAlreadyRegister(_merchantAddr)) {
        // 還未註冊
        merchant[_merchantAddr].merchantAddr = _merchantAddr;
        merchant[_merchantAddr].password = stringToBytes32(_password);
        merchants.push(_merchantAddr);
        NewMerchant(msg.sender, true, " 註冊成功 ");
        return;
    }else {
        NewMerchant(msg.sender, false, " 該帳戶已經註冊 ");
        return;
    }
}
```

（3）判斷客戶 / 商家是否註冊

有些方法只需要在合約內部呼叫，不需讓外部介面使用，此時可以用 `internal` 關鍵字修飾這類方法。由於要防止客戶 / 商家的同一帳戶重複註冊，應該在每一次註冊之前進行判斷，判斷是否註冊的方法如下：

```
// 判斷一個客戶是否已經註冊
function isCustomerAlreadyRegister(address _customerAddr)
internal returns(bool) {
    for(uint i = 0; i < customers.length; i++) {
        if(customers[i] == _customerAddr) {
            return true;
        }
    }
    return false;
}
// 判斷一個商家是否已經註冊
function isMerchantAlreadyRegister(address _merchantAddr)
internal returns(bool) {
    for(uint i = 0; i < merchants.length; i++) {
        if(merchants[i] == _merchantAddr) {
            return true;
        }
    }
    return false;
}
```

（4）客戶 / 商家登錄

該合約案例中，使用智慧合約方法獲得登錄物件的密碼，判斷是否登錄成功的邏輯在 JavaScript 程式碼中進行，Solidity 的方法中可以直接用 `return` 回傳多個值。在合約中獲得登錄者密碼方法實作如下：

```
// 查詢使用者密碼
function getCustomerPassword(address _customerAddr)constant
returns(bool, bytes32) {
    // 先判斷該用戶是否註冊
    if(isCustomerAlreadyRegister(_customerAddr)) {
        return (true, customer[_customerAddr].password);
    }else {
        return(false, "");
    }
}
// 查詢商家密碼
function getMerchantPassword(address _merchantAddr)constant
returns(bool, bytes32) {
```

```
    // 先判斷該商家是否註冊
    if(isMerchantAlreadyRegister(_merchantAddr)) {
        return (true, merchant[_merchantAddr].password);
    }else {
        return(false, "");
    }
}
```

（5）發行積分

在本案例中，銀行管理員可以向任何一位元客戶發行積分，已發行的積分數額記錄在合約的 **issuedScoreAmount** 變數中，客戶積分增加相同的數額。方法實作如下：

```
// 銀行發送積分給客戶，只能被銀行呼叫，且只能發送給客戶
event SendScoreToCustomer(address sender, string message);
function sendScoreToCustomer(address _receiver, uint _amount) {
    if(isCustomerAlreadyRegister(_receiver)) {
        // 已經註冊
        issuedScoreAmount += _amount;
        customer[_receiver].scoreAmount += _amount;
        SendScoreToCustomer(msg.sender, " 發行積分成功 ");
        return;
    }else {
        // 還沒註冊
        SendScoreToCustomer(msg.sender, " 該帳戶未註冊，發行積分失敗 ");
        return;
    }
}
```

（6）轉讓積分

積分可以在任意兩個帳戶之間轉讓，這裡用同一個合約方法實作。由於需要判斷呼叫者是客戶還是商家，參數 **_senderType=0** 表示積分發送者是客戶，**_senderType=1** 表示積分發送者是商家。實作如下：

```
// 兩個帳戶轉讓積分，任意兩個帳戶之間都可以轉讓，客戶商家都呼叫該方法
//senderType 表示呼叫者類型，0 表示客戶，1 表示商家
event TransferScoreToAnother(address sender, string message);
function transferScoreToAnother(uint _senderType,address _sender
,address _receiver,uint _amount) {
    string memory message;
    if(!isCustomerAlreadyRegister(_receiver)&& !isMerchantAlreadyRegister(_receiver)) {
        // 目的帳戶不存在
        TransferScoreToAnother(msg.sender, " 目的帳戶不存在，請確認後再轉讓！ ");
```

```
            return;
        }
        if(_senderType == 0) {
            // 客戶轉讓
            if(customer[_sender].scoreAmount >= _amount) {
                customer[_sender].scoreAmount -= _amount;
                if(isCustomerAlreadyRegister(_receiver)) {
                    // 目的位址是客戶
                    customer[_receiver].scoreAmount += _amount;
                }else {
                    merchant[_receiver].scoreAmount += _amount;
                }
                TransferScoreToAnother(msg.sender, "積分轉讓成功！");
                return;
            }else {
                TransferScoreToAnother(msg.sender, "你的積分餘額不足，轉讓失敗！");
                return;
            }
        }else {
            // 商家轉讓
            if(merchant[_sender].scoreAmount >= _amount) {
                merchant[_sender].scoreAmount -= _amount;
                if(isCustomerAlreadyRegister(_receiver)) {
                    // 目的位址是客戶
                    customer[_receiver].scoreAmount += _amount;
                }else {
                    merchant[_receiver].scoreAmount += _amount;
                }
                TransferScoreToAnother(msg.sender, "積分轉讓成功！");
                return;
            }else {
                 TransferScoreToAnother(msg.sender, "你的積分餘額不足，轉讓失敗！");
                 return;
            }
        }
    }
}
```

（7）發佈商品

商家可以向合約中增加一件商品，每件商品用 ID 來標示，不能重複添加相同 ID。被添加的商品會使用 mapping 映射增加物件，並加入商家屬性的 sellGoods 陣列中。方法實作如下：

```
// 商家添加一件商品
event AddGood(address sender, bool isSuccess, string message);
function addGood(address _merchantAddr,string _goodId,uint_price) {
    bytes32 tempId = stringToBytes32(_goodId);
```

```
    // 首先判斷該商品 ID 是否已經存在
    if(!isGoodAlreadyAdd(tempId)) {
        good[tempId].goodId = tempId;
        good[tempId].price = _price;
        good[tempId].belong = _merchantAddr;
        goods.push(tempId);
        merchant[_merchantAddr].sellGoods.push(tempId);
        AddGood(msg.sender, true, " 建立商品成功 ");
        return;
    }else {
        AddGood(msg.sender, false, " 該件商品已經添加，請確認後作業 ");
        return;
    }
}
```

（8）購買商品

客戶可以輸入商品 ID 來購買一件商品，如果擁有的積分額度大於等於商品所
需的積分，則購買商品成功，否則購買失敗。購買成功後，會把商品 ID 加入
到客戶的 buyGoods 陣列中。方法實作如下：

```
// 用戶用積分購買一件商品
event BuyGood(address sender, bool isSuccess, string message);
function buyGood(address _customerAddr, string _goodId) {
    // 首先判斷輸入的商品 ID 是否存在
    bytes32 tempId = stringToBytes32(_goodId);
    if(isGoodAlreadyAdd(tempId)) {
        // 該件商品已經添加，可以購買
        if(customer[_customerAddr].scoreAmount < good[tempId].price) {
            BuyGood(msg.sender, false, " 餘額不足，購買商品失敗 ");
            return;
        }else {
            // 對這裡的方法抽取
            customer[_customerAddr].scoreAmount -=
            good[tempId].price;
            merchant[good[tempId].belong].scoreAmount +=
            good[tempId].price;
            customer[_customerAddr].buyGoods.push(tempId);
            BuyGood(msg.sender, true, " 購買商品成功 ");
            return;
        }
    }else {
        // 沒有這個 ID 的商品
        BuyGood(msg.sender, false, " 輸入商品 ID 不存在，請確定後購買 ");
        return;
    }
}
```

8.1.5　系統實作

以上我們進行了整體設計和智慧合約設計，下面就實作系統。建立項目主要是用 Truffle 來進行建構，在 8.1.4 節所述的合約方法設計之後，使用 web3.js 介面與合約方法對接，與設計方案中的方法介面一一對應。

① 建立項目

本案例使用 Truffle 框架，首先需要新建一個資料夾，然後使用終端機命令進入該資料夾，執行 truffle init 命令，此時就會自動建立一個使用 Truffle 的乙太坊去中心化應用。專案建立完成後的目錄結構如圖 8.3 所示。

圖 8.3　專案建立目錄結構

app 資料夾中主要包含前端頁面和 JavaScript 程式碼，主要程式碼都在 javascripts 資料夾中；contracts 資料夾包含了智慧合約，Truffle 預設會生成 3 個合約，我們自己實作的合約也會放入這個資料夾；migrations 資料夾是關於合約部署設定的，在把合約部署到乙太坊之前需要修改其中的 2_deploy_contracts.js；test 資料夾用於智慧合約的測試程式碼；truffle.js 是整個專案的設定檔，如果需要增加 JavaScript 檔或者 HTML 頁面，則需要修改 truffle.js。

② 詳細實作

詳細實作需要編寫的 JavaScript 程式碼包括連接乙太坊、客戶 / 商家註冊介面、客戶 / 商家登錄介面、轉讓積分介面等。

（1）連接乙太坊

此應用需要在頁面啟動時獲得部署在乙太坊上的合約實例，然後才能去呼叫合約內的方法。由於 Truffle 已經內建了 web3.js 介面，所以我們可以直接使用

web3.eth 下的所有方法。首先在 window.onload 方法中取得當前乙太坊上可用的帳戶和合約，在 app.js 中實作如下：

```
window.onload = function() {
    web3.eth.getAccounts(function(err, accs) {
        if (err !== null) {
            // 如果沒有開啟乙太坊用戶端（TestRPC、geth 私有鏈），則無法取得帳戶
            alert(" 無法連接到乙太坊用戶端 ...");
            return;
        }
        if (accs.length === 0) {
            // 沒有乙太坊帳戶
            alert(" 獲得帳戶為空 ");
            return;
        }
        accounts = accs;
        account = accounts[0]; // 以第一個預設帳戶作為呼叫合約的帳戶
        contractAddr = Score.deployed(); // 獲得合約位址
        console.log(" 合約位址：" + contractAddr.address);
    });
};
```

（2）客戶 / 商家註冊

註冊頁面在主頁面 index.html 中，客戶和商家可以輸入合法的乙太坊帳戶位址和密碼，註冊一個帳戶。註冊的前端 HTML 程式碼如下：

```
<!-- 客戶註冊 -->
<br><br><br><label for="customerAddress"> 客戶位址 :</label><input type="text"
id="customerAddress" placeholder="e.g.,
0x93e66d9baea28c17d9fc393b53e3fbdd76899dae">
<br><label for="customerPassword"> 密碼 :</label><input type="text"
id="customerPassword" placeholder="e.g., ******">
<br><button id="newCustomer" onclick="newCustomer()"> 客戶註冊
</button>
```

客戶註冊的簡單前端頁面如圖 8.4 所示。

圖 8.4 客戶註冊前端頁面

在 app.js 檔中進行邏輯程式碼的實現如下：

```
// 註冊一個客戶：需要指定 gas，預設 gas 值會出現 out of gas
function newCustomer() {
    var address=document.getElementById("customerAddress").value;
    var password = document.getElementById("customerPassword").value;
    contractAddr.newCustomer(address, password, {from: account,
        gas: 1000000}).then(function () {
        var eventNewCustomer = contractAddr.NewCustomer();
        eventNewCustomer.watch(function (error, event) {
            console.log(event.args.message);
            alert(event.args.message);
            eventNewCustomer.stopWatching(); // 一定要停止監聽
        });
    });
}
```

（3）客戶 / 商家登錄

登錄作業同樣在 index.js 主頁面中進行，已經註冊的客戶 / 商家輸入正確的帳戶密碼，即可成功登錄，並進入客戶頁面或者商家頁面。登錄的前端 HTML 程式碼如下：

```
<!-- 客戶登錄 -->
<br><br><br><label for="customerLoginAddr"> 客戶位址 :</label>
<input type="text" id="customerLoginAddr" placeholder="e.g.,
0x93e66d9baea28c17d9fc393b53e3fbdd76899dae">
<br><label for="customerLoginPwd"> 密碼 :</label><input type="text"
id="customerLoginPwd" placeholder="e.g., ******">
<br><button id="customerLogin" onclick="customerLogin()"> 客戶登錄 </button>
```

客戶登錄的簡單前端頁面如圖 8.5 所示。

圖 8.5　客戶登錄前端頁面

在 app.js 中實作邏輯程式碼，根據輸入的帳戶位址，至區塊鏈上查詢指定帳戶的密碼，並和輸入密碼對比是否匹配。程式碼如下：

```
// 客戶登錄
function customerLogin() {
    var address = document.getElementById("customerLoginAddr").value;
     var password = document.getElementById("customerLoginPwd").value;
    contractAddr.getCustomerPassword(address, {from: account}).then(function(result) {
        console.log(password);
        console.log(hexCharCodeToStr(result[1]));
        if(result[0]){
            // 查詢密碼成功
            if(password.localeCompare(hexCharCodeToStr(result[1])) === 0) {
                console.log(" 登錄成功 ");
                // 跳轉到使用者介面
                location.href="customer.html?account=" + address;
            }else {
                console.log(" 密碼錯誤，登錄失敗 ");
                alert(" 密碼錯誤，登錄失敗 ");
            }
        }else{
            // 查詢密碼失敗
            console.log(" 該用戶不存在，請確定帳戶後再登錄！ ");
            alert(" 該用戶不存在，請確定帳戶後再登錄！ ");
        }
    });
}
```

（4）發行積分

在本案例中，管理員可以直接使用合約呼叫者的位址進行登錄。下面命令列顯示的第一個位址就是呼叫當前合約的帳戶，也是該範例預設的管理員帳戶。每次開啟 TestRPC 時產生的測試帳戶都不同。使用此帳戶可以直接登錄到管理員頁面。

```
➜  ~ testrpc
Secp256k1 bindings are not compiled. Pure JS implementation will be used.
EthereumJS TestRPC v3.0.2

Available Accounts
==================
(0) 0x89af9f619b0e5394b545cecf38ced700abab10fd
```

管理員登錄後會進入管理員頁面，需要新建一個 bank.js 和 bank.html。之後每次新建 js 或 html 檔，都需要按如下步驟修改 truffle.js：

```
module.exports = {
    build: {
        "index.html": "index.html",
        "bank.html": "bank.html",
```

```
        "app.js": [
            "javascripts/app.js",
            "javascripts/bank.js"
        ],
        "app.css": [
            "stylesheets/app.css"
        ],
        "images/": "images/"
    },
    rpc: {
        host: "localhost",
        port: 8545
    }
};
```

bank.html 發行積分程式碼如下：

```
<br><br><br><label for="customerAddress"> 客戶位址 :</label><input type="text"
id="customerAddress" placeholder="e.g.,
0x93e66d9baea28c17d9fc393b53e3fbdd76899dae">
<br><label for="scoreAmount"> 積分數量 :</label><input type="text"
id="scoreAmount" placeholder="e.g., ******">
<br><button id="sendScoreToCustomer" onclick=
"sendScoreToCustomer()"> 發行積分 </button>
```

銀行發行積分的簡單前端頁面如圖 8.6 所示。

圖 8.6　管理員發行積分前端頁面

bank.js 發行積分實作如下：

```
function sendScoreToCustomer() {
    var address=document.getElementById("customerAddress").value;
    var score = document.getElementById("scoreAmount").value;
    contractAddr.sendScoreToCustomer(address, score, {from: account});
    var eventSendScoreToCustomer = contractAddr.SendScoreToCustomer();
    eventSendScoreToCustomer.watch(function (error, event) {
        console.log(event.args.message);
        alert(event.args.message);
        eventSendScoreToCustomer.stopWatching();
    });
}
```

（5）**轉讓積分**

登錄成功後，客戶或商家可以在自己的積分額度內轉讓積分，如果要轉讓的積分數量超過已有的額度，則轉讓失敗。客戶 - 客戶、客戶 - 商家、商家 - 商家，兩兩之間都可以進行該作業。這裡以在客戶中的實作為例，新建 customer.js 和 customer.html。

customer.html 如下：

```html
<br><br><br><label for="anotherAddress"> 轉讓積分位址 :</label>
<input type="text" id="anotherAddress" placeholder="e.g.,
0x93e66d9baea28c17d9fc393b53e3fbdd76899dae">
<br><label for="scoreAmount"> 積分數量 :</label><input type="text" id="scoreAmount"
placeholder="e.g., ******">
<br><button id="transferScoreToAnotherFromCustomer"
onclick="transferScoreToAnotherFromCustomer()"> 轉讓積分 </button>
```

轉讓積分頁面與銀行發行積分頁面大致相同。

customer.js 轉讓積分方法如下：

```javascript
// 客戶進行任意的積分轉讓
function transferScoreToAnotherFromCustomer() {
    var receivedAddr = document.getElementById("anotherAddress").value;
    var amount = parseInt(document.getElementById("scoreAmount").value);
    contractAddr.transferScoreToAnother(0, currentAccount, receivedAddr, amount,
{from: account});
    var eventTransferScoreToAnother = contractAddr.TransferScoreToAnother();
    eventTransferScoreToAnother.watch(function (error, event) {
        console.log(event.args.message);
        alert(event.args.message);
        eventTransferScoreToAnother.stopWatching();
    });
}
```

（6）**發佈商品**

已登錄的商家可以發佈多個不同 ID 的商品，商品 ID 不能重複。商品會指定所需購買的積分額度。發佈成功後，會把該件商品 ID 加入到商家的已購買商品陣列中。在某些方法中，我們會在參數中指定 gas 值，其實在執行交易方法時，方法會內建一個預設的 gas，但是如果這個方法較大，程式碼較多，導致預設的 gas 值不夠，執行方法時就會發生 out of gas 的錯誤，導致交易方法失敗。所以在本案例中，一些方法會明確定義 gas 值。以下程式碼分別是在 merchant.html 和 merchant.js 中的實作。

merchant.html：

```
<br><br><br><label for="goodId"> 商品 ID:</label><input type=
"text" id="goodId"><br><label for="goodPrice"> 商品價格 :</label>
<input type="text" id="goodPrice">
<br><button id="addGood" onclick="addGood()"> 添加商品 </button>
```

merchant.js：

```
// 商家增加一件商品
function addGood() {
    var goodId = document.getElementById("goodId").value;
    var goodPrice = parseInt(document.getElementById ("goodPrice").value);
    contractAddr.addGood(currentAccount, goodId, goodPrice,
{from: account, gas: 2000000}).then(function () {
        var eventAddGood = contractAddr.AddGood();
        eventAddGood.watch(function (error, event) {
            console.log(event.args.message);
            alert(event.args.message);
            eventAddGood.stopWatching();
        });
    });
}
```

（7）購買商品

客戶可以在自己的積分額度內通過輸入商品 ID 購買一件商品，如果商品所需積分大於客戶的積分餘額，則購買失敗。購買成功後，把該件商品加入到客戶的已購買商品陣列中。以下程式碼分別是在 customer.html 和 customer.js 中的實作。

Customer.html：

```
<br><br><br><label for="goodId"> 購買商品 Id:</label><input
type="text" id="goodId">
<br><button id="buyGood" onclick="buyGood()"> 購買商品 </button>
```

Customer.js：

```
// 客戶購買商品
function buyGood() {
    var goodId = document.getElementById("goodId").value;
    contractAddr.buyGood(currentAccount, goodId, {from: account,
        gas: 1000000}).then(function () {
        var eventBuyGood = contractAddr.BuyGood();
        eventBuyGood.watch(function (error, event) {
```

```
            console.log(event.args.message);
            alert(event.args.message);
            eventBuyGood.stopWatching();
        });
    });
}
```

圖 8.7 到圖 8.9 是部分功能模組的
執行結果。

圖 8.7　客戶註冊成功

圖 8.8　銀行發行積分成功

圖 8.9　客戶轉讓積分成功

8.1.6 系統部署

前面我們使用 truffle init 命令初始化專案後，會自動生成一些不需要的範例程式碼，我們可以手動刪除，如 contracts/ 資料夾下面的 ConvertLib.sol、MetaCoin.sol、Migrations.sol 這三個檔案，migrations/ 資料夾下的 1_initial_migration.js。我們把所有的 html 檔直接放入 app/ 資料夾，把所有的 JavaScript 檔放入 app/javascripts 資料夾，把寫好的智慧合約保存成 sol 副檔名，放入 contracts 資料夾。完成本案例後的專案目錄如圖 8.10 所示。

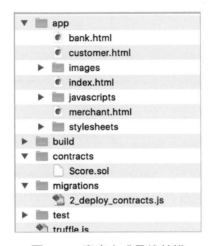

圖 8.10 專案完成目錄結構

① 專案設定

專案基本完成以後，需要進行簡單的設定才能部署，包括合約的設定和整體設定，整體設定主要是 HTML 頁面和 JavaScript 腳本的設定。

（1）合約設定

合約需要被編譯部署到乙太坊用戶端上，如 TestRPC 中，migrations/2_deploy_contracts.js 是合約的部署檔，需要把我們的目標合約設定進去（已經刪除預設合約的程式碼），2_deploy_contracts.js 設定資訊如下：

```
module.exports = function(deployer) {
    deployer.deploy(Score);
};
```

（2）整體設定

由於我們建立了多個 html 檔和 JavaScript 檔，因此需要在專案根目錄中的 truffle.js 中把這些檔案註冊進去。我們使用的 TestRPC 用戶端預設使用 8545 埠，根據不同的需求和乙太坊用戶端的設定也可以修改埠號。truffle.js 如下：

```
module.exports = {
    build: {
        "index.html": "index.html",
        "customer.html": "customer.html",
        "bank.html": "bank.html",
        "merchant.html": "merchant.html",
        "app.js": [
            "javascripts/app.js",
            "javascripts/customer.js",
            "javascripts/bank.js",
            "javascripts/merchant.js",
            "javascripts/utils.js"
        ],
        "app.css": [
            "stylesheets/app.css"
        ],
        "images/": "images/"
    },
    rpc: {
        host: "localhost",
        port: 8545
    }
};
```

② 專案部署

Truffle 只需要使用簡單的命令列，就可以完成合約的編譯、合約部署到乙太坊，並把整個專案部署到本機伺服器，然後使用前端頁面就可以與區塊鏈互動。在部署專案之前，必須要在一個命令列終端機先開啟 TestRPC 服務，然後在另一個終端機命令列進入專案根目錄，分別執行以下命令。

☑ `truffle compile`：編譯智慧合約，如果合約存在語法錯誤，編譯會失敗並顯示錯誤資訊。如果只修改一個合約，但是專案有多個合約，想要修改後同時編譯所有合約，可以執行 `trufflecompile --compile-all` 命令。

☑ `truffle migrate`：部署智慧合約，把編譯完成的合約部署到乙太坊用戶端 TestRPC 中。如果該命令由於異常執行失敗，可以執行 `truffle migrate --reset` 命令。

☑ truffle serve：開啟 Truffle 本機伺服器，預設使用 8080 埠，並把專案自動化部署到 Truffle 伺服器中。

部署步驟的命令列介面實作如下：

```
→  Score $truffle compile --compile-all
Compiling Score.sol...
Writing artifacts to ./build/contracts
→  Score $truffle migrate --reset
Running migration: 2_deploy_contracts.js
    Deploying Score...
    Score: 0x0767a5b4ef67fe0b1e3b8467a4b9754a21ef80b4
Saving successful migration to network...
Saving artifacts...
→  Score $ truffle serve
Serving app on port 8080...
Rebuilding...
```

同時在另一個開啟 TestRPC 的終端機中，會列印出區塊鏈日誌，日誌包括被呼叫的方法、交易雜湊、區塊編號、花費的 gas 值等資訊。TestRPC 列印的命令列日誌如下：

```
Listening on localhost:8545
eth_accounts
eth_sendTransaction

    Transaction: 0x1fedb715727857b811a5a2f666324e5c62ee51993b46a718f1344673b3779dc1
    Contract created: 0x0767a5b4ef67fe0b1e3b8467a4b9754a21ef80b4
    Gas usage: 0x02e892
    Block Number: 0x01
    Block Time: Wed Jun 07 2017 21:13:19 GMT+0800 (CST)

eth_newBlockFilter
eth_getFilterChanges
eth_getTransactionReceipt
eth_getCode
eth_uninstallFilter
```

執行完以上步驟後，在瀏覽器中輸入 "http://localhost:8080/index.html" 就可以使用積分系統了。

8.2 使用乙太坊的電子優惠券系統案例分析

本專案將區塊鏈技術應用到了電子優惠券系統，旨在使用區塊鏈技術簡化優惠券流通過程，消除第三方平台，使商家能自主地發行通用優惠券。本系統使用乙太坊平台，建置以銀行和商家為節點的聯盟鏈，以智慧合約實作業務邏輯。本系統發揮了區塊鏈技術的 P2P 通訊、去仲介及記錄不可篡改等特性，為 "優惠券" 金融消費應用提供了一種新的解決方案。

8.2.1 專案簡介

電子優惠券是目前市場上廣泛應用的金融促銷工具，在提升商家知名度和促進銷售增長的過程中，發揮了明顯的效果，也為消費者帶來了便利和優惠。但是，商家發行的電子優惠券一般都受限於有效期限和發行數量，缺乏靈活的流通能力。

將區塊鏈技術應用於通用電子優惠券，商家的自主性得以提升，不需要再依賴中心平台，不用再支付額外的傭金或抽成；而對於使用者來說，電子優惠券在手中的支配性更強，優惠券的意義也更為顯著。此外，區塊鏈技術在此領域的應用，可以將商家與使用者的資料從科技大廠的資料壟斷中解放出來，邁向真正的資料自由和資料透明。

區塊鏈式電子優惠券，是將區塊鏈技術用於認定交易承諾的真實性，利用區塊鏈技術的共識機制，電子優惠券的發行、流通和使用無需中央機構，既可以防止欺詐，又為商家提供了更為便利、自主、高效和低成本的服務。

本案例主要將區塊鏈技術作為確認權限和記帳工具，並使用智慧合約記錄部分系統資料，而對於系統中其他資料的管理，仍使用資料庫作為儲存工具。在本案例中，銀行既是系統業務的參與者，也是系統的管理員，負責資料庫的部署和維護，因此本系統並不是完全的去中心化，但使用區塊鏈技術將系統中的業務當成交易，在區塊鏈上記錄，同時資料庫中涉及系統核心功能的資料，都可以通過區塊鏈技術溯源認證，表現了將區塊鏈技術應用於本案例的優勢。

本系統核心業務為結算券和優惠券的流通，簡要流程為：銀行審核商家的結算券申請，並發放相應數額的結算券；商家根據結算券餘額，發行優惠券，發放給消費者；消費者使用屬於自己的優惠券，在消費時向商家支付，也可以轉贈給其他消費者。系統整體的流程圖如圖 8.11 所示。

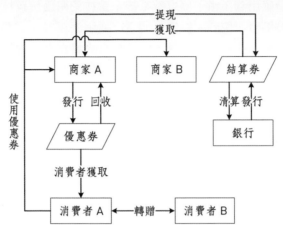

圖 8.11　通用優惠券系統流程圖

8.2.2　系統功能分析

系統主要涉及 3 種使用者，其中銀行和商家直接互動，使用結算券作為互動媒介；商家和消費者直接互動，使用優惠券作為互動媒介。此外，銀行還作為管理員對系統中的使用者進行監控和管理。各個用戶的具體功能如表 8.2 所示。

▼ 表 8.2　通用電子優惠券系統功能模組表

需求要點		備注
消費者	註冊	消費者註冊帳戶
	登錄	消費者登錄系統
	申請優惠券	消費者消費後，向商家申請優惠券
	使用優惠券支付	消費者向商家申請本次消費使用自己已有的優惠券
	查看優惠券錢包	消費者查詢自己的優惠券錢包
	轉贈優惠券	消費者之間互相轉贈優惠券

（續上頁表）

需求要點		備注
商家	註冊	商家註冊帳戶
	登錄	商家登錄積分系統
	申請結算券	商家申請結算券，作為發行優惠券的基礎金額
	結算券提現	商家向銀行申請將結算券提現
	查看結算券流水	商家查看結算券的申請和提現流水
	發行優惠券	商家自行制訂優惠券發行規則和數量
	發放優惠券	商家同意消費者的請求優惠券的申請，將優惠券發放給消費者
	同意消費者優惠券支付申請	商家批准消費者的優惠券使用申請
	終止發行	商家終止本次優惠券發行
	查看發行狀態	商家查看當前優惠券的發行狀態
銀行	註冊	銀行註冊管理員帳戶
	登錄	銀行登錄管理系統
	初審、複審結算券申請	批准或拒絕商家結算券申請，如統一申請，則發放等額結算券
	商家註冊審核	銀行批准商家入鏈申請
	消費者管理	銀行根據消費者的行為可以凍結或解凍相應的消費者帳戶
	優惠券查詢	查詢系統中所有的優惠券

8.2.3 系統整體設計

本系統的整體設計主要包括方案設計、架構設計及底層資料儲存的設計。方案設計主要是本系統的階層架構與各層之間的互動設計；架構設計部分主要分析了系統的功能架構；此外，由於本系統同時使用資料庫與區塊鏈作為底層資料儲存工具，系統的底層資料儲存設計部分需劃出資料儲存的界線，即哪些資料使用區塊鏈儲存、哪些資料使用資料庫儲存。綜合上述 3 部分的設計分析，建置出本系統的基本框架。

① 方案設計

本系統業務邏輯處理部分為 JavaWeb 系統，使用 SSM 框架整合，為了使用區塊鏈技術以確認權限與記帳，本系統在應用層引入了區塊鏈技術。

系統使用 geth 用戶端接入乙太坊平台。通過工具類別（class）建構 web3.js 介面，讓 Java 後台應用層呼叫，與乙太坊平台進行互動，工具類別內部實際使用 Jersey 框架，以 JSON-RPC 建立與乙太坊用戶端之間的通訊。

本系統在伺服器上建置乙太坊私鏈環境進行開發測試。私鏈資料儲存在伺服器上指定的檔案目錄下（見 "系統部署" 部分）。

② 系統架構設計

本系統底層使用乙太坊平台，節點經由 geth 用戶端連上區塊鏈網路，自行設計智慧合約部署在區塊鏈上，並在系統的應用層自行封裝 Web3 工具類別，提供 web3.js 風格介面（應用中可直接呼叫的介面），在 Web3 工具類別中使用乙太坊用戶端的 JSON-RPC 介面與 geth 用戶端互動。

由於區塊鏈在本系統中有確認權限作用，因此本系統將使用區塊鏈智慧合約中儲存的 storage 值，結合資料庫共同儲存系統資料。

結算券與優惠券是本系統核心業務的互動媒介，二者相關的作業都視為交易，寫入區塊鏈來確認權限，因此本系統的智慧合約應能夠涵蓋結算券申請、發行和提現等相關作業，以及優惠券發行、發放和使用等相關作業。由於區塊鏈的不可篡改特性，系統能反映當下狀態的資料，必須從區塊鏈中讀取。

系統除了核心業務資料外，還有使用者的註冊資訊、合約對應的實體使用者或者物件在區塊鏈上的身份憑證與區塊鏈上的合約位址，這些資訊應使用資料庫來儲存。同時，為方便銀行以管理員身份監管系統使用者和運行狀態，銀行對於系統中的歷史記錄性質資料，要直接從區塊鏈上讀取。而這些資訊都可以用區塊鏈技術來溯源，確保真實性。系統整體架構如圖 8.12 所示。

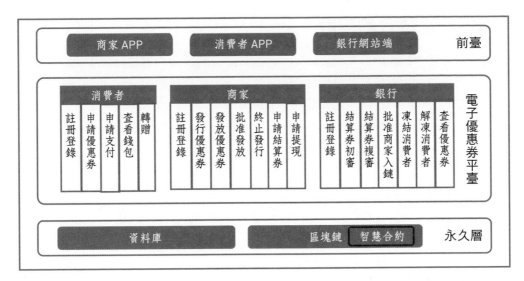

圖 8.12　銀行通用電子優惠券系統架構圖

③ 系統資料儲存劃分

資料讀取，包括從資料庫和區塊鏈兩種永久性儲存中讀取。其中，歷史紀錄、帳單類的資料（如商家的結算券申請和提現流水帳、銀行查詢所有的系統中出現過的優惠券，等等），都採用資料庫資料進行顯示；交易相關的狀態資料和系統當前的狀態值資料（如商家的當前結算券餘額、當前正在發行的優惠券相關資訊、消費者擁有的優惠券等等），都從區塊鏈上讀取。本專案中兩者的分類如表 8.3 所示。

▼ 表 8.3　電子優惠券系統資料儲存分類

從資料庫中取得的資料	從區塊鏈上取得的資料
• 商家的結算券申請與提現流水帳；	• 商家管理的當前發行中的所有優惠券資訊；
• 銀行管理系統讀取的商家列表、消費者列表；	• 商家的結算券餘額；
• 銀行管理系統讀取所有的優惠券；	• 消費者的錢包中的優惠券；
• 系統使用者登錄系統時的身份認證資訊及註冊時的詳細資訊；	• 優惠券發行、發放及使用過程中的優惠券詳細資訊；
• 系統中的銀行、商家、消費者和優惠券的公開金鑰	• 系統中當前正發行的優惠券的詳細資訊

8.2.4　智慧合約設計

本系統的智慧合約設計分為概要設計、合約狀態設計及合約方法設計 3 個部分。概要設計主要是合約的種類及每種合約的主要職責，合約狀態設計是合約中應該儲存哪些狀態值，以確保合約功能完整性，並提供必要的資料存取功能，最後合約方法設計部分是哪些系統實際業務應該用區塊鏈記帳，以及如何將這些業務映射為合約方法。

① 概要設計

本案例是使用區塊鏈技術的電子優惠券系統，首先考慮系統使用者。主要用戶有三種：銀行職員、商家和消費者。由於用戶是各種作業的發起者，這三種使用者顯然應該視為合約物件，儲存至區塊鏈。

除了系統用戶外，系統中還有一個重要的參與要素：優惠券，因為優惠券的發放、支付和轉贈作業都需要區塊鏈技術確認權限，因此本案例中將優惠券也視為合約物件，合約主要是被動更改狀態以配合系統的業務邏輯。

本系統中，銀行除了使用者之外，還有管理員身份，因此銀行合約的部署應該在系統運行前進行，銀行合約位址在專案啟動後應該可以直接使用。所以，本案例系統中共有四份合約，設計如表 8.4。

▼ 表 8.4　通用電子優惠券系統概要設計表

合約名稱	說明	功能
Bank	銀行合約要手動部署到區塊鏈上，與專案部署同時進行	負責審核商家的結算券相關作業
Merchant	儲存商家的建立者位址，自身合約位址，維護自己的未發放、已發放、已使用的優惠券陣列，並維護歷史優惠券陣列	商家可以使用合約完成發行優惠券、終止優惠券的發行；暴露介面給銀行端，完成結算券申請與結算券提現功能；儲存自己的結算券餘額以備查詢，維護優惠券陣列以備溯源
Coupon	由商家建立，儲存整個生命週期的所有相關狀態值	一般為被動的狀態改變，透過商家或消費者的作業被動更改自身狀態
Consumer	儲存消費者的帳戶位址，當前狀態以及自己錢包中的優惠券	轉贈優惠券到其他消費者帳戶

② 合約狀態設計

本系統中，交易相關資料應從區塊鏈上讀取，以發揮區塊鏈的確認權限作用。在合約設計時，應綜合考慮業務邏輯與資料記錄兩方面，狀態值設計如下。

☑ **Bank 合約**：Bank 合約應該維護自己批准入鏈的所有商家，並將銀行的公開金鑰作為本合約的 "所有者"，設計如下。

```
Contract Bank{
    address owner;  // 儲存銀行的公開金鑰
    address[] merchants;  // 維護所有由自己審核入鏈的商家合約位址
}
```

☑ **Merchant 合約**：商家合約本身應儲存自己的公開金鑰（owner 欄位），對外提供身份認證，以及審核自己入鏈的銀行合約位址，委託銀行來完成結算券的相關作業審核（後文方法設計中會詳細說明）。

商家身兼結算券相關作業的申請者和優惠券相關作業的審核者，應該維護這兩方面的資料。首先，從結算券的角度，商家應該記錄自己的結算券餘額；從優惠券角度，商家要發行優惠券，發放優惠券，處理使用優惠券支付請求。因此，商家應維護當前正在發行的已發行未發放、已發放未使用、已使用的 3 種優惠券陣列。此外，為確保優惠券的整個生命週期可查詢，還要維護一個歷史優惠券陣列。

```
contract Merchant{
    address owner;
    address banker;
    uint settlementBalance;
    address[] unusedCoupons;  // 已發放未使用的優惠券
    address[] usedCoupons;  // 已使用的優惠券
    address[] notGivenCoupons;  // 已發行未發放的優惠券
    address[] historyCoupons;  // 歷史優惠券

    // 以下兩個狀態值為查詢資料作業設計，後文方法設計中會詳細說明
    address[] curGrant;
    mapping(bytes32 => address[]) grantPair;
}
```

☑ **Consumer 合約**：消費者應儲存自己的公開金鑰（作為 owner）、當前在系統中的狀態（是否被凍結），以及自己錢包中可用的優惠券陣列。此外，由於消費者會被凍結與解凍，因此還要儲存可以更改自己狀態的銀行合約位址，將凍結與解凍作業交付給銀行執行。

```
contract Consumer{
    address owner;
    address banker;          // 可凍結、解凍消費者的銀行對應的合約位址
    uint state;
    address[] coupons;
}
```

☑ **Coupon 合約**：優惠券合約的資料主要用於查詢和被動進行狀態更改，因此，其狀態值設計更多考慮資料的查詢和整個生命週期各個階段的狀態標示，具體的欄位與對應意義如下所示。

```
contract Coupon{
    address owner;           //owner 儲存所有人的合約位址，發行時為商家合約位址，
                             // 發放後為消費者的合約位址，如果發生轉贈，
    address granter;         // 則 owner 的值應該對應更改發行商家的和合約位址
    uint value;              // 優惠券面值
    uint limit;              // 發行規則中的 " 滿 " 欄位
    bytes32 startDate;       // 發行規則中規定的有效起始日期
    bytes32 endDate;         // 發行規則中規定的有效截止日期
    uint obtainValue;        // 消費者獲得優惠券時的消費金額
    bytes32 obtainDate;      // 消費者獲得優惠券的時間
    bytes32 consumeDate;     // 消費者使用優惠券支付的日期
    uint consumeValue;       // 消費者使用優惠券支付時的消費金額
    uint state;              // 優惠券的狀態（1 為已發行，2 為已發放，3 為已使用）
}
```

③ 合約方法設計

下面我們主要從建構方法、功能性方法和讀取區塊鏈儲存資料 3 個方面，詳細介紹合約方法設計。

（1）建構方法

在系統中，建構方法負責合約的初始化和部署，4 種合約物件各自的建構方法的使用如下。

○ **Bank 合約**：在系統運行前，從 geth 用戶端發起交易直接部署（見 "專案部署" 部分），獲得合約位址在系統中設為常數。

○ **Merchant 合約**：建構方法由 Bank 合約呼叫，在系統中對應銀行同意商家入鏈後，銀行作為交易發起人呼叫 Merchant 合約的建構方法，獲得 Merchant 的合約位址。程式碼如下。

```
Contract Bank{
    function createMerchant(address merchantAccount) OnlyOwner{
        merchants.push(new Merchant(merchantAccount));  //傳入商家公開金鑰，建
立並部署商家合約
    }
    ...
    modifier OnlyOwner{
        if(msg.sender != owner){throw;} //宣告方法，唯有當方法呼叫者為 owner 時，
方法才執行
            _;
    }
}
Contract Merchant{
    function Merchant(address merchantAccount) {
        owner = merchantAccount;
        banker = msg.sender;
    }
}
```

◌ **Consumer 合約**：系統中消費者不會成為節點入鏈，只擁有公開金鑰和合約位址，此外還需要指定可以修改其狀態的銀行管理員合約帳戶，其建構方法如下。

```
Contract Consumer{
    function Consumer(address bankAccount){
        owner = msg.sender;
        banker = bankAccount;
        state = 1;  //帳戶未被凍結
    }
}
```

◌ **Coupon 合約**：Coupon 合約 owner 欄位應儲存系統中持有該優惠券的用戶，在商家發行優惠券時，建立合約，其建構方法如下。

```
Contract Coupon{
    function Coupon(uint _value, uint _limit, bytes32 _startDate, bytes32 _endDate){
        value = _value;
        limit = _limit;
        owner = msg.sender;
        startDate = _startDate;
        endDate = _endDate;
        consumeValue = 0;  //
        state = 1;  //合約建立時，優惠券一定是發行未發放狀態
    }
}
```

（2）功能性方法

本系統中的功能性方法，主要有結算券相關、優惠券相關和消費者轉贈 3 種。

A. 結算券相關

結算券相關的功能性方法，主要是銀行批准商家的結算券申請，在商家中定義 `settlementApprove()` 方法，並宣告方法為 `OnlyBanker`，即只能由 banker 位址呼叫，在銀行中定義 `approve()` 方法，呼叫商家的 `settlementApprove()` 方法，程式碼如下。

```
Contract Bank{
    function approve(address merchantAddress, uint amount) OnlyOwner{
        Merchant m = Merchant(merchantAddress);
        m.settlementApprove(amount);
    }
}
Contract Merchant{
    function settlementApprove(uint amount) OnlyBanker{
        settlementBalance += amount;
    }
}
```

B. 優惠券相關

◌ **優惠券發行**：商家發行優惠券，即建立相應數量的優惠券合約，並將合約位址存入 notGivenCoupons 陣列，程式碼如下。

```
Contract Merchant{
    function issueCoupon(uint value, uint limit, uint quantity, bytes32
startDate, bytes32 endDate) OnlyOwner{
        // 傳入參數依次為：優惠券面值、發行規則的 " 滿 " 欄位，有效期的開始截止日期
        if(settlementBalance>=(value*quantity)){
            for(uint i=0;i<quantity;i++){
                notGivenCoupons.push(new Coupon(value, limit, startDate, endDate));
                settlementBalance -= value;  // 注意在發行時相應地改變商家結算券
餘額

            }
        }
    }
}
```

◌ **優惠券終止發行**：商家可以在發行優惠券後，隨時終止優惠券發行。終止發行時，需要將 notGivenCoupons 陣列、unusedCoupons 陣列和 usedCoupons 陣列中的優惠券全部移至 historyCoupons 陣列，並將未發放的優惠券的總額加回自己的結算券餘額中。如果終止發行時，發現已發放的優惠券超出了有效期，則應將該優惠券收回。

```
Contract Merchant{
    function terminateCoupon(bytes32 curDate) OnlyOwner {

        // 對於未發放的優惠券，移至 historyCoupons 陣列並將金額加回自己的結算券餘額
        for(uint k=0;k<notGivenCoupons.length;k++){
            historyCoupons.push(notGivenCoupons[k]);
            Coupon c = Coupon(notGivenCoupons[k]);
            settlementBalance += c.getValue();
        }
        delete notGivenCoupons;

        // 對於已發放未使用的優惠券，如果未過期，只移至 historyCoupons 陣列，
        // 金額不加回結算券餘額；如果已過期，則將金額加回結算券陣列
        for(uint i=0;i<unusedCoupons.length;i++){
            Coupon c1 = Coupon(unusedCoupons[i]);
            if(c.getEndDate()<curDate){
                settlementBalance += c1.getValue();
            }
            historyCoupons.push(unusedCoupons[i]);
        }
        delete unusedCoupons;

        // 對於已使用的優惠券，直接移至 historyCoupons 陣列即可
        for(uint j=0;j<usedCoupons.length;j++){
            historyCoupons.push(usedCoupons[j]);
        }
        delete usedCoupons;
    }
}
```

○ **優惠券發放：** 商家按照傳入的優惠券張數，從 notGivenCoupons 陣列中由後往前取相應數目的位址，將這些位址上 Coupon 合約的 owner 設定為發放物件（消費者），將該合約位址由 notGivenCoupons 陣列移至 unusedCoupons 陣列，最後使用 mapping 資料結構，方便 Java 端讀取區塊鏈上的資料（在下文 "讀取區塊鏈儲存資料" 部分有詳細介紹），程式碼如下。

```
Contract Merchant{
    function grant(address _consumer, uint quantity, bytes32 date, bytes32 mark,
        uint obtainValue) OnlyOwner {
    // 傳入參數依次為：發放物件的合約位址、發放張數、發放日期、標示
    // 和本次發放作業對應的消費金額
        if(quantity<=notGivenCoupons.length) {
            Consumer consumer = Consumer(_consumer);// 取得發放物件
            for(uinti=notGivenCoupons.length1;i>=
                notGivenCoupons.length-quantity;i--){
                Coupon couponTemp = Coupon(notGivenCoupons[i]);
                // 設定被發放的優惠券的相應資訊
```

```
                                couponTemp.setObtainDate(date);
                                couponTemp.setState(2);
                                couponTemp.setObtainValue(obtainValue);
                                couponTemp.setGranter(couponTemp.getOwner());
                                couponTemp.setOwner(_consumer);
                                consumer.addCoupon(notGivenCoupons[i]);

                                // 將發放出的優惠券在陣列中做移動
                                unusedCoupons.push(notGivenCoupons[i]);
                                curGrant.push(notGivenCoupons[i]);

                                // 因為變數 i 為 uint 類型，當商家最後一張優惠券發放完時，通過判斷
i==0 跳出迴圈
                                if(i == 0){ break;}
                        }

                        // 把本次的優惠券發放作業存入 mapping 由參數 mark 標示，方便取值
                        grantPair[mark] = curGrant;
                        delete curGrant;
                        notGivenCoupons.length = notGivenCoupons.length - quantity;
                }
        }
}
```

○ **優惠券支付**：商家將指定的優惠券從 unusedCoupons 陣列移至 usedCoupons 陣列（如果該優惠券已被終止發行，應將該優惠券直接移至 historyCoupons 陣列），並從 Consumer 合約中將該優惠券移除，同時，將該優惠券的面值加到商家的帳戶餘額中，程式碼如下。

```
Contract Merchant{
    function confirmCouponPay(uint consumeValue, bytes32 consumeDate,
        address couponAddr, address _consumer) OnlyOwner{
        Coupon coupon = Coupon(couponAddr);
        if(consumeValue>=coupon.getLimit()){   // 如果本次消費金額可使用優惠券

            // 設定該優惠券的相關狀態
            coupon.setConsumeValue(consumeValue);
            coupon.setConsumeDate(consumeDate);
            coupon.setState(3);

            // 執行 consumer 的 couponPay 方法，將該優惠券移出消費者的優惠券陣列
            Consumer consumer = Consumer(_consumer);
            consumer.couponPay(couponAddr);

            // 判斷該優惠券是否為當前商家正在發行的優惠券，
            // 是則移至 UsedCoupons 陣列，
            // 否則，無論是不是當前商家發行的，還是是當前商家發行但已終止的，
```

```
            // 都直接移至 historyCoupons 陣列
            uint i = unusedCoupons.length;
            for(i=0;i<unusedCoupons.length;i++){
                if(unusedCoupons[i] == couponAddr){
                    break;
                }
            }
            if(i!=unusedCoupons.length){
                for(uint j=i;j<unusedCoupons.length-1;j++){
                    unusedCoupons[j] = unusedCoupons[j+1];
                }
                unusedCoupons.length -= 1;
                usedCoupons.push(couponAddr);
                settlementBalance += coupon.getValue();
            }else{
                settlementBalance += coupon.getValue();
                Merchant m = Merchant(coupon.getGranter());
                if(m.getOwner() != owner){
                    m.addToUsedCoupons(couponAddr);
                }
            }
        }
    }
}
```

C. 消費者轉贈

優惠券轉贈很簡單，將指定優惠券從贈出方的優惠券陣列移至受贈方優惠券陣
列，並更改優惠券的 owner 欄位，程式碼如下。

```
Contract Consumer{
    function transfer(address newConsumer, address _coupon){
        Coupon coupon = Coupon(_coupon);
        coupon.setOwner(newConsumer);
        Consumer to = Consumer(newConsumer);
        to.addCoupon(_coupon);
        uint i = 0;
        for(;i<coupons.length;i++){
            if(coupons[i] == _coupon){
                break;
            }
        }
        for(uint j=i;j<coupons.length-1;j++){   // 將該優惠券對應位置後面的陣列元素，
                                                 // 每一項前移一位
            coupons[j] = coupons[j+1];
        }
        coupons.length -= 1;
    }
}
```

（3）讀取區塊鏈儲存資料

讀取區塊鏈儲存資料主要有以下兩種方法。

◌ 通過 getter 方法直接讀取資料，格式如下。

```
// 其中 constant 欄位指出該方法為單純地讀取資料，不需要作為交易呼叫方法
function getValue() constant returns(dataType){
    return value;
}
```

◌ 對於系統中的特定情境，需要使用一些技巧來取得資料。銀行批准商家入鏈時，銀行端發送交易建立商家合約，並將合約的位址存入自己維護的 merchants 陣列，在讀取本次新建立的商家合約的位址時，不能直接讀取陣列最後一個欄位，而是需要傳入當前商家公開金鑰、查詢 merchants 陣列，找出公開金鑰相符的商家並回傳，程式碼如下。

```
Contract Bank{
    function getCorrespondingMerchant(address merchantAccount) constant
returns(address){
        uint i = merchants.length;
        for(i=merchants.length-1;i>=0;i--){
            Merchant m = Merchant(merchants[i]);
            if(merchantAccount == m.getOwner()){
                break;
            }
        }
        return merchants[i];
    }
}
```

同樣地，對於本次發放優惠券作業，為方便獲得本次發放的所有優惠券，使用 mapping 資料結構，用傳入的 mark 欄位來標示本次發放的優惠券的陣列（程式碼見前文 "優惠券相關" 部分）。

8.2.5 系統實作與部署

本節首先說明本系統的整體部署情況，接著說明系統運行需要的軟硬體環境，最後詳細介紹如何為本系統建置區塊鏈環境。

① 系統部署圖

系統部署圖如圖 8.13 所示。

本案例的區塊鏈底層使用乙太坊平台，銀行和商家可以擔任節點，接入乙太坊平台，消費者透過銀行節點接入乙太坊。在商家用戶中，總店可以建立自己的乙太坊節點，分店可以透過總店接入，加盟店可以分別自行接入。

如果乙太坊節點使用了多台伺服器，則這些伺服器應處於同一網段，對外提供統一介面，確保伺服器間通訊無阻。另外，對於每一個商家節點而言，只能獲得區塊鏈上自己的交易資訊，但所有交易資訊底層都處於乙太坊平台上。

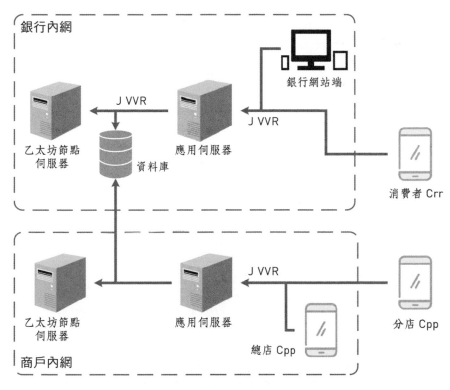

圖 8.13　系統部署圖

② 部署的軟硬體環境

（1）軟體環境

　　○　伺服器端：Linux 作業系統（Ubuntu 14.04）；Tomcat 8 伺服器軟體；MySQL 5.7.6 資料庫管理系統以上；JDK 1.7。

　　○　用戶端：安裝 Chrome 或者 Firefox 瀏覽器。

　　○　行動裝置：蘋果手機或 iPad。

（2）硬體環境

　　阿里雲伺服器、雙核 CPU、4GB 記憶體、500GB 可用儲存空間。

③ 區塊鏈環境建置

初始化伺服器時，可按照以下步驟建置區塊鏈環境。

（1）安裝 **curl** 命令

```
apt-get update
apt-get install git
apt-get install curl
```

（2）安裝 **Go** 環境（此處安裝的是 **Go1.5.1** 版本）

```
curl -O https://storage.googleapis.com/golang/go1.5.1.linux-amd64.tar.gz
Unpack it to the /usr/local（有可能需要 sudo 許可權）
tar -C /usr/local -xzf go1.5.1.linux-amd64.tar.gz
```

（3）設定 **Go** 的環境變數

```
mkdir -p ~/go; echo "export GOPATH=$HOME/go">> ~/.bashrc
echo "export PATH=$PATH:$HOME/go/bin:/usr/local/go/bin">> ~/.bashrc
source ~/.bashrc
```

（4）安裝 **Node.js**、**npm**

```
curl -sL https://deb.nodesource.com/setup_4.x | sudo -E bash -
apt-get install Node.js
```

（5）驗證 **Node.js**、**npm**

```
Node.js -v
npm -v
```

（6）安裝 **Ethereum**

```
bash <(curl -L https://install-geth.ethereum.org)
```

如果發生錯誤，可以使用以下命令：

```
sudo apt-get install software-properties-common
sudo add-apt-repository -y ppa:ethereum/ethereum
sudo add-apt-repository -y ppa:ethereum/ethereum-dev
sudo apt-get update
sudo apt-get install ethereum
```

（7）安裝 **solc**

```
sudo add-apt-repository ppa:ethereum/ethereum
sudo apt-get update
sudo apt-get install solc
which solc
```

（8）建立帳戶（公開金鑰）

在控制台輸入以下命令 3 次，可以建立 3 個帳戶。

```
geth account new
```

（9）編寫創始塊檔

在根目錄（~/）下建立 test-genesis.json。注意，你可以設定 alloc 中的帳戶位址，為你剛剛申請的公開金鑰分配足夠的餘額。

```
{
    "nonce": "0x0000000000000042",
    "difficulty": "0x1",
    "alloc": {
        "3ae88fe370c39384fc16da2c9e768cf5d2495b48": {
            "balance": "200000009800000000000000000000000"
        },
        "81063419f13cab5ac090cd8329d8fff9feead4a0": {
            "balance": "200000009800000000000000000000000"
        },
        "9da26fc2e1d6ad9fdd46138906b0104ae68a65d8": {
            "balance": "200000009800000000000000000000000"
        },
        "bd2d69e3e68e1ab3944a865b3e566ca5c48740da": {
            "balance": "200000009800000000000000000000000"
        },
        "ca9f427df31a1f5862968fad1fe98c0a9ee068c4": {
            "balance": "200000009800000000000000000000000"
```

```
    }},
    "mixhash": "0x0000000000000000000000000000000000000000000000000000000000000000",
    "coinbase": "0x0000000000000000000000000000000000000000",
    "timestamp": "0x00",
    "parentHash": "0x0000000000000000000000000000000000000000000000000000000000000000",
    "extraData": "0x11bbe8db4e347b4e8c937c1c8370e4b5ed33adb3db69cbdb7a38e1e50b1b82fa",
    "gasLimit": "0xb2d05e00"
}
```

（10）初始化創世區塊

```
geth --datadir "~/.ethereum" init ./test-genesis.json
```

（11）設定自動解鎖帳戶的腳本

進入 ~/.ethereum 目錄，建立 password 檔，並在檔案中為剛剛建立的每個帳戶輸入對應密碼，每個密碼一行，只需要輸入密碼即可。

（12）編寫乙太坊啟動腳本

建立啟動指令檔 private_blockchain.sh 檔，並在檔案中設定如下內容：

```
geth --rpc --rpcaddr="0.0.0.0" --rpccorsdomain="*" --unlock '0,1,2' --password
~/.ethereum/password   --nodiscover --maxpeers '5' --networkid '1234574' --datadir
'~/.ethereum'  console
```

以後每次啟動 geth 節點，只需要使用以下命令即可：

```
bash private_blockchain.sh
```

（13）部署 Bank 合約，並獲得 abi 檔

手動編譯合約，其中 **code** 變數為合約程式碼，此命令回傳 JSON 格式的合約編譯資訊：

```
contracts = eth.compile.solidity(code)
```

以下 4 行命令，會分別獲得 4 個合約物件的 ABI 檔：

```
bank_abi = contracts["<stdin>:Bank"]["info"]["abiDefinition"]  //Bank 合約的 abi 檔
merchant_abi = contracts["<stdin>:Merchant"]["info"]["abiDefinition"]  //Bank 合約的 abi 檔
consumer_abi = contracts["<stdin>:Consumer"]["info"]["abiDefinition"]  //Bank 合約的 abi 檔
coupon_abi = contracts["<stdin>:Coupon"]["info"]["abiDefinition"]  //Bank 合約的 abi 檔
```

建立並部署 Bank 合約，**gas** 值根據實際情況設定，此命令會回傳本次交易的交易雜湊值：

```
txHash = eth.sendTransaction({"from": eth.accounts[0], "data": contracts[ "<stdin>:Bank"]
["code"], "gas": "0x470000" })
```

開啟礦工挖礦，直到包含該交易的區塊被接到鏈上：

```
miner.start()
```

交易認證後，取得 Bank 合約的合約位址：

```
bankContractAddress = eth.getTransactionReceipt(txHash)
```

至此，在運行 JavaWeb 項目前，所有區塊鏈相關的部署已全部完成。

注意，本專案中銀行、商家和消費者的乙太坊帳戶需要以步驟 (8) 所示的方法自行
建立。建立好的帳戶目前儲存在專案資原始目錄下的 account.propertie 檔案，程式
碼中如果使用到這些帳戶資訊，都是從設定檔中讀取的。

8.3 本章小結

本章介紹了兩個利用乙太坊的案例，兩個案例的介紹均包括專案簡介、系統功能分
析、系統整體設計、智慧合約設計、系統實作和部署等，本書提供了這些案例完整
的原始程式碼。參考前面章節所學習的乙太坊基礎知識和開發技術，讀者可對照本
章的內容，一步一步地動手，在實戰過程中理解相關概念和技術，進而為自己的乙
太坊建構區塊鏈應用專案打好基礎。

09

企業級區塊鏈應用實戰詳解

乙太坊、Hyperledger 等開源區塊鏈平台，目前還處於進一步研發和完善的過程中，在共識效率、隱私保護、大規模儲存、政府監管介入等方面仍有不少問題，阻礙了開源平台專案的應用普及和商業化步調。

Hyperchain 是專門針對企業級應用而設計的聯盟鏈平台，功能完善，技術領先。目前已有多家金融機構利用 Hyperchain 平台開發區塊鏈應用專案，接軌銀行系統。有些專案已完成實測，並進入商業推廣。

本書先前已經對 Hyperchain 的核心原理和開發進行了詳細說明，本章將更加貼近實戰，介紹兩個使用 Hyperchain 的企業級區塊鏈應用專案：數位票據系統和叫車平台。

9.1 利用 Hyperchain 的數位票據系統案例分析

本節依據某銀行的業務需求，設計了一個使用 Hyperchain 的數位票據系統。此系統主要提供帳戶管理、票據作業、票據查詢等功能，呼叫部署在 Hyperchain 區塊鏈平台的智慧合約，為銀行的用戶端系統提供 RESTful 服務介面。本節設計的票據系統可以成為區塊鏈在金融領域的範例，為其他區塊鏈應用提供參考。

9.1.1 項目簡介

票據業務是銀行等金融機構的重要資產業務，具有多方參與、流通轉讓性、嚴格標準化等特性，與聯盟區塊鏈技術的授權准入、可追溯歷史與智慧合約的強控制性非常契合。使用了區塊鏈的數位票據系統，不僅可以加速票據市場統一化、數位化，而且可以保證票據業務的安全性，有效防範票據市場風險，同時可以減少清算成本，具有深遠的影響和意義。

本節的票據系統針對的使用者群有兩大類：銀行和業務客戶。銀行可從聯盟許可接入區塊鏈，因此本系統主要針對業務客戶的需求進行設計。使用者間的票據流通作業及生命週期如圖 9.1 所示。

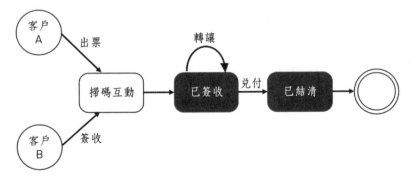

圖 9.1　票據生命週期

用戶間的出票和簽收，經由掃碼完成交付，一方出票，一方簽收。互動完成後，票據狀態為已簽收。已簽收的票據可以轉讓或兌付。票據兌付後狀態為已結清，票據生命週期至此結束。

9.1.2　系統功能分析

某銀行計畫依靠區塊鏈技術，對傳統櫃台票據業務進行改造，研發一種創新的銀行票據系列產品。本節依照該銀行的業務需求，設計並實作區塊鏈數位票據系統。

本節的數位票據系統，使用 Hyperchain 聯盟區塊鏈技術開發。假設其中一家加入聯盟的銀行為 A 銀行。數位票據是一種創新型的票據，全部流程業務都支援行動網路裝置。相關業務術語和解釋如表 9.1 所示。

▼ 表 9.1　數位票據業務術語解釋

術語	解釋
數位票據	一種創新型的小面額票據，支援行動裝置，可完成全流程業務辦理
出票	付款人簽出數位票據並交付給收款人的行為
兌付	將數位票據對應的資金從銀行專用內部帳戶兌付至持票人的銀行帳戶
轉讓	未兌付的數位票據通過背書轉移給其他用戶的行為

本系統所涉及的票據作業具體如下。

☑ **出票與簽收**。付款人和收款人掃描二維條碼，完成出票與簽收作業。付款人在出票過程中設定票據金額、類型、有效期等資訊，並生成相應的二維條碼，收款人掃碼後確認票據資訊，簽收。

☑ **轉讓**。轉讓與出票類似，也是掃碼完成轉讓作業，並可部分轉讓。

☑ **兌付**。使用者可對已簽收的票據進行線上兌付，同一張票據可不限次數部分兌付。若某張票據進行了拆分兌付作業，並處於中間狀態（如兌付中），則拆分後剩下的票據依然可進行轉讓、兌付等作業。

9.1.3　系統整體設計

區塊鏈應用與傳統應用最主要的區別是去中心化。區塊鏈的應用，本質上就是使用區塊鏈和智慧合約，取代傳統應用的資料庫和幕後程式的核心邏輯，降低上層業務系統的複雜度。

在系統設計上，應用底層使用區塊鏈，確保共識的達成和交易的進行，編寫智慧合約實作業務邏輯，並將其部署在區塊鏈平台。理論上，區塊鏈平台可以直接替換傳統應用的應用伺服器，為用戶端提供服務。但是，由於智慧合約對網路等作業進行了限制，如果應用複雜，涉及外部互動，則需要設計一個中間層，兩端分別對接用戶端和區塊鏈平台。

傳統應用的主要業務邏輯，是靠應用服務的幕後程式，而本節票據系統的主要業務邏輯是在智慧合約。本票據系統在架構上可分為 4 層：應用層是系統用戶端；中間層整合區塊鏈平台介面和外部系統介面，為應用層提供服務；通用介面層是提供應用支援的外部系統介面封裝；底層為區塊鏈平台，主要業務邏輯以智慧合約實作。

① 整體思路

本章的數位票據系統，利用 Hyperchain 區塊鏈平台的信任機制，提升票據的信用，同時利用行動終端裝置上的 App，將客戶從傳統線下管道引導至線上行動網路管道，提升了業務的可攜性。

系統的整體概念如下。

(1) 使用者從行動 App，進行數位票據的相關作業，並支援帳戶管理、查詢等功能。

(2) 票據的流通利用智慧合約實作，確保票據交易的安全、有效和不可抵賴，同時靠區塊鏈本身的清算特性，完成資金的清算。

(3) 系統為 App 提供介面支援，同時對接銀行核心系統、簡訊服務等介面完成資金流通和安全驗證。

② 應用架構

圖 9.2 所示為系統模組圖，本系統涉及資料儲存模組、基礎支援模組、數位票據系統、手機 App、銀行核心系統、簡訊平台等 6 大模組。

(1) **資料儲存模組**

底層使用 Hyperchain 平台，利用區塊鏈上所儲存資料不可逆、不可修改的特性，確保票據交易的安全和可靠。其中，使用可程式設計的智慧合約來控制、約束票據的流通，並對票據進行確認權限。

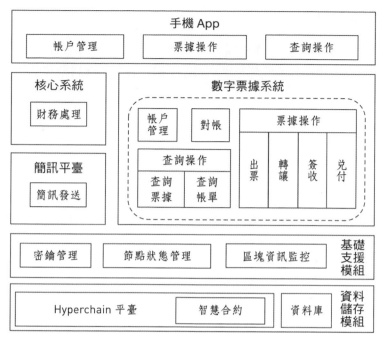

圖 9.2　系統模組圖

（2）**基礎支援模組**

基礎支援模組包括使用者金鑰的生成，以及對聯盟鏈節點狀態和節點中區塊資訊進行監控。

（3）**數位票據系統**

實作於區塊鏈底層的數位票據系統，為網路銀行和 App 提供帳戶管理和票據作業（包括出票、轉讓、簽收、兌付）、查詢作業（包括查看票據、查看帳單）等介面，同時呼叫核心系統帳務服務、用於資金的流通以確認交易，以及呼叫簡訊平台，發送簡訊進行身份校驗。

（4）**手機 App 端**

使用者可從手機 App 完成票據作業，呼叫系統介面管理帳戶、出票、轉讓、簽收、兌付票據作業功能，以及查看票據夾、帳單等查詢功能。

（5）**外部系統**

銀行核心系統和簡訊平台，是票據系統的外部服務介面。核心系統提供銀行核心轉帳介面。系統呼叫簡訊服務介面，發送驗證碼進行身份驗證。

③ 主要功能設計

本節的系統中，功能模組分為帳戶管理、票據作業、查詢作業等模組，其中查詢就是呼叫智慧合約方法查詢票據和帳單資訊，下面主要對票據作業功能模組進行作業流程和系統互動說明。

整體來講，票據的出票、轉讓、兌付作業，業務邏輯大同小異，對於不同的使用者，業務邏輯會有所不同。下面就以最複雜的經辦人出票為例，介紹其流程和系統互動關係。

如圖 9.3 所示，用戶在 App 端掃碼互動、確認交易之後，付款方按出票，發送出票方和簽收方資訊到票據系統。系統檢驗使用者合法之後，呼叫智慧合約出票方法，完成出票。

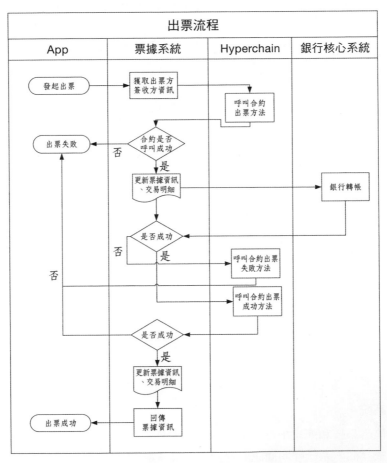

圖 9.3　出票流程

智慧合約方法呼叫成功之後，會呼叫銀行核心系統轉帳介面，進行扣款作業。扣款成功之後，呼叫智慧合約出票成功方法；如果呼叫失敗，回傳出票失敗；如果呼叫成功，回傳出票成功。若扣款失敗，呼叫合約出票失敗方法，回傳出票失敗，銀行扣款失敗。

④ 安全性設計

本節的票據系統中，當使用者發起一筆票據交易後，伺服器將發送一份包含了交易序號的交易封包給銀行內部伺服器，用於處理實際的資金交易。交易序號是交易的唯一標示。當接收方接收了交易封包後，需要判斷封包中包含的交易序號是否已存在於本機記錄中，如果已經存在，表示這是重複發送的封包，系統不會正常處理。這個機制保障了系統不會重複處理具有相同序號的交易。

區塊鏈平台上的共識機制，每個節點都儲存了所有的交易記錄，確保交易正確、不可篡改。區塊鏈的交易一旦達成就不可更改，如果要更改，必須經過系統中所有節點對其修改達成共識，由此來保障交易的安全和可信。

9.1.4　智慧合約設計

區塊鏈應用與傳統應用最主要的區別，在於使用智慧合約來實作主體業務邏輯，智慧合約既是程式邏輯的主體，也是資料儲存的主體，本節特別對數位票據系統智慧合約的設計加以說明。

① 概要設計

客戶需要註冊登錄、出票、轉讓、兌付、簽收、查詢票據和帳單等功能，從效能角度考慮，本節將每個實體物件都設計成一份合約。因此，針對系統的業務需求，本節設計了 4 類合約，包括銀行合約、客戶合約、票據合約、票據作業（交易）合約。客戶合約是抽取系統使用者資訊，銀行合約為銀行客戶開通數位票據業務。關於智慧合約的功能詳見表 9.2。

▼ 表 9.2　智慧合約功能說明

合約名稱	說明	合約功能
銀行合約	每個加入聯盟鏈的銀行都有一份銀行合約，需要銀行管理員簽名，然後部署到區塊鏈平台	合約功能包括客戶開通票據業務
客戶合約	用於維護系統的使用者資訊，相關票據和交易資訊位址	合約功能包括簽名票據交易、查詢所有票據、帳單（票據交易）
票據合約	每張數位票據用一份票據合約表示，該合約維護了票據的基本資訊	儲存票據的基本資訊，並提供改變票據所有者的方法
票據作業合約	每個票據作業為一份票據作業合約，該合約維護了票據作業的基本資訊，包括票據交易的參與方資訊、作業時間等	儲存票據作業資訊

② 合約狀態設計

銀行合約維護了銀行合約部署者的公開金鑰，以及客戶、票據、票據作業等相關合約位址。

```
contract Bank{
    address owner; // 儲存銀行公開金鑰
    bytes32 public bankName; // 銀行名稱
    bytes32 public bankID; // 銀行行別

    address[] individualConAddrs;    // 維護所有由自己審核的客戶合約位址
    address[] cashedDraftAddrs; // 維護所有已兌付票據合約位址
    address[] draftOperations; // 維護票據作業合約位址
}
```

客戶合約維護了客戶的基本資訊、可作業的票據與票據作業歷史的合約位址。

```
contract Individual{
    address owner;
    bytes32 id;
    bytes32 companyName;
    bytes32 userName;
    bytes32 phoneNum;
    bytes32 idNum;

    address[] issueOperationAddrs; // 出票作業合約位址
    address[] signedOperationAddrs; // 簽收作業合約位址
```

```
    address[] transferOperationAddrs; // 轉讓作業合約位址
    address applicantConAddr;

    struct DraftInfo{
        address applicantConAddr;
        bytes32 draftNum;
        Draft.SignType signType;
        uint16 currencyType;
        uint faceValue;
        uint signTime;
        uint cashTime;
        uint validDays;
        uint frozenDays;
        uint autoCashDays;
    }
}
```

票據合約儲存票據的基本資訊，並提供改變票據所有者的方法。

```
contract Draft{
    enum SignType{PayAtSight,PayAtFixedDate}// 票據類型包括見票即付型和定日付款型兩種
    SignType signType;
    enum
DraftState{Saved,UnIssue,IssueNotSigned,Issuing,Signed,TransferNotSigned,Cashing,Cashed,
Invalid}// 票據狀態枚舉
    DraftState public draftState;
    bytes32 draftNum; // 票據編號
    bytes32 public acceptBankName; // 承兌行名稱
    bytes32 public acceptBankNum; // 承兌行行別
    address applicantConAddr; // 客戶合約位址
    uint16 currencyType; // 票據幣種
    uint faceValue; // 票據面額
    uint signTime; // 出票時間
    uint signedTime; // 簽收時間
    uint cashTime; // 兌付時間
    uint validDays; // 有效期
    uint frozenDays; // 凍結期
    address[] draftOperationAddrs; // 票據作業合約位址陣列
}
```

票據作業合約儲存票據作業資訊。

```
contract DraftOperation{
    bytes32 public sequenceNum; // 作業流水號
    address public fromConAddr; // 交易上家合約位址
    bytes32 public fromId; // 交易上家
    address public toConAddr; // 交易下家合約位址
    bytes32 public toId; // 交易下家
    address public draftAddr; // 原票據位址
    address public newDraftAddr; // 新票據位址
```

```
    uint public value; // 金額
    uint public operationTime; // 作業時間
    enum OperationType{Issue,Transfer,Cash}    // 交易類型
    OperationType public operationType;
    enum TxState{Success,ToSignature,ToCharge,SignatureFail,ChargeFail} // 交易結果
    TxState public txState = TxState.ToSignature;
}
```

③ 合約方法設計

（1）建構方法

在系統中，建構方法負責合約的初始化和部署，4 種合約物件各自建構方法的使用如下所示。

```
contract Bank{
    function Bank(bytes32 _bankName,bytes32 _bankID){
        owner=msg.sender;
        bankName = _bankName;
        bankID = _bankID;
    }
}

contract Individual{
    function Individual(address _individualAddr,bytes32 _id,
bytes32 _companyName, bytes32 _phoneNum,bytes32
_userName,bytes32 _idNum){
        owner = _individualAddr;
        id=_id;
        companyName=_companyName;
        userName=_userName;
        phoneNum=_phoneNum;
        idNum=_idNum;
    }
}

contract Draft{
    function Draft(bytes32 _draftNum,SignType _signType,DraftState
    _draftState,uint _validDays,uint _frozenDays, uint
    _signTime,uint _faceValue,address _applicantConAddr,uint16 _currencyType){
        draftNum=_draftNum;
        signType=_signType;
        draftState=_draftState;
        validDays=_validDays;
        frozenDays=_frozenDays;
        signTime=_signTime;
        faceValue=_faceValue;
        applicantConAddr=_applicantConAddr;
```

```
        currencyType=_currencyType;
    }

contract DraftOperation{
    function DraftOperation(bytes32 _sequenceNum,address
_fromConAddr,bytes32 _fromId,address _toConAddr,bytes32
_toId,address _draftAddr,address _newDraftAddr,uint
_value,uint _operationTime,OperationType _operationType){
        sequenceNum=_sequenceNum;
        fromConAddr=_fromConAddr;
        fromId=_fromId;
        toConAddr=_toConAddr;
        toId=_toId;
        draftAddr=_draftAddr;
        newDraftAddr=_newDraftAddr;
        value=_value;
        operationTime=_operationTime;
        operationType=_operationType;
    }
}
```

（2）功能性方法

◌　**基本作業**：將各項常用功能抽取成方法，方便合約內部呼叫。

```
// 獲得作業位址
function getOperationAddr(uint i) constant returns(address){
    return draftOperationAddrs[i];
}
// 獲得作業位址長度
function getOperationsLen() constant returns(uint){
    return draftOperationAddrs.length;
}
// 獲得數位票據面額
function getFaceValue() constant returns(uint){
    return faceValue;
}
// 設定數位票據狀態
function setState(DraftState _state){
    draftState=_state;
}

// 改變合約擁有者
function changeOwner(address _applicantConAddr,address
        _operatorConAddr){
    applicantConAddr=_applicantConAddr;
    operatorConAddr=_operatorConAddr;
}
```

◌ **出票**：出票的方法由經辦人或個人用戶呼叫，在發起出票申請後，生成一張新的票據，然後呼叫銀行核心系統進行更動帳目作業，若更動帳目成功則呼叫出票方法。

```
// 出票成功
function issueSuccess(address draftAddr,address toAppConAddr,bytes32
sequenceNum,address fromConAddr,address toConAddr,uint
operationTime) returns(address){
    Draft draft=Draft(draftAddr);
    uint value=draft.getFaceValue();

    DraftOperation draftOperation=new DraftOperation(sequenceNum,
        fromConAddr,0x0,toConAddr,0x0,draftAddr,

    draftAddr,value,operationTime,
    DraftOperation.OperationType.Issue);

    draft.setState(Draft.DraftState.Signed);
    draft.changeOwner(toAppConAddr,toConAddr);

    issueOperationAddrs.push(draftOperation);
    return draftOperation;
}
```

◌ **兌付票據**：兌付申請由客戶發起，在銀行核心系統進行更動帳目作業，更動帳目成功後，呼叫兌付成功方法。

```
// 兌付數位票據成功
function cashSuccess(address draftAddr,address
newDraftAddr,address _bankConAddr,address
draftOperationAddr){
    Draft newDraft=Draft(newDraftAddr);
    newDraft.changeOwner(_bankConAddr,_bankConAddr);
    newDraft.setState(Draft.DraftState.Cashed);

    DraftOperation draftOperation =
DraftOperation(draftOperationAddr);
    copyOperationAddr(draftAddr,newDraftAddr,draftOperation);
}

// 產生新數位票據時，將父數位票據的所有歷史記錄複製進新數位票據
function copyOperationAddr(address draftAddr,address
        newDraftAddr,address operation){
    Draft oldDraft=Draft(draftAddr);
    Draft newDraft=Draft(newDraftAddr);
    uint length=oldDraft.getOperationsLen();
    for(uint i=0;i<length;i++){
        address temp=oldDraft.getOperationAddr(i);
    }
}
```

9.1.5　系統實作與部署

本系統為銀行提供服務，整個系統網路分為兩層：內網和外網。系統網路拓撲結構如圖 9.4 所示。App 和企業網銀用戶端屬於外網，系統應用伺服器和 Hyperchain 平台部署在銀行內網中，並將銀行資料中心網站前端當成外網接入節點。

☑ 數位票據系統應用伺服器部署在銀行內網，以 F5 負載平衡設備達成高可用性；

☑ Hyperchain 平台部署在銀行內網，以多節點部署達成高可用性；

☑ 使用 HTTPS 協定，確保網路傳輸安全。

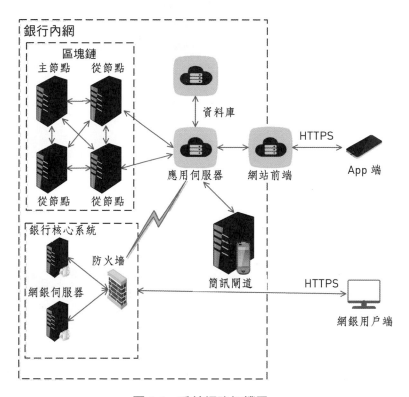

圖 9.4　系統網路拓撲圖

當其他銀行加入聯盟時，也需要部署 Hyperchain 區塊鏈平台和本節的票據系統應用服務，如圖 9.5 所示。其中，Hyperchain 伺服器必須能夠相互通訊，以滿足行內區塊鏈節點的相互通訊和資料同步。各家銀行只能存取自己的使用者資訊和交易資料，但是帳目資訊都存在底層 Hyperchain 區塊鏈平台上，以減少結算成本。

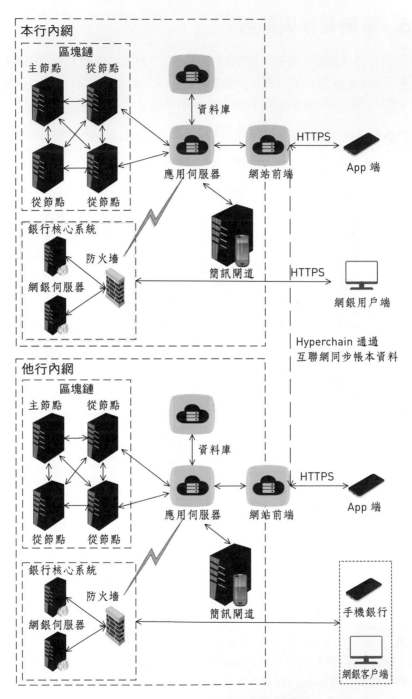

圖 9.5　其他銀行加入聯盟網路拓撲圖

9.2　使用 Hyperchain 的叫車平台案例分析

本節設計實作了一個 Hyperchain 的叫車平台。此平台主要提供身份管理、訂單撮合、支付等功能，呼叫部署在 Hyperchain 區塊鏈平台的智慧合約，為乘客和司機提供一個去中心化的網路媒合平台。

9.2.1　專案簡介

近幾年 Uber、Airbnb 等公司非常熱門，其背後都涉及所謂 "共用經濟" 的概念。但是現在的叫車市場，並不完全符合共用經濟的定義。維基百科對共用經濟的定義如下：共用經濟是指擁有閒置資源的機構或個人，有償讓渡資源使用權給他人，讓渡者取得回報，分享者利用分享他人的閒置資源創造價值。

從上述定義不難發現，共用經濟的一個重要特點是利用閒置資源創造價值。而如今的叫車市場，在悄然漲價、自由調控價格、降低補貼政策的背後，原本的閒置車輛、司機在獲益有限的狀況下逐漸減少，而隨著價格的上調，需求端也出現了一定程度的需求下降。隨之而來的，是一個高度專業化、從傳統出租領域退出的群體，開始涉足網路叫車營運的道路。同時，現如今的許多車輛，也不再是單純對於閒散物品的整合，而是部分專業化隊伍購置車輛，進行產業創新轉型。

基於共用經濟理念，我們採用區塊鏈技術建構分散式的網際網路平台 —— 趣快叫車。此平台為多個參與方提供需求發現、交易撮合、支付結算、信用評價及衍生服務。利用區塊鏈，我們將有能力打造一個低成本的、更加公平的叫車市場，實現真正意義上的共用經濟。

乘客、司機與智慧合約間的互動如圖 9.6 所示。

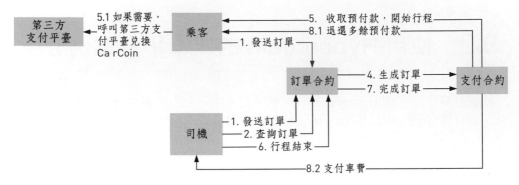

圖 9.6　乘客、司機與智慧合約間的互動

9.2.2　系統功能分析

系統為乘客與司機提供一個 P2P 網路叫車平台，本節將分別對乘客和司機兩端進行功能分析。

① 乘客功能分析

乘客功能整體上分為五大系統：身份系統、定位系統、訂單系統、支付系統和評價系統。

（1）身份系統

身份系統為平台乘客提供身份管理的相關功能，包括註冊、登錄、個人資訊管理等。用戶使用 App，註冊成為一名乘客。註冊時，系統會為乘客生成一對公私密金鑰對，作為該乘客在區塊鏈上的身份。同時，系統會根據乘客的公開金鑰，生成這位乘客的區塊鏈位址。在註冊時，系統會請使用者輸入手機號碼作為用戶名，註冊之後使用者即可登錄系統。

個人資訊部分包括乘客姓名、手機號、頭像、常用地址等基本資訊。乘客登錄後可以進行個人資訊的完善及修改。

（2）定位系統

趣快叫車利用手機上的 GPS 系統，為乘客提供定位服務。定位系統使訂單系統具備強有力的基礎資料支援。

（3）訂單系統

訂單系統是趣快叫車中最重要、最關鍵的功能系統。此系統負責所有與訂單有關的功能。整體上訂單系統分為叫車服務、取消訂單、查詢訂單。

叫車服務為乘客提供叫車功能。乘客設定好出發地及目的地後，即可叫車。當有司機接單後，用戶會收到預付款請求。乘客支付完預付款後，司機會收到系統乘客已付款的通知。此時司機就會出發去接乘客。接到乘客後，訂單狀態更新為行程中。到達目的地後，司機選擇結束訂單，訂單完成。此時支付系統會進行訂單的清算。

取消訂單是為乘客提供取消訂單的功能。在叫車過程中，難免會出現各種情況導致乘客放棄叫車。我們將取消訂單功能劃為兩個時間段：乘客支付一分鐘內和乘客支付一分鐘後。在乘客付款前，司機不會來接乘客，因此不會產生糾紛，這時候乘客取消訂單是無責的，不會產生違約金。

如果是在乘客付款後，司機已經在接乘客的路上，乘客取消訂單會導致司機損失。考慮到乘客權益，我們給予乘客一分鐘的寬限期。如果乘客在付款後一分鐘內取消訂單，不會產生違約金；如果在付款後超過一分鐘取消，則會產生違約金。當然，如果由於司機不合理取消訂單，同樣會產生違約金並賠償給乘客。

查詢訂單為乘客提供查詢歷史訂單的功能。使用者可以查詢自己所有的歷史訂單，包括已完成和未完成的訂單。每條訂單會列出詳細資訊，包括出發地、目的地、時間、價格、司機、帳單等。

（4）支付系統

支付系統是趣快叫車中第二關鍵的功能系統。本系統負責所有與支付有關的功能。整體上支付系統可以分為兌換、提現、支付預付款、訂單結算幾個模組。

趣快叫車平台使用 CarCoin 進行支付相關的作業。CarCoin 是為趣快叫車平台發行的一種 "數位現金"。

兌換模組提供兌換 CarCoin 的功能。用戶可以透過第三方支付平台進行現金與 CarCoin 的兌換。

提現模組提供 CarCoin 提現的功能。用戶可以通過第三方支付平台將 CarCoin 提現成現金。

支付預付款模組提供支付功能。趣快叫車設計初期考慮司機的權益，採用預付方式，在訂單開始前乘客就得支付訂單費用。當乘客發起叫車請求，並有司機接單後，乘客就會收到支付預付款請求。系統會根據訂單資訊計算出合理的預付款。

訂單結算模組提供訂單費用結算功能。通常乘客支付的預付款會多於實際產生的車資。因此，在訂單結束後，需要進行結算。具體來說，就是根據實際行程計算出實際車資，支付給司機，然後將多餘的車資退還給乘客。當然，如果產生預付款少於實際車資，結算功能也要能夠向乘客收取不足的車資，並支付給司機。

（5）評價系統

由於趣快叫車去中心化、無人工干預的特點，評價系統尤為重要。趣快叫車將根據乘客和司機的評分，動態調整訂單價格、訂單分配等。

評價系統為乘客提供評價司機的功能。行程結束後，乘客根據行車狀況給司機進行合理的評分。

② 司機功能分析

司機功能整體上分為五大系統：身份系統、定位系統、訂單系統、支付系統、評價系統。由於部分功能與乘客端重疊，在乘客端已詳細介紹，此處不再贅述。

（1）身份系統

司機端的身份系統和乘客端的類似。身份系統為平台司機提供身份管理的相關功能，包括註冊、登錄、個人資訊管理等。用戶從 App 註冊成為一名司機。註冊時，系統會為司機生成一對公私密金鑰對，作為司機在區塊鏈上的身份。同時，系統會根據司機的公開金鑰生成該乘客的區塊鏈位址。在註冊時系統會請使用者輸入手機號碼作為用戶名，註冊之後使用者即可登錄系統。

個人資訊部分包括司機姓名、手機號、頭像、車型、車牌等基本資訊。司機登錄後可以進行個人資訊的完善及修改。

（2）定位系統

趣快叫車利用手機上的 GPS 系統，提供使用者定位服務，為訂單系統提供基礎資料支援。

（3）訂單系統

司機端的訂單系統分為開始接單、停止接單、開始行程、結束行程。

開始接單為司機提供 "上班" 的功能。司機選擇開始接單後，就會進入接單狀態。這時訂單系統會推送合適訂單，供司機選擇。司機選擇一個訂單後，系統便會通知乘客支付預付款。

停止接單為司機提供 "下班" 的功能。司機選擇停止接單後，就會進入離線狀態。訂單系統不會再推送訂單。

開始行程為司機提供 "開始工作" 的功能。當司機接到乘客後，選擇開始行程進入行程中。此時訂單系統會記錄司機位置、行程軌跡、行程時間等行程資訊。

結束行程為司機提供 "結束工作" 的功能。當結束行程後，司機選擇結束行程。訂單系統此時會進行訂單的結算工作。

（4）支付系統

司機端的支付系統分為費用結算、提現功能。

訂單結算為司機提供訂單費用結算功能。系統從訂單系統取得訂單的實際車資，並支付給司機。

提現為司機提供提款功能。司機可以將自己收到的 CarCoin 經由第三方支付平台提領成現金。

（5）評價系統

司機端的評價系統為司機提供對乘客評分的功能。在趣快叫車平台中，對乘客的評分同樣重要。司機根據行程中乘客的表現，給乘客合理評分。

③ 第三方支付平台功能分析

在趣快叫車平台中流通的 "貨幣" 是 CarCoin，但是目前還沒有現金與 CarCoin 的交易所。為了打通 CarCoin 與現實世界的聯繫，趣快叫車需要引入第三方支付平台合作方。

第三方支付平台為趣快叫車與使用者提供一個交易的平台。用戶與趣快叫車官方帳戶在第三方支付平台上進行交易。

第三方支付具有以下兩個功能。

☑ **兌換 CarCoin**。用戶可以利用第三方支付平台上的帳戶，與趣快叫車官方帳戶交易，購買 CarCoin。

☑ **提現**。用戶可以通過在第三方支付平台上的帳戶，與趣快叫車官方帳戶交易，賣出 CarCoin。

9.2.3 系統整體設計

趣快叫車系統是一個利用區塊鏈的去中心化的網路叫車平台，在設計上要符合去中心化這個基本特性。本節將從業務邏輯設計和系統架構設計兩方面介紹趣快叫車系統的設計。

① 業務邏輯設計

趣快叫車業務邏輯主要分為兩部分：行程業務邏輯與支付業務邏輯。

（1）行程業務邏輯

在行程業務邏輯中，乘客的狀態有四種：空閒、叫車、等車、行程中；司機的狀態有四種：離線、線上、接客中、行程中。行程業務邏輯設計如下。

① 乘客輸入出發地、目的地等基本資訊後，發起叫車請求。此時乘客的狀態從空閒變為叫車。

② 系統根據訂單撮合邏輯，將訂單發送給合適的線上狀態司機。司機選擇一條訂單。

③ 乘客收到預付款請求，支付預付款。支付成功後，乘客狀態從叫車變為等車，司機狀態變為接客中。

④ 司機接到乘客後，司機確認接到乘客。此時，乘客與司機的狀態都變為行程中。

⑤ 到達目的地後，司機按下結束訂單。此時，乘客的狀態變為初始空閒狀態，司機的狀態變為初始線上狀態。完整的訂單結束。

（2）支付業務邏輯

支付業務邏輯分為兩部分：支付預付款和帳單結算。

① **支付預付款**。首先，乘客收到系統的支付預付款請求。乘客按下付款後，就會在第三方支付平台上將現金支付給趣快叫車平台帳戶。當平台帳戶收到現金，將等額的 CarCoin 儲值到乘客區塊鏈帳戶上。然後，乘客使用 CarCoin 支付預付款。當然，如果乘客 CarCoin 餘額足夠支付預付款，乘客可以選擇直接使用 CarCoin 支付。

② **帳單結算**。帳單結算部分比較簡單。當行程結束後，支付合約根據訂單的實際費用及預付款結算車資，將實際車資支付給司機，將多餘的預付款退還給乘客。

業務邏輯流程圖如圖 9.7 所示。

② 系統架構設計

系統架構圖如圖 9.8 所示。

趣快叫車系統分為 4 層。

（1）業務層

業務層負責業務邏輯的處理，採用 App 的形式。在業務層實作了乘客與司機的身份系統、定位系統、訂單系統、支付系統，使用者可以從 App 上使用這些功能。

（2）支付層

支付層負責提供支付相關的介面，分為兩部分，一部分是 CarCoin 支付相關介面，包括支付等；另一部分是第三方支付相關介面，包括兌換 CarCoin、提現等。

（3）介面層

介面層負責提供與底層區塊鏈互動的介面，介面採用 JSON-RPC 方式。

（4）區塊鏈

區塊鏈層提供區塊鏈平台。在區塊鏈中，部署了趣快叫車專案的兩個智慧合約──訂單合約和支付合約。

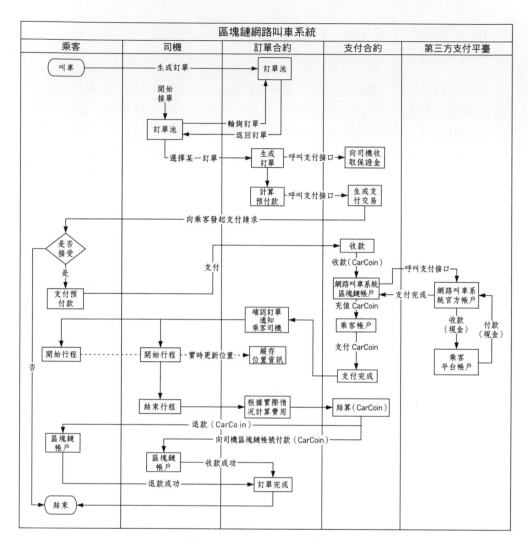

圖 9.7 趣快叫車業務邏輯圖

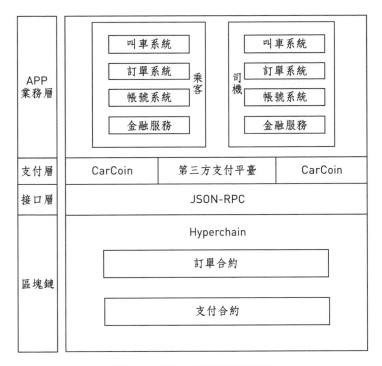

圖 9.8　趣快叫車系統架構圖

9.2.4　智慧合約設計

趣快叫車系統使用智慧合約來實現主體業務邏輯。智慧合約既是程式邏輯的主體，也是資料儲存的主體，本節介紹趣快叫車系統中智慧合約的設計。

① 概念設計

智慧合約的設計，整體上來說一般有兩種方案：第一種方案採用物件導向的概念，對於每一個專案中的物件都對應設計一份智慧合約，在我們的專案中，司機是一個合約，乘客也是一個合約，然後用第三個合約（例如叫車合約）使之連結在一起。另一種方案就是設計一個合約，將不同的物件視為合約中的結構體，並且使用映射的方式儲存。在本案例中，我們使用第二種方案，相對來說，第二種方案物件之間的互動更加容易，程式碼更加容易理解，測試也較為簡單。

整體上來說，我們需要設計兩個合約——支付合約和叫車合約。支付合約實作"電子現金" CarCoin 的功能，而叫車合約提供叫車所需要的資料儲存功能。之所以設計兩個合約，是因為它們之間的耦合度較低，並且叫車合約可能面臨經常需要升級的情況，而支付合約則相對穩定，因此這樣的設計可以降低擴充與維護的成本。

② 支付合約設計

首先我們來介紹一下合約狀態設計。

支付合約的功能是實作一個"電子錢"，因此需要一個映射來保存使用者的餘額。同時我們需要保存合約的擁有者和叫車合約位址，前者用於標示發行貨幣者的身份，並且對儲值、提現進行許可權控制，相當於一個管理員的角色。後者則用於轉帳的許可權控制，使得只有叫車合約能夠呼叫預付款、結帳等涉及轉帳的方法。

在實際生活中，貨幣的最小單位並不是常用單位，例如現金最小單位是"分"，而常用單位卻是"元"。為了能和現金換算，我們設定 CarCoin 的最小單位也是分，因此使用一個 int 類型來保存時，1 代表 1 分。

```
address owner; // 合約擁有者,"貨幣"發行者
address taxi; // 叫車合約
mapping (address => int) balances; // 用戶餘額
```

除此之外，我們還需要一個 struct 結構體來保存轉帳的記錄，它有四個屬性：付款方、收款方、金額、備註。備註資訊用來表明轉帳的意圖。同時還有一個計數器記錄這些記錄的總數，因為轉帳記錄是按照編號順序儲存的，這樣做是為了節省開銷。最後我們需要一個映射，使用編號來映射到具體的結構體中。

```
struct record{
    address from; // 付款方
    address to; // 收款方
    int value; // 金額
    string comment; // 轉帳意圖
}
uint counter; // 計數器
mapping (uint => record) records; // 編號映射到結構體
```

接下來我們詳細介紹合約方法設計。

(1) 建構方法

每個合約都有一個預設的建構函數,這和物件導向的程式設計(例如 C++)中的建構函數是一樣的,它在合約部署時會被呼叫,用於做一些初始化的工作。我們可將其重寫。在我們的建構函數中,要初始化 owner 欄位,它用於記錄合約的擁有者,即貨幣發行者,然後設定發行的總貨幣量,最後初始化我們的轉帳記錄計數器。

```
// 建構函數
function CarCoin(){
    owner = msg.sender;
    balances[owner] = 100000000000;
    counter = 1;
}
```

(2) 宣告許可權

Solidity 中有 modifier 語法,宣告之後便可以在後面的方法定義中使用,這樣可以減少程式碼中重複的許可權控制語句。下面可以看到我們寫了兩個用於許可權控制的識別字,第一個要求方法呼叫者必須是 taxi 欄位保存的用戶位址,第二個要求方法呼叫者必須是 owner 欄位保存的合約擁有者。它們的具體用法我們會在後面看到。

```
modifier onlyTaxi(){
    if (msg.sender != taxi) throw;
    _;
}

modifier onlyOwner(){
    if (msg.sender != owner) throw;
    _;
}
```

(3) 註冊函數

由於叫車合約可能被重新部署,進行升級、維護等作業,因此我們的 taxi 欄位應該可以動態改變。這個函數需要使用剛才的宣告,進行許可權控制,使之只能被合約擁有者呼叫。

```
function exeOnce(address addr) onlyOwner{
    taxi = addr;
}
```

（4）記錄函數

根據前面的設定，任何轉帳行為都應該有對應的記錄，下面的函數就會將記錄儲存起來。

```
// 記錄函數
function Transfer(address from, address to, int value, string comment) private{
    records[counter].from = from;
    records[counter].to = to;
    records[counter].value = value;
    records[counter].comment = comment;
    counter++;
}
```

（5）轉帳函數

雖然我們實作的是 "電子錢"，但是我們只允許在叫車流程中進行流通，而不允許用戶隨意自由轉帳。根據情況，我們將轉帳函數細分為四個：預付款、結帳、收取違約金、儲值 / 提現。前三者只允許叫車合約呼叫，最後一項僅允許合約擁有者呼叫。

我們可以看到，先前的宣告被用在了函式宣告中，用來進行許可權控制。順便一提，儲值 / 提現使用的是同一個函數，因為我們只要設定金額為負數，就可以完成提現。

```
// 預付款函數
function prepay(address client, int preFee) onlyTaxi
    returns(bool success){
    balances[client] -= preFee;
    balances[owner] += preFee;
    Transfer(client, this, preFee, "prepay");
    return true;
}
// 結帳函數
function confirm(address client, address driver, int preFee,
    int finalFee) onlyTaxi returns(bool success){
    int remain = preFee - finalFee;
    balances[owner] -= preFee;
    balances[client] += remain;
    balances[driver] += finalFee;
    Transfer(this, client, remain, "remain fee");
    Transfer(this, driver, finalFee, "final fee");
    return true;
}
// 違約金函數
function penalty(address from, address to, int amount)
```

```
        onlyTaxi returns(bool){
        balances[from] -= amount;
        balances[to] += amount;
    }
    // 儲值 / 提現函數
    function recharge(address addr, int amount) onlyOwner
            returns(bool){
        if (balances[owner] < amount){
            return false;
        }
        balances[addr] += amount;
        balances[owner] -= amount;
        Transfer(this, addr, amount, "recharge");
        return true;
    }
```

(6) 查詢函數

當然，我們要能夠查詢用戶的餘額，順便可以查看合約擁有者到底是誰。

```
// 查詢餘額
Function getBalance(address addr) returns(int){
    return balances[addr];
}
// 查詢合約擁有者
function getOwner() returns(address){
    return owner;
}
```

③ 叫車合約設計

叫車合約要完成一個完整的叫車流程，其主要物件有：訂單、司機、乘客和評價。其中乘客並沒有單獨抽離出來，因為在叫車的情境中，並不需要具體的乘客資訊，只需要乘客的聯繫方式與位址即可，而它們都被包含在了訂單物件中，另外單獨列為結構體的是乘客的位置資訊，它只是為了使得在叫車這個情境中某些邏輯更加合理罷了，並不是必需的。

關於我們的資料結構類型，由於 Solidity 並不支援浮點計算，因此需要用整數來模擬。前面對於 CarCoin 的設定便是如此。這裡我們還要處理有關距離的資料，經緯度在這裡保留了小數點後六位，也就是說，120° 在這裡存放的實際形式為 120000000，而根據大致的計算，其中 1 表示 0.1 公尺。至於時間，我們採用的是 Linux 時間戳記，其值為 1970 年 1 月 1 日到當前的秒數。評分則採用 [0, 5000] 的數值，用來表示 1-5，可保留小數點後 3 位。

我們首先列出訂單物件，它包含了如下屬性：訂單編號、乘客位址、司機位址、起終點經緯度、起終點地名、距離、時間、費用、狀態、乘客資訊和司機資訊。這些資訊的含義也很好懂，顧名思義。同時有一個計數器表示當前的訂單數，用一個映射將編號映射到實際的訂單結構中。

```
struct Order{
    uint id; // 訂單編號
    address passenger; // 乘客位址
    address driver; // 司機位址
    int s_x; // 起點經度
    int s_y; // 起點緯度
    int d_x; // 終點經度
    int d_y; // 終點緯度
    string sName; // 起點地名
    string dName; // 終點地名
    int distance; // 起終點直線距離
    int preFee; // 預付款額
    int actFee; // 里程費
    int actFeeTime; // 按時計費
    uint startTime; // 訂單提交時間 UNIX 標準時間
    uint pickTime; // 接客時間
    uint endTime; // 結束時間
    int state; // 訂單狀態 1 待分配 2 已被搶 3 訂單完成 4 訂單終止
    string passInfo; // 乘客個人資訊
    string drivInfo0; // 司機個人資訊
    string drivInfo1;
    string drivInfo2;
}
uint counterOrderIndex; // 下一個空的訂單序號
mapping (uint => Order) orders;
```

司機結構保存了有關司機的資訊，其屬性有：經緯度、是否接單、自身位址、資訊、訂單庫、上一次經緯度。需要說明的是 "上一次經緯度" 這個屬性，它用於進行即時計費，是一個輔助屬性。另外，由於訂單並不需要一一對應到某一個司機或者乘客上（當某一單結束之後，新的一單開始），所以只需要編號作為映射的鍵值即可，而司機結構和具體的司機是一一對應的，並且司機內部仍然需要一個編號，於是我們就看到了雙重映射，司機的位址映射到了一個編號上，再由這個編號映射到實際的結構體上。

```
mapping (address => uint) driverIndexs; // 給每個司機分配一個內部的序號
uint counterDriverIndex;    // 下一個空的司機序號（當前司機數量 +1）
struct Driver{
    int cor_x; // 經度
    int cor_y; // 緯度
```

```
    bool state; //true 表示接單中 false 表示休息中
    address name; // 司機位址
    string info0;
    string info1;
    string info2;
    uint counterOrder; // 司機當前可接訂單數
    uint[8] orderPool; // 司機可接訂單庫
    int last_x; // 上一次經度
    int last_y; // 上一次緯度
}
mapping (uint => Driver) drivers;// 使用序號去尋找司機的資訊
```

評價結構較為簡單，它的屬性有：總評價數、平均評價、單次分數、單次評價。其中，單次分數和評價都是按順序存放的。同時也有一個映射將司機位址映射到評價結構中。

```
struct Judgement{
    int total; // 總評價數
    int avgScore; // 平均分
    mapping (int => int) score; // 單次分數
    mapping (int => string) comment; // 單次評價
}
mapping (address => Judgement) driverJudgements;
```

乘客位置結構，不再贅述。

```
struct passengerPosition{
    int x;
    int y;
}
mapping (address => passengerPosition) passPos;
```

最後，還有一些獨立的結構，首先是支付合約結構，這是一種合約之間互相呼叫的方法，和 C++ 中的類別十分相像，呼叫某個合約的方法只需要使用 "變數·方法名" 的形式即可。然後我們還有兩個映射，分別將乘客和司機映射到某個訂單上，表達的是當前乘客、司機所處的訂單。正如前面所說，它會因為舊訂單的結束、新訂單的開始而被更新。之後是兩個映射，用來儲存使用者的當前狀態，狀態是表明使用者所處哪個階段的重要標示，在合約方法設計中我們會詳述。最後一個映射表明附近的司機。

```
CarCoin carcoin;

// 每個乘客對應到某個訂單
mapping (address => uint) passengerToOrder;
```

```
// 每個司機對應到某個訂單
mapping (address => uint) driverToOrder;
// 乘客狀態
mapping (address => uint) passengerStates;
// 司機狀態
mapping (address => uint) driverStates;
// 附近的司機
mapping (address => uint[5]) passengerNearDrivers;
```

接下來我們來詳細介紹合約方法設計。

（1）建構函數

不同於預設的建構函數，這裡使用了帶有參數的建構函數，參數是支付合約的位址。因為在叫車流程中需要多次使用支付合約的方法。除此之外，就是對訂單計數器和司機計數器進行初始化。

```
function Taxi(address cc){
    counterDriverIndex = 1;
    counterOrderIndex = 1;
    carcoin = CarCoin(cc);
}
```

（2）私有函數

如同 C++ 一樣，我們可以定義一些私有函數，只能在內部使用。這裡我們有 4 個私有函數。第一個是平方根函數，Solidity 並沒有現成的函數可以對整數計算平方根，我們需要自己定義。有關整數平方根的問題，網路上有許多討論，可以獲得精度較高的整數平方根。

其次是距離計算函數，用的是兩點距離公式，在本案例中其實是有所偏差的，因為根據兩點之間的經緯度計算實際的距離有一套計算公式，要考慮地球半徑與經緯度位置等，而我們將球面的距離公式簡化成了平面的距離公式，因為 Solidity 並不適合進行複雜的數學運算，加上小範圍的距離誤差並無多大影響，故採用此下策。

再則是訂單分配函數，也採用了最簡單的方案，即處在一定範圍內的司機都會被分配到。

最後是計算預付款函數，其原理是計算兩點的直角邊距離，然後乘上一個係數。

```
function sqrt(int x) private returns (int){
    if(x < 0)
        x = - x;
    int z = (x + 1) / 2;
    int y = x;
    while (z < y){
        y = z;
        z = (x / z + z) / 2;
    }
    return y;
}

function calculateDistance(int x0, int x1, int y0, int y1)
        private returns(int){
    int tempX = x0 - x1;
    int tempY = y0 - y1;
    return sqrt(tempX*tempX + tempY*tempY);
}

function driverSelction(int x, int y, uint orderIndex)
        private returns(bool){
    uint i;
    uint j;
    int threshold = 50000; // 門檻值，當距離小於該值之後則發送訂單，數值可調整
    int temp;
    uint maxOrder = 8; // 司機可搶的最大訂單數量
    bool flag = false;
    for (i=1; i<counterDriverIndex; ++i){
if (drivers[i].state && driverStates[drivers[i].name] == 0){
    temp = calculateDistance(x, drivers[i].cor_x, y,
        drivers[i].cor_y);
            if (temp < threshold){
                // 找到訂單庫中的空位
                for(j=0; j<maxOrder; ++j){
                    if(orders[drivers[i]. orderPool[j]].state != 1){
                        flag = true;
                        drivers[i].orderPool[j] = orderIndex;
                        break;
                    }
                }
            }
        }
    }
    return flag;
}

function calculatePreFee(int s_x, int s_y, int d_x, int d_y)
        private returns(int){
```

```
    int tempX = s_x - d_x;
    int tempY = s_y - d_y;
    if (tempX < 0){
        tempX = -tempX;
    }
    if (tempY < 0){
        tempY = -tempY;
    }
    return ((tempX + tempY) * unitPrice) / 2 * 3 / 100;
}
```

（3）乘客提交訂單

正如其字面意思，乘客用此該函數提交訂單請求，合約會分配一個新的訂單編號，並且將資訊寫入，同時分配給司機。如果乘客餘額不足，或是沒有司機，抑或是狀態不正確（例如上一單還未結束，新的訂單就不會被分配），都會顯示提交失敗。

提交後會回傳訂單編號，通過這個編號，乘客可以很方便地查詢到訂單的具體資訊。如果提交成功，則會設定對應的狀態，進入等待司機搶單的階段。

```
function passengerSubmitOrder(int s_x, int s_y, int d_x, int
    d_y, uint time, string passInfo, string sName, string
    dName) returns(uint){

    // 乘客帳戶餘額必須是正數
    if(carcoin.getBalance(msg.sender) < 0){
        return 0;
    }

    // 乘客必須處於閒置狀態才能搶單
    if(passengerStates[msg.sender] != 0){
        return 0;
    }
    if (counterDriverIndex <= 1){ // 沒有司機
        return 0;
    }
    // 建立新的訂單
    passengerToOrder[msg.sender] = counterOrderIndex;
    orders[counterOrderIndex].id = counterOrderIndex;
    orders[counterOrderIndex].passenger = msg.sender;
    orders[counterOrderIndex].driver = 0x0;
    orders[counterOrderIndex].s_x = s_x;
    orders[counterOrderIndex].s_y = s_y;
    orders[counterOrderIndex].d_x = d_x;
    orders[counterOrderIndex].d_y = d_y;
```

```
orders[counterOrderIndex].distance = 0;
orders[counterOrderIndex].preFee = penaltyPrice +
    calculatePreFee(s_x, s_y, d_x, d_y);
orders[counterOrderIndex].actFee = 0;
orders[counterOrderIndex].actFeeTime = 0;
orders[counterOrderIndex].startTime = time;
orders[counterOrderIndex].state = 1;
orders[counterOrderIndex].passInfo = passInfo;
orders[counterOrderIndex].sName = sName;
orders[counterOrderIndex].dName = dName;
counterOrderIndex++;
passengerStates[msg.sender] = 1; // 乘客訂單分配中

if(!driverSelction(s_x, s_y, counterOrderIndex-1)){
    orders[counterOrderIndex-1].state = 4;
    passengerStates[msg.sender] = 0;
    return 0;
}

return counterOrderIndex-1;
}
```

（4）司機搶單

我們採取的是司機搶單的模式，用這個函數即可完成，它會檢查搶單的條件，如果成功則會設定對應的狀態，進入等待乘客預付款的階段。

```
function driverCompetOrder(uint orderIndex) returns(bool){
    if(driverIndexs[msg.sender] == 0){// 司機沒有註冊
        return false;
    }
    if(driverStates[msg.sender] != 0){// 司機不在掛起狀態
        return false;
    }
    if(orders[orderIndex].state != 1){// 搶單失敗
        return false;
    }
    orders[orderIndex].state = 2;
    orders[orderIndex].driver = msg.sender;
    orders[orderIndex].drivInfo0 =
        drivers[driverIndexs[msg.sender]].info0;
    orders[orderIndex].drivInfo1 =
        drivers[driverIndexs[msg.sender]].info1;
    orders[orderIndex].drivInfo2 =
        drivers[driverIndexs[msg.sender]].info2;
    passengerStates[orders[orderIndex].passenger] = 2; // 乘客待付款
    driverStates[msg.sender] = 1; // 司機已接單
```

```
    driverToOrder[msg.sender] = orderIndex;
    // 初始化司機上一次位置
    drivers[driverIndexs[msg.sender]].last_x =
        orders[orderIndex].s_x;
    drivers[driverIndexs[msg.sender]].last_y =
        orders[orderIndex].s_y;
    return true;
}
```

（5）乘客預付款

我們採取預付款的模式，這裡的預付款就是呼叫支付合約的介面，然後對狀態進行檢查，如果成功，則會設定對應的狀態，並且進入等待司機接客的階段。

```
function passengerPrepayFee() returns(bool){
    uint orderIndex = passengerToOrder[msg.sender];
    address driver = orders[orderIndex].driver;

    // 乘客不是待付款，或者訂單不是已被搶
    if (passengerStates[msg.sender] != 2 ||
            orders[orderIndex].state != 2){
        return false;
    }

    // 付款過程，確定款項已經進入合約帳戶
    if (carcoin.prepay(msg.sender, orders[orderIndex].preFee)){
        passengerStates[msg.sender] = 3;
        driverStates[driver] = 2;
        return true;
    } else {
        //....
        orders[orderIndex].state = 4;
        passengerStates[msg.sender] = 0;
        driverStates[driver] = 0;
        return false;
    }
}
```

（6）司機接客

當司機接到乘客時，呼叫此函數來進行狀態檢查和設定，這裡我們還進行了防作弊的檢驗，只有司機和乘客的距離夠近時，才能呼叫成功，防止司機詐欺。這樣的自動化判斷是十分必要的，因為這是一個完全無人看管的系統，嚴苛的檢查有利於減少糾紛。當呼叫成功之後，就會進入行程中的狀態。

```
function driverPickUpPassenger(int x, int y, uint time)
    returns(bool){
    uint orderIndex = driverToOrder[msg.sender];
    address passenger = orders[orderIndex].passenger;

    // 狀態檢查
    if (driverStates[msg.sender] != 2 ||
    passengerStates[passenger] != 3 ||
    orders[orderIndex].state != 2){
        return false;
    }

    int passX = passPos[passenger].x;
    int passY = passPos[passenger].y;
    int threshold = 20000;

    if (calculateDistance(x, passX, y, passY) > threshold){
        return false;
    }

    drivers[driverIndexs[msg.sender]].last_x = x;
    drivers[driverIndexs[msg.sender]].last_y = y;
    orders[orderIndex].pickTime = time;

    passengerStates[passenger] = 4;
    driverStates[msg.sender] = 3;
    return true;
}
```

（7）即時計費

即時計費的實作方式是司機在行程中不斷呼叫該函數，並且傳入當前的位置，進行分段計費，當分段分得夠細時，我們就可以用每段的直線距離總和來近似估計行程總長，達到即時計費的效果。

```
function driverCalculateActFee(int cur_x, int cur_y) returns(int){
    uint orderIndex = driverToOrder[msg.sender];
    uint driverindex = driverIndexs[msg.sender];
    int distance;
    address passenger = orders[orderIndex].passenger;

    // 狀態檢查
    if (driverStates[msg.sender] != 3 ||
        passengerStates[passenger] != 4 ||
        orders[orderIndex].state != 2){
        return 0;
    }
```

```
    distance = calculateDistance(cur_x,
        drivers[driverindex].last_x, cur_y,
        drivers[driverindex].last_y);
    orders[orderIndex].distance += distance;
    orders[orderIndex].actFee += distance * unitPrice / 100;
    drivers[driverindex].cor_x = cur_x;
    drivers[driverindex].cor_y = cur_y;
    drivers[driverindex].last_x = cur_x;
    drivers[driverindex].last_y = cur_y;
    return orders[orderIndex].actFee;
}
```

（8）完成訂單

司機在乘客下車之後，可用此函數來完成訂單，系統會根據實際費用和預付款
額來結算，並且呼叫支付合約的介面完成支付。

```
function driverFinishOrder(uint time) returns(bool){
    uint orderIndex = driverToOrder[msg.sender];
    address passenger = orders[orderIndex].passenger;
    // 司機不是行程中，訂單不是已被搶
    if (driverStates[msg.sender] != 3 ||
        passengerStates[passenger] != 4 ||
        orders[orderIndex].state != 2){
        return false;
    }
    if (time < orders[orderIndex].pickTime){
        time = orders[orderIndex].pickTime;
    }
    orders[orderIndex].actFeeTime = (int)(time -
        orders[orderIndex].pickTime) * unitPriceTime;
    int preFee = orders[orderIndex].preFee;
    int finalFee = orders[orderIndex].actFee +
        orders[orderIndex].actFeeTime;
    if (finalFee > preFee){
        finalFee = preFee;
    orders[orderIndex].actFee = finalFee -
        orders[orderIndex].actFeeTime;
    }

    // 支付
    if (carcoin.confirm(passenger, msg.sender, preFee,
        finalFee)){
        orders[orderIndex].state = 3;
        orders[orderIndex].endTime = time;
        passengerStates[passenger] = 0;
        driverStates[msg.sender] = 0;
        return true;
```

```
    } else {
        //....
        passengerStates[passenger] = 0;
        driverStates[msg.sender] = 0;
        orders[orderIndex].state = 4;
        return false;
    }
}
```

（9）取消函數

訂單取消是實際情況中經常遇到的，我們提供了統一的介面，系統會自動判斷當前的狀態是否可以取消，並且進行設定。乘客呼叫對應乘客的取消函數，司機呼叫對應司機的取消函數。

```
function passengerCancelOrder(bool isPenalty) returns(bool){
    uint orderIndex = passengerToOrder[msg.sender];
    address driver = orders[orderIndex].driver;

    // 乘客在司機接單前取消訂單，沒有任何懲罰
    if (passengerStates[msg.sender] == 1 &&
        orders[orderIndex].state == 1){
        passengerStates[msg.sender] = 0;
        orders[orderIndex].state = 4;
        return true;
    }

    // 乘客在司機接單後、自己預付款前取消訂單，沒有懲罰
    if (passengerStates[msg.sender] == 2 &&
        driverStates[driver] == 1 && orders[orderIndex].state
        == 2){
        passengerStates[msg.sender] = 0;
        driverStates[driver] = 0;
        orders[orderIndex].state = 4;
        return true;
    }

    // 乘客在預付款後、等待司機接客時取消訂單
    if (passengerStates[msg.sender] == 3 &&
        driverStates[driver] == 2 && orders[orderIndex].state
        == 2){
        // 退還預付款
        if (!carcoin.confirm(msg.sender, driver,
            orders[orderIndex].preFee, 0)){
            return false;
        }
        // 違約金
```

```
            if (isPenalty){
                carcoin.penalty(msg.sender, driver, penaltyPrice);
            }
            passengerStates[msg.sender] = 0;
            driverStates[driver] = 0;
            orders[orderIndex].state = 4;
            return true;
        }

        return false;
    }

    function driverCancelOrder() returns(bool){
        uint orderIndex = driverToOrder[msg.sender];
        address passenger = orders[orderIndex].passenger;

        // 司機在乘客預付款前取消
        if (driverStates[msg.sender] == 1 &&
            passengerStates[passenger] == 2 &&
            orders[orderIndex].state == 2){
            passengerStates[passenger] = 0;
            driverStates[msg.sender] = 0;
            orders[orderIndex].state = 4;
            return true;
        }
        // 司機在乘客預付款後取消，有違約金
        if (driverStates[msg.sender] == 2 &&
            passengerStates[passenger] == 3 &&
            orders[orderIndex].state == 2){
            // 退還預付款
        if (!carcoin.confirm(passenger, msg.sender,
            orders[orderIndex].preFee, 0)){
                return false;
        }
            carcoin.penalty(msg.sender, passenger, penaltyPrice);
            passengerStates[passenger] = 0;
            driverStates[msg.sender] = 0;
            orders[orderIndex].state = 4;
            return true;
        }
        return false;
    }
```

（10）乘客評價

乘客在完成一筆訂單之後，可以進行評價，評價完成之後會解除綁定，乘客就
無法再次評價了。

```
function passengerJudge(int score, string comment)
    returns(bool){
    uint orderIndex = passengerToOrder[msg.sender];
    address driver = orders[orderIndex].driver;
    int total = driverJudgements[driver].total;

    if (orderIndex == 0){
        return false;
    }

    passengerToOrder[msg.sender] = 0; // 解除綁定
    if (score > 5000)
        score = 5000;
    if (score < 0)
        score = 0;
    driverJudgements[driver].avgScore =
        (driverJudgements[driver].avgScore * total + score) /
        (total + 1);
    driverJudgements[driver].total += 1;
    total++;
    driverJudgements[driver].score[total] = score;
    driverJudgements[driver].comment[total] = comment;
    return true;
}
```

（11）司機註冊

司機在合約內部是有一個編號的，新的司機並不會直接分配出一個司機結構體，因此需要呼叫該函數進行"註冊"。

```
function newDriverRegister(string info0, string info1, string
    info2) returns(uint){
    if (driverIndexs[msg.sender] > 0){// 已經註冊
        return driverIndexs[msg.sender];
    }
    driverIndexs[msg.sender] = counterDriverIndex;
    drivers[counterDriverIndex].state = false;
    drivers[counterDriverIndex].name = msg.sender;
    drivers[counterDriverIndex].cor_x = 0;
    drivers[counterDriverIndex].cor_y = 0;
    drivers[counterDriverIndex].info0 = info0;
    drivers[counterDriverIndex].info1 = info1;
    drivers[counterDriverIndex].info2 = info2;
    drivers[counterDriverIndex].counterOrder = 0;
    driverStates[msg.sender] = 0;
    counterDriverIndex++;
    return counterDriverIndex - 1;
}
```

（12）查詢函數

由於智慧合約的特殊性，Solidity 並不支援主動式的通知，所有資訊都需要用戶端主動進行查詢，因此需要大量的查詢函數來支援查詢。這些查詢函數的結構非常類似，都是回傳某些結構體的內容。下面僅以查詢訂單資訊為例進行示範，詳情不再贅述，讀者可以參看合約原始程式碼。

```solidity
function getOrderInfo0(uint orderIndex) returns(uint id,
    address passenger, int s_x, int s_y, int d_x, int d_y,
    int distance, int preFee, uint startTime, string
    passInfo){
    id = orders[orderIndex].id;
    passenger = orders[orderIndex].passenger;
    s_x = orders[orderIndex].s_x;
    s_y = orders[orderIndex].s_y;
    d_x = orders[orderIndex].d_x;
    d_y = orders[orderIndex].d_y;
    distance = orders[orderIndex].distance;
    preFee = orders[orderIndex].preFee;
    startTime = orders[orderIndex].startTime;
    passInfo = orders[orderIndex].passInfo;
}
```

9.2.5 系統實作與部署

趣快叫車系統分為 App 前端和區塊鏈後台兩部分。App 前端直接下載安裝便可使用，這裡不再贅述。本節將介紹趣快叫車系統區塊鏈後台的部署。

① 系統部署圖

系統部署圖如圖 9.9 所示。

本案例採用 Hyperchain 底層區塊鏈平台，趣快叫車、第三支付平台等合作方擔任區塊鏈節點，加入 Hyperchain。乘客和司機用 App 接入 Hyperchain。第三方支付平台的支付伺服器作為系統的支付閘道，與 Hyperchain 連接；App 則通過第三方支付 API 連接支付閘道。

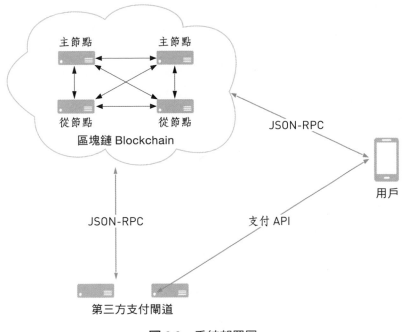

圖 9.9　系統部署圖

② 系統部署環境

☑ **硬體環境**

○ **區塊鏈**：阿里雲伺服器、雙核 CPU、4GB 記憶體、500GB 可用儲存空間。

○ **App**：iPhone。

○ **第三方支付閘道**：阿里雲伺服器、雙核 CPU、4GB 記憶體、200GB 可用儲存空間。

☑ **軟體環境**

○ **區塊鏈**：Linux 作業系統（Ubuntu 14.04）；Go 語言環境。

○ **App**：iOS 8.0 以上。

○ **第三方支付閘道**：Linux 作業系統（Ubuntu 14.04）；Go 語言環境。

③ 區塊鏈環境建置

伺服器可按照以下步驟建置區塊鏈環境。

安裝 Git：

```
apt-get update
apt-get install git
```

安裝 Curl：

```
apt-get install curl
```

安裝設定 Go 語言環境：

```
curl -0 https://storage.googleapis.com/golang/go1.8.1.linux-amd64.tar.gz
tar -C /usr/local -xzf go1.8.1.linux-amd64.tar.gz
export PATH=$PATH:/usr/local/go/bin
```

取得區塊鏈執行檔：

```
git clone https://github.com/trakel-project/trakelchain.git
```

啟動區塊鏈：

```
cd trakelchain && ./start.sh
```

注意，以上環境建置是區塊鏈環境建置步驟，不包含第三方支付閘道及 iOS App。trakelchain 已部署趣快叫車所需的智慧合約，可直接呼叫。

9.3 本章小結

本章示範了兩個使用 Hyperchain 的企業級區塊鏈應用專案，兩個案例的介紹均包括專案簡介、系統功能分析、系統整體設計、智慧合約設計、系統實作和部署等部分。我們可以看到，利用 Hyperchain 能夠建構功能完備、技術領先、符合企業級要求的區塊鏈應用。讀者可對照本章內容，藉由 Hyperchain 提供的完善的開發介面，對區塊鏈應用開發進行深入的學習和實踐。

企業級區塊鏈技術開發實戰

作　　者：蔡亮 / 李啟雷 / 梁秀波
企劃編輯：莊吳行世
文字編輯：詹祐甯
設計裝幀：張寶莉
發 行 人：廖文良

發 行 所：碁峰資訊股份有限公司
地　　址：台北市南港區三重路 66 號 7 樓之 6
電　　話：(02)2788-2408
傳　　真：(02)8192-4433
網　　站：www.gotop.com.tw
書　　號：ACN033700
版　　次：2019 年 01 月初版
建議售價：NT$450

國家圖書館出版品預行編目資料

企業級區塊鏈技術開發實戰 / 蔡亮, 李啟雷, 梁秀波著. -- 初版.
-- 臺北市：碁峰資訊, 2019.01
　面； 公分
　ISBN 978-986-476-998-8(平裝)
　1.電子貨幣　2.電子商務
563.146　　　　　　　　　　　　　　　　　　107021170

讀者服務

● 感謝您購買碁峰圖書，如果您
對本書的內容或表達上有不清
楚的地方或其他建議，請至碁
峰網站：「聯絡我們」\「圖書問
題」留下您所購買之書籍及問
題。(請註明購買書籍之書號及
書名，以及問題頁數，以便能
儘快為您處理)
http://www.gotop.com.tw

● 售後服務僅限書籍本身內容，
若是軟、硬體問題，請您直接
與軟體廠商聯絡。

● 若於購買書籍後發現有破損、
缺頁、裝訂錯誤之問題，請直
接將書寄回更換，並註明您的
姓名、連絡電話及地址，將有
專人與您連絡補寄商品。